JEAN DUBRETON

La Disgrâce

de

Nicolas Machiavel

Florence — 1469-1527

*On criera la Paix, la Paix et ce ne
sera pas la Paix.*

PARIS

MERCVRE DE FRANCE

XXVI, RVE DE CONDÉ, XXVI

LA DISGRÂCE

DE

NICOLAS MACHIAVEL

1

JEAN DUBRETON

—

La Disgrâce

de

Nicolas Machiavel

Florence : 1469-1527

On criera la Paix, la Paix et ce ne
sera pas la Paix.

PARIS

MERCVRE DE FRANCE

XXVI, RVE DE CONDÉ, XXVI

—

MCMXIII

PRÉFACE

OÙ EST EXPOSÉ LE DESSEIN DE L'AUTEUR

De quelques façons d'envisager les héros d'histoire
et qu'il n'est peut-être pas indispensable de
monter en chaire pour en parler.

C'était autrefois une méthode fort en honneur
chez les pédagogues de ne connaître des grands
hommes que l'instant de leur pleine gloire, d'ignorer leur humanité, de les offrir à l'admiration éternellement nimbés d'une atmosphère sublime. Ces
êtres extraordinaires apparaissaient glorieux dès
le berceau, initialement, forcément glorieux, faits,
marqués pour la gloire, suivant inévitablement
un facile sentier de gloire, tout uni, sans ornières,
sans fondrières : ils étaient bien sûrs d'arriver au
bout. Belle vie de quiétude, certitude de renommée. Ainsi l'on pensait inculquer aux jeunes générations un saint respect, une dévotion discrète,
on créait un empyrée de vieilles gloires intan-
gibles, trônant dans une superbe immobilité, un
conclave de momies de gloire. — A l'opposite, mais
par un semblable procédé, on enfermait les grands

1.

scélérats, on les enfonçait à coups de poing dans
la géhenne, et, à leur intention, on enseignait des
litanies de malédiction : cette pédagogie ignorait
même le compromis du purgatoire [1]. Tout cela
était d'une mauvaise foi, d'un ennui supérieurs
et primaires : on méconnaissait la valeur de l'effort, le prix des œuvres, — ce n'était même pas
conforme aux principes d'une saine théologie, —
on retranchait la vie, on ne présentait que des
résultats. A ces écoliers béants à la vérité, avalant
d'un jeune appétit mécanique la parole de vérité, on
servait du tout fait ; eux, de bonne volonté, tâchaient
à digérer sans autre réflexion qu'il est fort commode d'être né pour la bonne gloire et fort pénible de l'être pour la mauvaise : ils étaient nourris
d'absolu.

Il est resté quelque chose de cette métaphysique
d'enseignement : le nom de Machiavel garde encore
pour la bourgeoisie je ne sais quelle saveur canaille,
éveille je ne sais quelle idée de noirceur : ainsi
Proudhon et sa formule. Ce sont des êtres diabo-
lisés par les systèmes, des loups-garous d'histoire,
comme on en voit deux ou trois par siècle [2].

De l'antique et authentique formation des figu-
res de Machiavel.

Jamais homme n'eut autant de figures que Machiavel et toutes, ou presque, modelées de scéléra-

---

1. Bouillet, *Dictionnaire* et la peinture d'apothéoses.

2. Il y a des gravures le représentant proprement diabolique.
La couleur de sa peau y prêtait, et ses cheveux crépus.

tesse. Au xvi° siècle, en France, il apparaît athée monstrueux ; son livre : l'Evangile de la reine-mère [1]. Gentillet l'insulte bravement, lui donne du chien impur ; Possevin jésuite le fait condamner et sans l'avoir lu (en cela moins consciencieux même que ce moine allemand qui ayant passé toute sa vie à réfuter les livres hérétiques demanda sur son déclin, pour prix de ses services, la permission de les lire) [2]. Puis la figure s'assombrit : le voici transformé en Turc, en averroïste ; le Prince est la lecture favorite du sultan Amurath IV. Au xvii° siècle, il prend air de farouche républicain, d'apologiste impudent du tyrannicide : l'Angleterre n'y comprend plus rien, confond le jésuitisme et le machiavélisme, dans le temps que le P. Lucchesini, consulteur de la Congrégation des Rites, compose un savant « Essai de la sottise de Nicolas Machiavel » (1697) ; plus avisés, d'autres

1. Charles IX, dit l'auteur du *Tocsin contre les Massacreurs*, fut élevé avec le Prince, la Reine « lui faisant faire leçon, non pas seulement des sots comptes (*sic*) de Perceforest, mais sur tout des traitz de cet athée Machiavel... Et de fait on peut bien appeler ce livre-là l'Evangile de la Reine mère. Car encor qu'elle se couvre de la Religion communément, si void-on par effet qu'elle n'en a qu'autant qu'elle estime nécessaire pour se maintenir. Aussi son principal conseillier Morviliers a toujours ce beau et chrestien livre au poing, pour en faire souvent leçon à sa maîtresse, et ne l'abandonne non plus qu'Alexandre son Homère. » (cf. Bayle. *Dict.* Art. : *Machiavel*, Note N).

2. Béroalde venge M. de façon inattendue : un de ses personnages s'adressant à Xénocrates (Gentillet) dit : « Est-il pas vrai que, comme tu écrivois contre Machiavel, tu avois si fort les hémorroïdes que le cul te distilloit tout en sang, et en étois à demi-mort ? » (*Moyen de parvenir*, éd. P. L. Jacob, p. 318).

pensent user de lui comme d'un bon instrument d'anticléricalisme [1]. Les encyclopédistes viennent encore brouiller les choses, découvrent en Machiavel un professeur de tyrannie, son livre est le bréviaire des tyrans ; par bonheur le régime commercial a changé tout cela : belle occasion pour Montesquieu de développer une belle formule : la lettre de change a tué le machiavélisme [2].

Le premier, Napoléon voit plus clair et plus juste, un jour de brusque sincérité déclare : « Tacite a fait des romans, Gibbon est un clabaudeur, Machiavel est le seul livre qu'on puisse lire » ; mais plus tard cet hommage à son quasi-compatriote lui apparaît compromettant : il tâche de l'effacer pour la postérité [3].

1. Le traducteur français des *Discours* (xviie s. Hollande) dit que M. est « fort décrié par rapport à la Religion et aux bonnes mœurs », puis le défend de cette accusation : calomnie de prêtres. — C'est la conjuration des jardins Oricellari qui lui vaut cette réputation républicaine.

2. Sur ce qui précède, v. Bayle. *Dict.* et l'introduction du livre de Tommasini, qui a recueilli dans les diverses littératures les allusions à Machiavel et au machiavélisme. On pourrait ajouter à ce recueil le passage suivant de Dassoucy. (*Aventures burlesques*, éd. Colombey, p. 286) qui dit d'un « rimailleur » (en l'espèce Boileau) : « Sans attendre que la Parque m'ait déchaussé les souliers et tiré les bas, il m'ensevelit tout chaussé et tout vestu, et m'enterre tout vif dans ses écrits : cela s'appelle estre bon machiaveliste. »

3. Le mot est rapporté par De Pradt (*Ambassade de Varsovie*). Commentant le livre à Sainte-Hélène, il se rétracte : « Le fait est faux. Jamais propos semblable n'est échappé à l'Empereur. » Joséphine disait un jour à Napoléon qu'il était « indiscret et bavard ». Il lui arrivait parfois « d'émettre des opinions d'une moralité douteuse, lorsqu'elles lui paraissaient

On imagine facilement ce que les doctrinaires firent de Machiavel : un monstre d'immoralité. En prose et en vers, ils le vouent à l'exécration publique, tandis que Stendhal, jeune et napoléonien, satisfait avec lui son goût de la haute cruauté, de la férocité savante et aussi du paradoxe [1], trouve en ses œuvres une merveilleuse puissance didactique-politique, résolument infernale [2]. Depuis, on l'envisage plus posément, on le soumet à la Science, méthodiquement on tâche à le définir, et c'est alors un laboratoire d'épithètes plus saisissantes, frappées, tapées les unes que les autres ; les coins lui mordent la face : pessimiste habile, satirique spirituel, — puis, froid anatomiste, botaniste indifférent (gloire de Muséum), jusqu'au jour où Macaulay, historien scientifique, fait cette étonnante découverte que Machiavel est tout bonnement un homme de son temps, c'est-à-dire un singulier mélange de contradictions, « un grotesque assemblage de qualités

annoncer de la décision et de la force » (*Dict. Napoléon*, p. 316, au mot « Machiavel ») — et le moyen qu'il n'admirât pas un homme qui dit: « Ceux qui, par les lois et les institutions, ont formé les républiques et les royaumes sont placés le plus haut, sont le plus loués après les Dieux. »

1. Il le lut trop peut-être et Sainte-Beuve l'en reprend (*Lundis*, IX, p. 330). C'est à M. qu'il doit de n'avoir pas compris la France de 1830 ; il a vu trop souvent l'hypocrisie où il n'y avait que convenance : manque de modération dans le tableau des caractères.

2. Un jour d'optimisme il écrit fort sérieusement au baron de Mareste que M. ne lui enlèvera pas l'idée que la France arrivera à la liberté. (*Correspondance*, éd. Paupe, II, p. 170.)

incongrues » [1] : la grande invention de la critique machiavéliste au XIX⁰ siècle.

Mais cela était trop simple, stérilisait les plus beaux développements, cela ne rendait pas, et comme il faut bien que les critiques vivent, on garda soigneusement un CAS MACHIAVEL. Comme devant, les critiques continuèrent de monter en chaire pour expliquer l'œuvre, ce fut un débordement nouveau de grandiloquence et d'érudition : on ne s'étonnera pas que les Allemands aient fait preuve, en cette affaire, d'une redoutable émulation [2].

Alors, surchargé de considérations, écrasé de commentaires, abîmé de scolies, Machiavel disparaît à nouveau ; ses ouvrages tordus par des politiques en mal de réformes constitutionnelles perdent leur bel air de compositions classiques. C'est l'honneur de l'Italie, de deux Italiens, Villari, Tommasini, d'avoir redonné à cette pauvre figure, massacrée des professeurs et des moralistes, un aspect de vie, de l'avoir nettoyée de ses moisissures de littérature, de l'avoir rendue sensible [3]. Mais ils n'ont pu — si grand est leur res-

---

1. *Essais politiques et littéraires*, trad. Guizot, 1863, p. 5. — Cf. Karl Hillebrand. *Etudes italiennes*, p. 315.

2. Faut-il les citer tous ? Bollmann, Leo, Ranke, Gervinus, Mohl, Baumgarten... (V. la fin du 2⁰ vol. de Villari).

3. Pasquale Villari. *Niccolò Machiavelli e i suoi tempi*, 3 vol., 2ᵉ éd., Milano, Hoepli, 1895. — Oreste Tommasini. *La Vita e gli scritti di Niccolò Machiavelli*. 1 vol. (seul paru), Torino, Loescher, 1883. Pour la bibliographie de M. v. Baldwin, *Dictionary of philosophy and psychology*.

pect de ce grand Italien — s'empêcher de nous le faire trop magnifique, de trop voiler ses faiblesses, disons même ses médiocrités ; ils se résignent difficilement à le faire descendre — parfois — de son piédestal, nous l'ont donné trop propre, officiel, en posture d'histoire.

Nous voudrions aborder Machiavel d'un autre biais, non point de la façon qu'il abordait les anciens, en habit de cour, mais en habit de travail, de tous les jours, en habit ouvrier, manuel, aussi en habit de fonctionnaire : avec lui, il est bon de parler fonctionnaire.

Or, grâce à ses lettres familières [1], nous pouvons nous mettre au niveau de sa vie quotidienne, de son milieu amical, de sa « brigata », connaître aussi les nécessités de son tempérament. La vie de Spinoza par Colérus est, à nos yeux, mille fois plus estimable que tout un traité sur la philosophie du panthéiste hollandais (fût-il écrit par M. Delbos) ; de même nous préférons la vie de Racine par son fils à une amplification de rhétorique sur son œuvre ; et combien d'au-

1. *Lettere familiari.* Edizione integra. Publiée en 1883 par Alvisi, Firenze, Sansoni. Pastor dit que ces lettres « quelque répugnante qu'en soit la lecture, sont d'une importance essentielle pour qui veut faire le portrait moral de Machiavel ». (*Hist. des Papes*, trad. fr. t. V, p. 157, note 3). Giuliano de' Ricci publiant certaines lettres de M. ne croit pas devoir recopier en entier la correspondance avec Vettori (cf. Tommasini, p. 638). Les 84 lettres publiées par l'évêque Scipione de' Ricci sont horriblement mutilées (cf. Alvisi, p. 7). L'édition d'Alvisi que nous venons de citer est complète.

tres exemples : Fontenelle et Corneille, Condivi et Michel-Ange. Si nous avions l'équivalent sur Machiavel, cette étude n'aurait point d'objet.

Nous ne ferons donc pas ce que Charles Péguy appelle « de l'histoire endimanchée », et bien des choses paraîtront trop minces, qui nous ont pourtant retenu. C'est une humble histoire que celle de Machiavel : il faut être humble en suivant la trame de sa vie. On ne le tint jamais pour un prince et la postérité, qui ne lui fut pas tendre, dut reconnaître cependant qu'il fut merveilleusement persécuté par le malheur : il a sa place au livre *De litteratorum infelicitate*[1]. Nous n'avons point le goût de faire les gens misérables malgré eux, mais si, comme dans la tragédie antique, le bonheur est un crime aux yeux de la divinité, Machiavel est le plus grand des innocents.

Formé par la littérature, tout pétri d'humanités, il a montré, d'autre part, l'insuffisance d'une culture purement spirituelle, de jeux d'idées ; vieux, il a dépouillé cette enveloppe de mots, aveulissante, amollissante, qui conduisit sa patrie à la ruine : lui seul, d'un héroïque effort, il s'est refait. Sa vie est un enseignement.

Tâchons donc de le suivre dans sa vie domestique, de le montrer hors de ce décor convenu, magnifique ou terrible, qu'on lui impose sans cesse, de mettre derrière lui ce fond sur lequel nous nous détachons tous, notre fond commun,

---

1. Cf. Bayle, *loc. cit.*

ordinaire, nécessaire, notre fond de chaque jour. Ce n'est point là ravaler un grand homme, rogner un héros, prendre des familiarités avec lui ; nous avons le sentiment de ne point lui manquer de respect. Peut-être même sera-t-on d'avis qu'il ne peut que gagner à un semblable examen, que de ce modeste point de vue apparaît plus nettement, plus subitement ascendante la courbe de sa vie : cette vie de médiocrité qui sur la fin éclate en noblesse.

LIVRE I

L'ORIGINE

> « ... Rappetasseurs de vieilles ferrail-
> les latines, revendeurs de vieux mots
> latins tous moisis et incertains. »
>
> RABELAIS.

> « Que dit-on au Palais, et que fait
> la Normande ? »
>
> *Les Souspirs*, d'OLIVIER DE MAGNY.

Comment Machiavel, fils de fonctionnaire, fut instruit aux bonnes lettres et, à ce propos, de quelques suppositions touchant sa compétence laïque-humaniste.

L'édition des œuvres de Machiavel, dite *della testina*, porte à la première page le portrait de l'auteur. Maigre, les yeux vifs, le nez long, étiré par le bout, les joues creuses, la bouche grande mais sans bonté, cerclée de rides profondes, je ne sais quoi de tourmenté, de raboteux dans la physionomie : c'est ainsi qu'il se présente avant qu'on ne le lise [1].

---

1. L'édition est de 1550. — 23 ans après la mort de M., le portrait copié de l'édition des Discours (Comin da Trino, 1540). Cf. Brunet. *Manuel du libraire*, art. *Machiavel.* Pour l'iconogra-

L'homme ne nous apparaît que dans sa maturité ; malgré d'innombrables travaux, et conduits de partout, on n'a retouvé sa trace qu'à l'âge de 29 ans. D'où vient ce petit secrétaire d'ambassade qui doit laisser après sa mort une si détestable renommée ?

Famille de fonctionnaires et de politiciens, ce n'est pas une rareté à Florence. Dans ses ancêtres, cinquante prieurs et douze gonfaloniers ; guelfes, les Machiavel sont exilés en 1260 après Montaperti. Le père de Machiavel suit la tradition : il est jurisconsulte, employé de finances, peut-être honnête — bien que les difficultés qu'eut à surmonter un moment son fils puissent avoir leur origine dans quelque malversation paternelle, — en tout cas, mauvais ménager de sa fortune ; il a épousé une veuve, d'une vieille famille, matrone assez cultivée, semble-t-il, qui écrivit des louanges à la Vierge [1]. Milieu de petits fonctionnaires florentins, ni riches, ni ruineux, qui se réclament d'une illustre origine, — des marquis de Toscane, — moins certainement nobles pourtant que les Michel-Ange : c'est là que grandit Machiavel [2].

Il nous faut bien imaginer quelle fut son éducation ; lui-même ne nous renseigne guère sur ce point. Éducation toute latine sans doute, celle

phie de M., cf. Tommasini, p. 63 sqque. Le buste du Bargello et le portrait des Uffizi (reproduits dans Gregorovius, *Storia di Roma*, IV, p. 252-253) ne le représentent certainement pas.

1. Cf. Villari, 1, 310.

2. Il est né en 1469, a un frère aîné, Totto, et deux sœurs.

que recevait normalement un jeune bourgeois dans la Florence de Laurent le Magnifique, commençant avec les Métamorphoses [1], fort peu scolastique, ainsi qu'il convient à un fils de la Renaissance.

Grâce à Dieu, il ne vit pas en ces temps ténébreux « sentant l'infélicité et calamité des Goths qui avoient mis à destruction toute bonne littérature [2] », ignore les « Barbouillamenta Scoti » comme le « De Batisfolagiis principum » de Lullius, le Cullot de discipline comme la Savate d'humilité, hauts remparts de l'École, vrais livres de la librairie de Saint-Victor [3] : après cette longue nuit du moyen âge qu'a dénoncée Michelet, il jouit du bienfait de la lumière de Rome, « de la restitution des bonnes lettres ». Tite-Live, Tacite, Cicéron, Sénèque, — les comiques, — plus tard ceux qui traitent de l'art de la guerre, Végèce, Frontin de Stratagematis : voilà sa nourriture. C'est Rome qui l'a porté sur ses genoux. Tout ce qui semble mort dans son œuvre, le déchet véritablement considérable de sa somme, tout cela il l'avait pris de Rome. Une fois qu'il a prononcé ce grand nom, il perd toute indépen-

----

1. Le fils de M., Guido, écrit en 1527 à son père : « Pour la grammaire, je commence aujourd'hui les participes et ser Luca m'a lu presque tout le premier (livre) des Métamorphoses d'Ovide, lequel je veux, aussitôt que vous serez de retour, vous dire tout entier par cœur » (L. CCXXVI).

2. Rabelais, liv. II, ch. VIII.

3. *Ib.*, ch. VII.

dance ; un exemple tiré de l'histoire romaine est par essence indiscutable : créer des colonies, lever des milices, ordonner une armée ? Tite-Live en main, il sort l'exemple topique, donne la solution infaillible : ces gens-là ont tout dit. Rome, — c'est-à-dire une civilisation point neuve, refaite, recomposée de matériaux anciens, d'une beauté rafistolée, œuvre de fonctionnaires et de juristes, — la Grèce vue à travers Rome : voilà le fondement sur lequel il bâtit ses imaginations politiques ou guerrières. C'est l'homme d'une seule littérature [1]. Il y a, dans cette foi presque toujours aveugle, qui l'a conduit aux pires désillusions, dont l'effet rate, si l'on peut dire, une certaine grandeur. « Du danger de déplacer sa foi » : Machiavel en subit les conséquences ; je vois en lui l'une des plus grandes victimes du nouveau Dieu romain, Dieu entrevu, cherché avec ferveur, mais Dieu trompeur. Dans sa ville, quelques-uns seuls sont capables de supporter une foi semblable ; — il a sans nul doute connu Boscoli, — mais le fonctionnaire pauvre, révoqué, maladroit, compromis dans des conjurations où il n'a point de part, malchanceux, n'a pas la carrure nécessaire pour

1. De la langue grecque « sans laquelle c'est honte qu'une personne se die sçavant », il semble avoir ignoré jusqu'aux premiers rudiments. (Sur ce point important quoi qu'on en pense, car il s'agit de savoir si M. n'a en cette matière qu'une connaissance de seconde main, on lira, si l'on est patient, les discussions de MM. Villari et Triantafillis. Cf. Villari, II, p. 585.)

devenir le serviteur d'un Dieu qui n'a plus de temple [1].

Ce serait pourtant une question de savoir si dans ses livres aucune trace scolastique n'apparaît : tel de ses raisonnements, dans le Prince par exemple, est l'exact produit de l'enseignement de l'Ecole. Mais cette influence, — inévitable étant donné l'ordre de sa spéculation : Saint-Thomas est tout proche, — Machiavel, quand il la perçoit, la repousse ; en revanche, les maximes des latins politiques, il ne les manque point, c'est un thème presque constant chez lui. On ne peut dire qu'il a voulu avant tout s'affranchir de toute philosophie chrétienne, mais il a toujours eu le ferme propos de s'en tenir à Rome : des Saintes Ecritures il semble peu se soucier, les allusions, aux légendes sacrées du christianisme sont rares dans son œuvre ; en cela il apparaît même d'une remarquable ignorance, si l'on songe à la compétence moyenne des lettrés de son temps en matière biblique.

Cette donnée livresque, il ne l'a point fortifiée par les armes : jeune, il n'a point fait campagne, n'a point vu la guerre, même la médiocre petite guerre de ville à ville, comme Dante à Campaldino [2]. Il n'a connu que les heurts de mécanisme

1. En raison même de cette unique compétence, on a été jusqu'à lui faire grief d'accepter Tite-Live sans aucune critique du texte. Mais le grief ne porte pas : M. ne joue que rarement à l'érudit et c'est tant mieux pour nous.

2. C'est ce que Villari a justement fait observer.

parlementaire, les mutations de régimes, les émeutes dans la rue : il a une expérience parlementaire [1] consolidée d'une expérience de révolutions. Spectacles profitables d'ailleurs, qu'il comprit, qui l'enseignèrent : ainsi, mais moins sanglante, la Fronde enseigna Pascal. Les suites de la conjuration des Pazzi, la descente de Charles VIII, les Médicis chassés, Savonarole, la République : c'était, pour un jeune homme, une suffisante tablature. A dix ans, dans la rue, voici ce qu'il peut voir : « Jacopo dei Pazzi, pendu après la conjuration, avait été enterré à Santa Croce, mais comme il était mort en blasphémant on attribua certaines longues pluies qui survinrent en ces jours à ce qu'il était enterré en lieu saint. Les Seigneurs alors le firent enlever de l'église pendant la nuit et enterrer le long des murs. Mais des enfants, conduits par des hommes de grande scélératesse, déterrent le cadavre, le traînent la corde au cou jusqu'à sa demeure, criant: « Ouvrez à Messer Jacopo dei Pazzi ! » et cette ignominie n'eût pas pris fin si la Seigneurie, pour le leur arracher des mains, ne l'eût fait jeter dans l'Arno qui, gros de beaucoup d'eau, laissait flotter ce corps [2] ».

Ainsi, dans cette ville où le deuil même est

---

1. Le mot n'est pas une adaptation. Il est exactement florentin : appeler le peuple à Parlement.

2. Capponi. *St. della Reppub. di Firenze*, II, p. 118-119, d'ap. une chronique contemporaine.

rouge[1], Machiavel se familiarise avec les spectacles de violence; il y puise peu à peu une tranquillité, une impassibilité devant le meurtre, la destruction, qui ne le quitteront plus ; on croirait presque qu'il s'y réjouit. Il nous reste, de sa jeunesse, un passage d'une traduction qu'il fit de l'« Historia persecutionis Vandalicæ »; le choix est curieux, on y trouve massacres, tueries, descriptions de cadavres décomposés, tout un appareil d'effroi : il y a chez ce jeune homme un goût très vif du pittoresque terrible[2].

En même temps, il fait son éducation de méfiance : il saurait bien que dire de la corruption qui l'entoure. Aussi, avant examen, tout événement, tout homme est ennemi: se garder, c'est déjà sa règle de conduite[3].

De l'insuffisance de sensibilité d'un spectateur de révolutions.

Mais cette unique foi latine, cette unique compétence parlementaire l'ont, en certains points, frappé de stérilité : il n'a point su voir au-dessus de ces révolutions urbaines, presque toujours médiocres, qui ne singent même pas la grandeur; il n'a point compris la seule qui eut en elle

1 « ... vestivan di sanguino. » Cf. Perrens. *Hist. de Florence III*, p. 401, note 2.

2. Publié par Villari (I, document III).

3. D'où sa supériorité sur Montesquieu, homme de cabinet, « qui ne se méfie pas ». Cf. Sainte-Beuve (*Lundis*, t. VII, art. sur *Montesquieu*, p. 67-68).

une manière de noblesse, et ceci pourrait peut-
être expliquer que l'audace de ses inventions n'est
point si grande qu'on le dit : il a songé à une
réforme politique, voire à une réforme militaire,
sur la fin de sa vie seulement, à une réforme morale.
D'autre part, sa puissance de curiosité, ce don
d'attachement passionné aux choses qui caracté-
rise les grands hommes de la Renaissance, — qui
existe au plus haut point chez Rabelais, savant
pourtant formidable mais qui vit au milieu de son
érudition, le grand homme vivant de la Renaissance, — plus généralement sa sensibilité s'en
trouve remarquablement amoindrie.

La civilisation romaine n'existe pour lui que
par ses livres, non par ses pierres ; il semble n'avoir
pour celles-ci qu'un goût médiocre, reste à peu
près étranger au travail de restauration ébauché
par Biondo, n'en prend que les développements
historiques : cet élève de Rome n'est point touché des antiquités monumentales de sa race. Même
indifférence pour l'art de son temps : dans Florence, alors surpeuplée d'artistes, saturée, éner-
vée d'art, où Ficin, docteur officiel, traduit, plus
exactement accommode Platon, il semble un
étranger ; il rencontre Michel-Ange, peut connaître Raphaël (qui séjourna à Florence de 1504 à
1506), mais de ce commerce rien ne transparaît ;
il voit un peuple adorant la lumière, transporté
d'enthousiasme devant ces étranges Madones,
équivoques, belles et malades, mais cet élan général, populaire — aussi traditionnel — vers le Beau

ne l'atteint point ; il semble même qu'il s'en défie, pressentant peut-être ce qu'il cache de faiblesse, y découvrant un ferment de décadence. Comme il a l'esprit caustique, volontiers il s'en moquerait: ainsi fit le moine d'Amiens [1]. De l'art en somme il ne s'est jamais soucié ; il n'en a dit qu'un mot, mais pour exalter l'Italie : « Ce pays semble né pour ressusciter les choses mortes, comme on a vu de la poésie, de la peinture et de la sculpture. »

Ainsi fait, on ne s'étonne point qu'il soit dépourvu de tout génie poétique. Comme les jeunes bourgeois de son temps, il a appris l'art de faire des vers : élevé dans le Dante (les réminiscences dantesques sont fréquentes dans ses lettres) et dans les petits poètes plaisants et bistournés qui annoncent le grand burlesque [2], il n'a cependant rien créé en poésie ; sa nature y répugnait et c'est

1. « Nous estions bien bonne compaignie de gens studieux, convoiteux de voir les singularitéz d'Italie et lors curieusement considérions l'assiete et beaulté de Florence, la structure du Dôme, la somptuosité des temples et palais magnificques. Et entrions en contention, à qui plus proprement les extollerait par louanges condignes, quand un moine d'Amiens nommé Bernard Lardon, comme tout fasché nous dist : « Je ne scay que diautre nous trouvez ici tant à louer... Ce sont belles maisons... en toute ceste ville encores n'ay-je veu une seule Roustisserie... Ces statues antiques sont bien faictes, je le veux croire : mais par Saint Ferreol d'Abbeville, les jeunes bachelettes de noz pays sont mil fois plus advenantes ». (Rabelais. *Quart livre.* Ch. V, p. 86-87, éd. Plattard. Rev. des Etudes Rabelaisiennes.) De même, Commines n'a rien vu en Italie.

2. Cf. le sonnet de Burchiello qu'il cite à Guichardin (L. CXCVIII).

en vain qu'il la força [1]. L'Arioste — qui fut fonctionnaire — considérait que le vrai bonheur était
de vivre au milieu des livres et des fleurs, avait
un jardin, semait, surveillait la floraison et son
poème est un poème de couleurs. Jamais Machiavel
ne conçut le bien-être de cette manière ; s'il habita
la campagne, c'est qu'il y fut contraint par les
événements. Dans une de ses dépêches il parle,
il est vrai, de « l'humanité d'un site », mais les
quelques lettres où la Nature apparaît sont des
lettres de majordome : il s'en tient, — goût ou
incapacité, — à une vue toute pratique [2].

Seules ses chansons gardent quelque figure de
poétique gaieté, mais cela il le doit sans doute à
la musique. Enseignement scolastique, fondamen-
tal, resté à la fois populaire et princier, commun
dans cette ville de mélodies, et méridionale ; tous
les princes des pays latins sont alors bons musiciens : en Espagne, Jean II, Henri IV, — et ce Charles
de Bourgogne qui vient de mourir et avait « apris
l'art de musique si perfectement qu'il mestoit sus
chansons et motets ; et avoit l'art perfectement
en soy [3] ». Machiavel, sur ce point, n'a point
rompu avec la tradition et le goût national ; dans

1. Il composa dans sa jeunesse de petits vers fort obscurs
qu'il adressa à son père. (Cf. Villari, III, p. 428, qui s'efforce de
les expliquer.)

2. L. CXCII à Guichardin.

3. Olivier de la Marche (*Mémoires*, Gand, 1566, p. 408). On
sait d'autre part le cas que faisait Léon X des musiciens, en
particulier du juif Gianmaria (Pastor, *Hist. des Papes*, trad. fr.,
VIII, p. 55).

ses dernières lettres, il recommandera à son fils Guido l'étude de la musique : « Puisque tu n'as plus l'excuse d'être malade, lui dit-il, efforce-toi d'apprendre les lettres et la musique, car tu vois quel honneur me fait le peu de talent que j'ai [1]. »

Ce n'est point là d'ailleurs le seul endroit par où cet élève des humanistes subisse la domination des temps ténébreux. Il ne faut point céder au désir d'en faire un homme — non au-dessus de son époque — mais hors de son époque, hors du plan de son époque. S'il aime en effet à se poser en esprit fort, les pronostications, divinations, présages ne l'en intéressent pas moins [2] : il y a chez lui un fonds très réel de superstition. Prophète politique, supputant par métier les chances respectives des rois, des empereurs et des républiques, il voit autre chose qu'une circonstance fortuite dans tel ou tel présage : il y accorde une manière de foi. Ce frate délirant est grotesque, mais ce délire est encore pour lui matière à méditations [3].

---

1. L. CCXXII, 2 avril 1527. Et Guido répond : « Je commencerai à l'âques... à jouer et chanter et faire du contrepoint à trois. » (L. CCXXVI.)

2. Sa correspondance le prouve, et ce jusqu'à la fin de sa vie. (V. L. CCXIX à Guichardin : « Je restai deux jours à Modène et pratiquai un prophète qui dit, avec témoignages à l'appui, avoir prédit la fuite du Pape et la vanité de l'entreprise et de nouveau dit que les mauvais temps n'étaient pas tous passés, au cours desquels le Pape et nous aurions fort à souffrir. »)

3. Rabelais envoie à l'évêque de Maillezais « un livre de pronosticqs duquel toute ceste ville (Rome) est embesoignée, intitulé *De eversione Europæ* ». Il ajoute : « De ma part, je n'y adjouste foy aucune, mais on ne veit oncques Rome tant adon-

Comment la place publique semble avoir été la véritable institutrice de Machiavel.

Du latin, plus qu'un rudiment, de la musique, une fortune apparemment médiocre, voilà son bagage à l'heure où il faut faire quelque chose et le choix est mince : marchand ou fonctionnaire. Dans sa ville, on doit être l'un ou l'autre exclusivement, c'est un cadre où il faut entrer, une catégorie à laquelle il faut s'adapter. Marchand, il ne peut l'être : son père ne s'est point soucié de lui apprendre un métier, il ignore tout de l'art de la laine, de la soie, ne connaît point le trafic (et cette incompétence n'est peut-être point alors pure de tout orgueil), n'a point vu de pays. Mais,

née à ces vanitez et divinations comme elle est de présent » (*Lettres d'Italie*, éd. Bourrilly, p. 50), et pourtant l'homme de la Renaissance doit laisser « l'astrologie divinatrice et l'art de Lullius comme abus et vanitez ». Cet âge de lumière ne dédaigne pas les talismans, sorts, amulettes, préservatifs, etc... Charles-Quint se retirant à Yuste emporte des pierres incrustées dans de l'or pour arrêter le sang, deux bracelets et deux bagues en or et en os contre les hémorroïdes, une pierre bleue enchâssée dans des griffes d'or pour préserver de la goutte, des pierres de bézoard venues d'Orient et destinées à combattre diverses indispositions. (Cf. Mignet, *Charles-Quint et son abdication*, p. 220.) Dans un autre ordre d'idées, faut-il rappeler le succès des légendes qui couraient sur les Papes et dont les protestants tirèrent le parti que l'on sait : les 6.000 têtes d'enfants, fils de clercs, noyés dans un étang sous Grégoire le Grand, la magie de Silvestre II, son pacte avec le diable, la tête enchantée qu'il possédait ; les sorcelleries du pape Théophilacte qui entraînait les femmes avec lui ; les 4.000 Écossais châtrés par ordre d'Honorius III, etc... (V. Men. y Pelayo. *Heterodoxos Esp. II*, p. 492-493.)

fils de fonctionnaire, il a dû passer bien des heures sur la place publique observant, discutant, perdant avec délices son temps comme aime à le perdre ce peuple fort peu athénien dans le fond, très athénien dans sa vie extérieure ; on le voit aux Banchi fort libre en paroles, prompt à la riposte, point du tout désabusé de ces bavardages politiques de coins de rues, qui sont le pain quotidien des méridionaux. Dans l'atmosphère enfiévrée, nerveuse de cette ville toujours secouée de révolutions, toujours violée de l'étranger, ville de clameurs, cet oisif sans situation parie, conjecture, compare les performances, établit des pronostics : cette gymnastique intellectuelle, c'est sa vie... Jusqu'alors une seule amitié : Marcello Virgilio, presque son contemporain, aussi son professeur, figure de fonctionnaire formé par un érudit et — ce qui n'est point indifférent — grand débrideur de prose administrative [1]. Insensiblement son milieu s'est formé et à 29 ans Machiavel ne peut ambitionner qu'une chose : trouver une place parmi les serviteurs de la République.

1. Virgilio est l'élève de Cristoforo Landino, le commentateur. Machiavel démarqua-t-il plus tard les lettres de son ami pour faire montre de beau style ? Rien ne permet de le supposer. — Virgilio avait cinq ans de plus que lui.

LIVRE II

LE FONCTIONNAIRE

Verrons-nous point de fin à ces guerres cruëlles?
Le froment et le vin sont-ils point encheris ?
Et parmy tant de maulx ne voit-on point periz
Tant d'emprunts, de taillons, d'imposts et de gabelles ?

Les Souspirs, d'OLIVIER DE MAGNY.

Comment Machiavel, ami de l'ordre, ne comprit rien au plus grand moine de son temps.

Le moment était bon : quelque chose de plus qu'un changement de ministère. Les Médicis chassés, l'ère républicaine commence ; et ce n'est point une République de façade. Ere troublée, tumultueuse, où libertins et doctrinaires sont en lutte perpétuelle, où l'art est cause de discorde autant que la politique. De quel côté se dirigera un jeune homme pauvre, désireux d'un établissement ?

Machiavel ne semble avoir vu à ce moment dans Savonarole qu'un fourbe adroit qui aspire au pouvoir et sait profiter de l'occasion : « A mon avis, dit-il, il va secondant les temps et colorant ses mensonges[1]. » Ce prophète de ruines nationales, ce dominicain annonciateur de désastres, pour qui le roi de France est le fer rouge qui nettoiera les plaies de la République, et qui dans le même temps ose promouvoir le Christ à la dignité de roi de Florence, ne lui dit rien qui vaille, lui apparaît comme un fauteur de désordres, un dangereux ennemi de la paix. Il ne conçoit pas l'ordre de grandeur que représente ce moine de génie, rhéteur mais pourtant si éloigné de toute vulgarité, dont « les membres avaient telle délicatesse que sa main sacrée paraissait diaphane[2] ».

Savonarole veut porter la révolution dans la religion même, et cela Machiavel, ami des classifications, ennemi de la confusion des genres, se refuse à la comprendre : politique et religion s'excluent et cet aphorisme pour un jeune libre-penseur est éminemment indiscutable : « les frati ne doivent pas se mêler de politique ». Parfois, pourtant, le moine est réjouissant : lorsqu'il parle des prêtres dans le siècle : « Et alors il commença à déchirer vos livres, ô prêtres, et à vous traiter de telle sorte que les chiens n'en auraient pas mangé[3] », ou lorsqu'il s'écrie : « Autrefois les calices étaient de bois et les prélats d'or : aujourd'hui les calices sont d'or... » Disputes de prêtres où Machiavel badaud marque les coups, mais la

1. L. III, à R. Bechi, 9 mars 1498.
2. Paroles d'un de ses disciples citées par Pastor. *Hist. des Papes*, V. p. 183 sqq.
3. L. III, ut. sup.

cité n'en va pas mieux. Les accès de vertu qui
secouent la populace, ces bûchers de vanités re-
nouvelés du digne Martin V [1] n'ont point de lendemain. Chose plus grave, Florence n'a plus d'argent : « Il n'y avait personne qui voulût prêter un
sou : Frère Jérôme faisait faire jeûnes, processions, aumônes et criait qu'on fît pardon : pourtant fut pendu le 12 décembre Antonio di Bernardo di Miniato... [2] » A cela se borne la sensibilité
de Machiavel au moment où l'étranger envahit sa
patrie. Enfin, au mois de mai 1498, la tragédie
se dénoue : après les terribles journées de la justification, le ciel s'étant déclaré contre lui, le prophète monte sur le bûcher et pour oraison funèbre un contemporain patriote ne trouve que ceci :
« On ne peut compenser le dommage causé à la
cité par ces frères, ils nous ont fait dépenser inu-
tilement un énorme trésor, tenu la cité divisée,
ont été l'occasion de la mort et de la ruine d'un
grand nombre de nos concitoyens et non des
moindres [3]. » L'ami de l'ordre n'eût point parlé
autrement.

1. Car l'âme de ce Pape qui respectait « les saintes obscu-
rités de l'Écriture » ne se refusait pas à de pieux autodafés :
le 21 juin 1424, dit Infessura, « on fit un grand tas de cartes à
jouer, de billets de loterie, d'instruments de musique, de faux
cheveux et autres objets de toilette et l'on y mit le feu »
(*Diario*, ed. Tommasini, p. 25. Cf. Pastor, I, p. 247). Ces autodafés étaient inspirés par un frate aussi fameux que Savonarole, Fr. Bernardin de Sienne. Peu de jours avant, on brûle
une sorcière et tous y courent. La lumière vient de Rome.

2. Fragment cité par Tommasini, *Niccolò Machiavelli*, p. 105.

3. Cf. Tommasini, p. 165.

Avec Savonarole, la République chrétienne meurt. C'est la destinée de Florence de connaître, d'essayer tous les modes politiques : elle vient d'en user encore un.

De l'instauration de la démocratie laïque et comment Machiavel y trouva place.

Mais ces politiciens marchands ne sont jamais pris de court : observant, raisonnant, bâtissant, il n'est pas un peuple qui décrive, juge, dissèque l'état social avec plus d'application, qui démonte et remonte la machine avec plus de complaisance. Si la manière d'écrire l'histoire s'est profondément modifiée des Villani à Machiavel, le goût du droit constitutionnel et administratif est resté aussi vivace ; seulement, par l'invasion humaniste, le vocabulaire s'est enrichi : ottimati, aristocratie, oligarchie, etc. ; s'ensuivent toutes les belles disputes d'étymologie politique[1].

Le système démocratique-chrétien ayant donc cessé de plaire, on tâtera de la démocratie laïque, car l'expérience est faite que ce n'est plus avec des sermons que l'on gouverne les hommes et Dieu merci (si l'on peut dire) Florence est une République libre.

La loi réformatrice de 1494 votée après l'expulsion des Médicis a déjà facilité l'accès aux fonctions administratives, créé une classe de fonction-

---

1. Cf. Burckardt. *Civilisation au temps de la Renaissance,* trad. fr., I, p. 106.

naires, mais largement ouverte [1]; sans trop l'avouer on continue l'œuvre du prophète, il avait été sinon l'auteur, du moins l'inspirateur de la réforme, travaillé à démocratiser le fonctionnarisme. En 1498, l'élection aux chancelleries est modifiée : scrutin à deux degrés, le Conseil des Richiesti choisit quatre noms sur lesquels le Conseil supérieur vote. De cette dualité d'urnes — générale dans la constitution florentine, deux scrutins à la Seigneurie, aux Quatre-Vingts, au Grand Conseil, nombre qui prend une valeur symbolique et fait l'admiration du républicain Varchi, — Machiavel sort victorieux.

Le 15 juin, il est nommé secrétaire de la Seigneurie, un mois environ après attaché au service des Dix, c'est-à-dire des magistrats chargés exclusivement de la guerre et des affaires étrangères. En même temps il devient chef de la seconde chancellerie (affaires intérieures), mais cette situation est, d'après son meilleur historien, plus de fait que de droit [2].

Vingt-neuf ans : âge mûr pour commencer une carrière, — on peut être Pape beaucoup plus tôt, un Italien n'ignore pas cela [3], — mais âge d'expé-

---

1. Elle permet l'entrée au Grand Conseil des « cittadini benefiziati » c'est-à-dire de ceux dont le père ou l'aïeul avait occupé l'une des trois plus grandes places dans la cité (Seigneurs, Gonfaloniers de compagnie, ou des douze Bonshommes). Il faut songer ici à la multiplicité des emplois dans la République florentine.

2. Cf. Tommasini, p. 138.

3. V. l'Histoire de Jean XII, Pape à seize ans.

rience, quand on est pauvre et qu'on a pâti. Machiavel, élevé à la dignité de fonctionnaire, n'a point
la sottise de déprécier son métier ; il y consacre
tant par utilité que par goût toute son intelligence
et fait en somme un très exact et très consciencieux serviteur.

*Des gens qu'il rencontra au bureau et en parti-
culier de Biagio Buonaccorsi.*

Au bureau il retrouve son professeur et ami,
le secrétaire de la République, Marcello Virgilio,
duquel il reçoit sans doute quelques leçons de
beau latin d'administration, mais il ne reste que
peu de traces d'une véritable intimité entre eux.
Il en va tout autrement avec l'excellent Biagio
Buonaccorsi : celui-ci, dont le nom apparaît si
souvent dans la correspondance de Machiavel,
mérite d'être connu. Coadjuteur de la chancellerie, c'est-à-dire employé subalterne, sans beaucoup de talents, semble-t-il, mais d'une bonté et
d'une fidélité rares, Biagio a pour Machiavel l'amitié à la fois admirative et querelleuse d'un médiocre pour un homme remarquable. Il est ambitieux
et pleurard, touchant d'attentions et assom-
mant de récriminations, mais quels que soient
ses défauts ou qualités, il a pour nous ce mérite
inappréciable d'être écrivassier : sans lui et sans
Vettori nous connaîtrions peu de chose de la vie
privée de Machiavel. Biagio a laissé, paraît-il,
des poésies, un diario et un travail sur la guerre
de Pise ; d'autres diront ce que vaut tout cela,

nous nous en tenons bien volontiers à sa correspondance.

Prenant donc son emploi au sérieux, Machiavel devient pleinement le bureaucrate ponctuel qui veut tout voir, savoir, revoir dans les affaires qui lui sont soumises ; il rectifie ses collaborateurs et en marge des extraits que Buonaccorsi fait des « documents d'état », extraits souvent inexacts, on trouve de sa main l'annotation « mentiris, Blasi[1] ». Avec cela une prodigieuse facilité d'écriture : Biagio admire l'aisance avec laquelle il « fait les lettres[2] ».

Comment Machiavel débuta sans pompe auprès d'une étonnante virago.

Mais les temps ne sont pas aux douceurs d'une administration stationnaire : peu après son installation, Machiavel est envoyé en mission. — Sur ce point, il faut dissiper toute équivoque : Machiavel n'est pas ambassadeur et lorsque Quinet nous le représente « chevauchant au-devant des Rois et des Empereurs[3] », c'est une image oratoire, une amplification de 48. Machiavel est simplement chargé de préparer la voie aux ambassadeurs, c'est le fourrier des négociations : office qui exige de la délicatesse, où d'ailleurs il a su manœuvrer avec prudence, mais qu'il faut dépouiller de cette pompe dont on l'orne trop volontiers. Muni d'ins-

1. Tommasini, p. 140-141.
2. Villari, I, 571.
3. *Révolutions d'Italie*, 6e éd., II, p. 34.

tructions fort nettes et circonscrites, il est « l'uomo » de la République, ou, pour lui accorder au moins cette satisfaction latine, le « nuntius ».

En 1499 donc, Machiavel célibataire est envoyé à Forli auprès de Catherine Sforza, princesse d'un tempérament peu commun, dont M. Pasolini a raconté l'étonnante histoire, et qui, dans une attitude d'héroïque impudicité, domine les femmes politiques de son temps. C'était un début périlleux pour un jeune secrétaire d'ambassade d'avoir affaire tout d'un coup à un diplomate aussi expérimenté et peu scrupuleux sur les moyens que la veuve de Jérôme Riario : aussi ne semble-t-il avoir obtenu que de minces résultats, si même il ne fut pas berné [1]. Mais il écoute, observe, réfléchit, enregistre : ce voyage dans cette ville hérissée de murailles hostiles est un voyage d'expérience.

Cependant Biagio, sans directeur, perd la tête dans son bureau. « Je vous exhorte à revenir le plus tôt possible, car rester là-bas ne vous vaut rien et ici il y a un débordement d'affaires tel qu'il n'y en eut jamais... Tous vous désirent et plus que tout autre votre Biagio qui, à toute heure, vous a à la bouche — et votre absence lui semble une année ; il ne vous le semblait pas à vous, quand j'étais parti [2]. » Puis, dans une lettre sans cesse

1. Cf. Villari, I, p. 336.
2. Il ajoute, il est vrai : « Je ne doute pas que l'Excellence de Madonna ne vous fasse quelque honneur. » En attendant, qu'il envoie le portrait de la dame « dans un rouleau afin que

interrompue, reprise — au milieu du va-et-vient
d'un bureau en perdition — Biagio entreprend de
raconter les menus drames de la chancellerie :
les fonctionnaires inexacts se sont « fait laver la
tête » par les magnifiques Seigneurs, cela à cause
d'un collègue incommode, auquel Biagio souhaite
que « li venga il cacasangue nel forame ». Plus
tard, enfin, pour décider Machiavel à revenir
prestement : « Il n'y a rien à grappiller pour vous
là-bas et on se moque de vous ici : heureusement
je suis là, revenez... et vous verrez, je crois, ce
qu'a été et ce qu'est Biagio [1]. »

Mais qu'il avait déjà le goût de la manière forte.

La conscience de Machiavel nous apparaît sous
un jour nouveau dans l'affaire de Pagolo Vitelli
(fin 1499).

On lira dans Michelet, qui a conté cette histoire avec des larmes, comment Pise avait été
affranchie par la pitié chevaleresque des nobles
de France ; cette liberté d'une ville dès longtemps asservie, c'était la plaie ouverte que trai-
nait la République, d'où s'échappaient à la fois
l'honneur et l'argent ; tous étaient intéressés à ce

les plis ne le gâtent pas », L. VIII, 19 juillet 1499. Catherine
avait encore une beauté — un nez malheureux cependant — si
l'on en croit son portrait peint par un inconnu (aux Offices). Ce
portrait date des dix dernières années de sa vie, dit M. Pasolini.

1. Cf. Villari, I. *Documents*, p. 552.

qu'elle redevînt l'esclave commerciale de Florence. On ne recula devant aucun sacrifice, on acheta des condottieri fort coûteux, en particulier ce Pagolo Vitelli qui fit de fort mauvaise besogne. — Il est certain que Vitelli, accompagné de son astrologue, poussait l'attaque avec une mollesse désabusée, mais on ne peut affirmer qu'il ait trahi. Guichardin le croit innocent. Pour Machiavel au contraire la trahison ne fait pas de doute et il semble bien qu'il ait contribué de façon très efficace à la condamnation du condottiere malheureux. Vitelli prisonnier n'avoue rien, malgré la corde, l'estrapade et l'eau : « il semblait qu'on donnât la torture à un sac [1] » ; mais l'honneur de la patrie, au regard de toute l'Italie, commande qu'il soit décapité et le secrétaire approuve fort ce dénoûment à la manière forte. Un chancelier de Lucques ayant reproché cette mort à la République, il l'en reprend avec une belle violence : « ... Je me suis décidé à vous écrire non pas tant pour purger cette cité des calomnies dont vous la chargez que pour vous avertir d'être plus sage à l'avenir... et, *fraterno amore*, je vous conseille ceci : quand vous voudrez dorénavant suivre vôtre mauvaise nature qui est d'offenser sans aucune utilité pour vous, offensez au moins de façon qu'on vous tienne pour plus prudent [2]. »

1. Parenti, cité par Tommasini, p. 153.
2. Sept. 1499 (authenticité mise en doute un moment par Villari, I, p. 567).

*Où commence la diplomatie errante de Machiavel
et des déboires qu'elle lui valut, car il n'avait
pas l'âme stoïcienne.*

Les Magnifiques Seigneurs pouvaient se féliciter d'avoir à leur service un fonctionnaire convaincu : ils en usent. On le voit au camp sous Pise, en qualité de secrétaire de Luca degli Albizzi (et là, pour la première fois, il entre en contact avec les mercenaires) ; en 1500, il est en France. Mais avec ces honneurs — subalternes — viennent les déboires et les ennuis d'argent. Le secrétaire n'était pas riche : il fallait que le métier rapportât. Or, cette République de marchands ne paie pas ses fonctionnaires. Envoyé auprès du roi de France, adjoint à Fr. della Casa, on lui alloue de maigres sommes pour ses dépenses de voyage ; étant second, il peut se contenter d'un train modeste. Mais les deux Italiens sont obligés de courir après un roi insaisissable ; Machiavel y est de sa poche d'où lettres d'une lamentable détresse, mêlée d'aigreur : « Jusqu'ici j'ai dépensé quarante ducats du mien... Je me recommande de nouveau à vous (Magnifiques Seigneurs) ; vous ne voudrez pas qu'un de vos serviteurs — là où d'autres acquièrent dans l'administration profit et honneur — ne rapporte, sans faute de sa part, que honte et dommage [1]. » La supériorité de la

____

1. Cf. Gioda, *Machiavelli e le sue opere*, p. 21 (L. 5 août 1500). Comp. Rabelais. « En ces petites barbouilléryes de depesches et louage de meubles de chambre et entretenement

fonction ne justifie pas l'allocation de frais supérieurs : « Magnifiques Seigneurs, j'ai suivi la Cour à mes frais, et en toute chose ai dépensé et dépense autant que Francesco. Je vous prie de m'accorder pareil salaire [1]. »

Traînant à l'étranger la vie nécessiteuse d'un secrétaire d'ambassade qui ne peut faire figure, il devient pessimiste : « Nous, Italiens, sommes des gens sans argent et sans crédit. » S'opposer à la mauvaise fortune n'est point son fait ; il ignore le ton magnifique d'un Luca degli Albizzi écrivant au milieu de ses mercenaires prêts à se mutiner : « Je ne voulais pas d'abord ennuyer Vos Seigneuries, mais maintenant il faut à tout prix résoudre quel parti on veut prendre avec ces gens et y pourvoir. Il serait bon de penser aussi, si l'on veut, à sauver ma vie. Que Vos Seigneuries ne croient pas que lâcheté me pousse à cela, car j'entends à tout prix ne pas fuir le péril, si on le juge utile à la cité [2]. » Machiavel a été le second de cet homme, mais n'a point su en prendre des leçons d'héroïsme.

Où la Patrie se rappelle à lui.
Cependant des nouvelles de Florence arrivent. « Si je dois vous confesser la vérité, dit Biagio,

d'habillements s'en va beaucoup d'argent, encores que je m'y gouverne tant chichement qu'il m'est possible. » (*Lettres d'Italie*, éd. Bourrilly, p. 69.)
1. Gioda, *loc. cit.*, p. 23.
2. Cf. Villari, I, 355.

votre lettre reçue ce matin m'a fait un peu gonfler
et lever en superbe (levare in superbia) voyant
que parmi les stradiots de la Chancellerie vous
tenez un peu plus compte de moi. » Modeste, le
coadjuteur craignait que « le proverbe vulgaire :
loin des yeux, loin du cœur, ne se vérifiât en
Machiavel » ; puisqu'il n'en est pas ainsi, qu'il
rapporte de là-bas « gants et autres menues baga-
telles ». Un post-scriptum, d'une main anonyme,
ajoute qu'on se plaint de ne plus le voir, car l'on
passe à Florence « de bonnes soirées de gaieté »,
mais on ne l'oublie pas : une personne l'attend
« a ficha aperta ». Biagio et moi, dit l'anonyme,
« la vîmes à la fenêtre, comme un faucon, scis
quam dicam, au Lungarno delle Grazzie [1] ». Mais
Machiavel ne s'est-t-il pas trop « infranciosato »
pour sentir de nouveau toutes ces délices ? — Une
lettre de son collègue Vespucci apportait des
nouvelles plus précises encore. La brigata a besoin
de vous pour jouer aux dés et aux cartes ; revenez. Florence n'est-elle pas ville agréable ? « La
nourriture n'est pas chère ici, l'air très salubre,
et presque tous très contents sauf ceux que travaille la gale française ou napolitaine. La maladie
a repris telle force et repullule tant ces jours-ci
que vous en voyez qui perdent *veretrum sive
mutonem* ; à d'autres le nez tombe, un autre perd
l'œil, un autre joue les Vulcains. Je vous raconte
cela par amitié, afin que vous preniez garde et

1. L. XIII, 23 août 1500.

nous reveniez ici sain et sauf... Au surplus il y
aurait danger pour vous à rester plus longtemps
en France ; il se pourrait que vous y perdiez
votre place, car il y a des gens qui ne vous veulent pas de bien [1]. »

Machiavel demande son rappel : son père vient
de mourir et des affaires privées exigent sa présence. Le fonctionnaire exact reparaît avec son
incroyable don de « faire les lettres », mais les
temps sont aux tumultes. Deux fois on l'envoie à
Pistoïa qu'une révolte a failli, comme Pise, enlever à la République, puis dans le Val-de-Chiana :
ce qui nous vaut un beau discours rhétoricien,
bien enluminé de réminiscences romaines [2].

*De la première rumeur de Rome qui lui vint aux
oreilles.*

Mais ce sont là commissions sans grand profit
de carrière. De Rome, il a reçu, peu de temps
auparavant, des lettres pleines de mirifiques détails
sur la cour d'Alexandre VI ; il apprend à connaître cette famille Borgia dont le nom remplit toute
l'Italie : autour de ce nom seul peut se fonder une
renommée.

Vespucci écrivait [a] : « Le Pape ne sait où se
tourner, cette rumeur de Turcs lui bourdonne fort

---

1. L. XVI, 20 octobre 1500.
2. « Sur le moyen de traiter les peuples du Val-de-Chiana
révoltés. »
3. Lettre XVII, 16 juillet 1501.

aux oreilles et il commence à soupirer disant :
« Hélas ! quelle terre, quelle mer pourra me recevoir ? » Il a doublé les gardes du palais nuit et
jour, on ne peut plus l'aborder et son âme jouant
les Scylla veut proscrire de plus en plus. A qui
il enlève les biens, à qui la vie ; il envoie tel
autre en exil, tel aux galères ; à un autre il enlève sa maison et y met quelque marrane ; et cela
sans raison ou presque. Il laisse faire à ses ba-
rons et amis tous les outrages : voler, vider
les magasins et mille choses de cette sorte. Les
bénéfices sont ici plus à vendre que là-bas les
melons ou ici les échaudés et l'eau. La Rote ne
fonctionne plus, car tout le droit est dans la
force et dans ces marranes, si bien que le Turc
semble nécessaire, les chrétiens ne bougeant, pour
extirper cette charogne du genre humain : ainsi
pensent unanimement les gens de bon sens. Le
Pape a toujours son troupeau illicite et chaque
soir vingt-cinq femmes et plus sont amenées au
Palais, de l'Ave Maria à une heure, en croupe de
cavaliers, de sorte que manifestement le Palais
entier est devenu le lupanar de toute ordure. »
A Rome, avec de l'éloquence et de l'argent, on
arrive à tout : Vespucci raconte [1] la cérémonie en
l'honneur de San Bartholommeo et de saint Louis
roi de France ; seize cardinaux y assistent et
« l'harmonie papale » se fait entendre. Un homme
fort docte prononce une oraison latine contenant

1. Lettre XVIII, 25 août 1501.

brièvement la somme de la vie de saint Louis,
puis fort largement traitant de la grandeur, subli-
mité et majesté du présent roi, « et en cela il con-
somma presque une grosse heure; et vraiment,
Niccoló mio, ici c'est l'art de l'orateur ». Du geste,
de la gueule et l'on plaira plus que Phèdre, Marse,
Sabellicus et Brandolini. D'autre part, les évêchés
sont à vendre et la simonie plus vivace que jamais :
« Si la béatitude du Pape vient là-bas et que vous
et les autres désiriez quelque dispense, prendre
ou lâcher femme, vous l'obtiendrez bénignement
pourvu que lourde d'argent soit votre main. »

> O vos, burse turgide,
> Romam veniatis.
> Rome datur potio
> Bursis constipatis [1].

*Comment il fit preuve de sens pratique et des
bienfaits qu'il en tira.*

Cette condition, Machiavel ne la remplit certainement pas : il n'est pas mûr pour Rome. Mais,
à défaut d'argent, il a su se ménager des appuis. Il
n'ignore pas, en effet, que tout fonctionnaire,
désireux de ne pas végéter, moisir parmi les
subalternes, doit pouvoir à l'occasion se réclamer
d'une haute personnalité et depuis quelque temps
il est entré en relation avec les Soderini. Le choix

---

1. *Carmina Burana.*

est heureux. — L'évêque Franscesco Soderini paraît avoir eu pour lui une réelle considération, une amitié protectrice mais fondée sur l'estime ; les lettres qu'il lui envoie, lettres assez pâles à la vérité, ecclésiastiques, montrent tout au moins qu'il avait su apprécier son aisance au milieu des proses officielles ; elles font volontiers allusion à « ses très élégantes missives ».

Or, au mois de septembre 1502, on décida de ne plus soumettre le gonfalonier à la réélection tous les deux mois : il serait élu à vie et c'est sur Piero Soderini, frère de Francesco, que se porta le choix du parti démocratique. Quel que fût l'homme, c'était pour Machiavel une bonne fortune que cette stabilité de la plus haute magistrature de Florence : un fonctionnaire du parti de la majorité est naturellement intéressé à la permanence de l'élu de cette majorité. Et Machiavel commence sa cour. — Piero est le magistrat ami des belles formules, poncif, toujours en position, hostile à toute action violente. Il gonfle son style par nécessité de situation prépondérante, et on le voit, à propos de mules volées à des voituriers florentins, réclamer la restitution en termes magnifiques [1]. D'ailleurs avantageux, content de soi et fermé à tout ce qui n'est pas la politi-

1. « Je me réserverai d'écrire à son Ill. Seigneurie (Borgia), quand je serai au Palais, de la manière que je jugerai convenable à ma personne privée et à la publique. » (L. XXVIII à M. 22 octobre 1502.)

3.

que : il voulut un jour se mêler de critique d'art et Michel-Ange se moqua de lui [1].

Machiavel avait l'adresse et la forme de talent épistolaire suffisantes pour séduire le gros fonctionnaire : alors commencent ses grandeurs.

Que la façon d'entrer dans l'histoire a d'infinies conséquences.

Avant même que Piero Soderini ne fût entré en fonction, la Seigneurie cherchait un homme à envoyer en Romagne auprès de César Borgia [2]. Mission périlleuse, car le fils de Sa Sainteté est connu ; par lui le marchand le plus astucieux peut être fait quinaud. Mission vitale, car il s'agit de la paix du commerce « estomac de la cité » [3]. Machiavel s'était fait remarquer à Pistoïa et dans ce Val-de-Chiana que Vitellozzo, condottiere de Borgia, avait ravagé : la Seigneurie le choisit, signe évident de faveur et de confiance, occasion non pareille pour un subalterne de se distinguer.

Cependant il part sans empressement, sans joie ; cette affaire brillante le trouve sans enthousiasme, et cela pour des raisons peut-être sentimentales, plus sûrement pécuniaires. Il vient en

---

1. Cf. Rolland. *Vie de M. Ange* (Cahiers de la Quinzaine), p. 44-45.

2. Il s'agissait d'assurer le duc que les Florentins, le tenant pour ami du roi de France, ne voulaient pas s'unir à Pérouse avec ses ennemis.

3. Cf. Villari, I, p. 401.

effet d'épouser Marietta di Lodovico Corsini ; et, d'autre part, la mission, si elle est honorable, menace de coûter cher : une expérience récente a prouvé que le métier n'est point lucratif. Heureusement Biagio est là : cet honnête homme a pris femme, et chez des savants, une descendante de Marsile Ficin ; la Marietta vivra avec Alexandra Buonaccorsi. Machiavel, en partie rassuré, peut affronter le Prince.

Il est resté auprès de lui trois mois et demi, a passé « de grosses heures » en sa compagnie : dix-huit ou dix-neuf entretiens dont il a donné le résumé dans ses *Légations*. Moment fatal pour lui, terrible tête-à-tête qui détermine sa position dans l'histoire. Le goût romantique qui voulut l'accouplement de ces deux noms, le besoin de vulgariser, de mettre de niveau, de rogner les coins pour équilibrer les figures d'histoire, d'unir d'affreuses renommées, l'abondance inépuisée des commentaires sur les *Légations* et sur le *Prince* ont assuré cette perpétuelle conversation : le dialogue Borgia-Machiavel dure encore.

Que si le Prince l'a enseigné, il ne l'a peut-être pas transformé.

Sans doute, si les résultats politiques de l'ambassade n'apparaissent point éclatants, l'éducation de Machiavel, sa connaissance du monde y gagnèrent. Borgia avait une merveilleuse facilité à poser les questions comme à « camper » les hommes ; sa lucidité politique était encore pleine et entière et Machiavel l'entendait avec admiration dire de ce Vitellozzo, que le secrétaire avait appris à connaître : « Jamais je ne l'ai vu faire chose d'homme de cœur : il s'excuse sur son mal français, il n'est bon qu'à ravager le pays, à voler, à trahir. » — Et vraiment, ce que Machiavel a pris à Borgia de plus certain, c'est ce sens de la définition humaine, cette faculté de concision brutale qui illumine l'esprit : non la maxime, mais le portrait. Il y en a d'étonnants dans ses dépêches, mais il ne s'en doute pas, et, devenu historien, oubliera les leçons qu'il a reçues, le don du Prince.

Par artifice on a construit deux Machiavel : avant, après Borgia. Borgia, c'est la maladie, le poison, le virus qui transforme l'homme. De là ce Machiavel-Janus. Mais, en réalité, fut-il cet observateur inlassable à qui pas un geste, pas une expression n'échappe ? ce psychologue merveilleux, auquel on fait une figure de trappeur guettant un gibier ? On peut, sauf le respect dû à tant de compétents ou laborieux commentateurs, en douter encore. D'ailleurs le Prince qui naîtra plus tard, ce surhomme nietzschéen, est-il bien le même que ce jeune homme au sang échauffé, au visage flambant de pustules ?

Comment, sa renommée dépassant l'exiguïté d'un bureau, Machiavel éprouva le besoin de renouveler sa garde-robe.

Les dépêches de Romagne ont du succès : Machiavel reçoit les félicitations de Valori —

« cela vous devra servir », — de Vespucci qui ne manque pas de lui rapporter en quels termes flatteurs le Seigneur gonfalonier s'est exprimé à son sujet. Enfin, signe certain d'une fortune qui s'annonce belle, le bureau commence à s'émouvoir : Marcello, Riccio, Biagio même se refusant à écrire, c'est Vespucci qui prend la plume et, dans une langue imagée, annonce à son ami les grandeurs — peut-être périlleuses — qui l'attendent [1]. Bien logé, et sans qu'il lui en coûte, l'autre voit l'avenir en beau : « Cazovi'n culo, — finit par écrire Biagio moitié plaisant, moitié grimaud, — je vois que vous faites gogaille, puisqu'on vous défraie de tout et qu'on vous loge si honorablement... Voudrais-je ne pas vous aimer et ne pas être tout vôtre que je ne le pourrais : la nature m'y contraint, bien qu'en fait il n'y ait guère lieu d'en tenir compte, car je ne puis vous nuire, encore moins vous aider... Je vois que j'ai à me plaindre de ma mauvaise fortune et de ma mauvaise étoile, et non de vous, car je ne trouve aucun retour chez ceux que j'aime autant que moi-même et que j'ai choisis pour patrons et seigneurs : de quoi vous pouvez être excellent juge. » Machiavel, lui, est destiné aux plus hauts emplois : le gonfalonier et Monseigneur son frère l'aiment « unice », ont la plus haute idée

1. L. XXII de Valori. L. XXIII d'A. Vespucci (13 octobre 1502 « raptim et cum strepitu ») : « Vois où nous conduit ton goût de chevaucher, d'errer, de courir et ne t'en prends qu'à toi-même, non à d'autres, s'il arrive quelque malheur. »

de sa valeur. Et, reprenant sa place modeste de courrier familial et domestique, Biagio annonce qu'il envoie « le velours et le pourpoint demandés ». — « Mona Marietta m'a fait dire par son frère de vous demander quand vous rentrerez ; elle ne veut pas vous écrire et se plaint que vous lui ayez promis de rester huit jours, pas plus ; adonc rentrez au nom du diable, que la matrice ne s'en ressente pas, ou nous sommes dans le lac, le frère Lanciolino et moi. [1] »

Les autres lettres de Biagio sont dans ce ton : le secrétaire, soucieux de représenter dignement, renouvelle sa garde-robe et son famulus court, empressé et bougon, achète étoffes, collets... « Je serai heureux que vous soyez servi : sinon grattez-vous il culo... Votre Mona Marietta a entendu parler de ce hoqueton (que Machiavel se fait faire chez le tailleur Lionardo Guidotti) et fait mille folies [2] ».

Ce n'est pas assez : le secrétaire demande des livres. En la compagnie du Prince, il songe à Plutarque et nous trouvons dans la réponse de Biagio ce détail sur la situation de la librairie à

1. L. XXV, 18 octobre 1502.
2. Biagio, fort de sa compétence d'homme d'intérieur, ajoute avec obligeance : « Prenez garde que, la première fois, le hoqueton s'ajuste bien pour qu'il prenne bonne forme. » Suivent nouvelles du bureau : « Ser Antonio della Valle est sur le point de devenir fou : ces jours derniers, se disputant avec ser Andrea de' Romolo au trictrac, ser Andrea lui lança un coup de pied qui lui cassa les reins. » (L. XXVII, 21 octobre 1502.)

Florence en 1502 : « Nous avons fait chercher les Vies de Plutarque, on n'en trouve pas à vendre à Florence. Prenez patience, il faut écrire à Venise. A dire le vrai, vous êtes lassant avec votre manie de demander tant de choses. » Machiavel s'habille, s'instruit, avance : « A moi suffit de cacare il sangue pour vous et pour moi, et que vous fassiez gogaille [1]. » Il est joyeux en effet ; on s'en aperçoit à Florence : « Vos lettres à Biagio et aux autres sont les très bienvenues : les mots et facéties dont vous les remplissez nous font démandibuler de rire. » Et son crédit s'affirme : Valori lui apprend que les dispositions des Soderini sont de plus en plus favorables : « Vos deux dernières lettres avaient tant de nerf et montraient tant de jugement de votre part qu'elles n'auraient pu être plus approuvées. » Enfin, marque certaine de prospérité, on commence à user de Machiavel : son collègue Ruffini lui demande de s'occuper de marier sa fille [2].

Où il est ramené aux plates nécessités de la vie et que ce dialogue avec Borgia se prolongea au delà de ses désirs.

Mais l'âge d'or touche à sa fin : il a besoin d'argent, peine à en trouver. Un ami complaisant s'offre à l'obliger « s'il en a trop besoin »,

---

1. L. XXVII ut. sup.

2. L. XXX de Valori, 23 oct. ; L. XXIX de Ruffini, 23 oct. ; L. XXXIV de Biagio, 31 oct.

mais la République? Elle est si pauvre et dénuée que c'est seulement après d'interminables négociations qu'on arrive à lui promettre 40 ducats, puis 30, encore Biagio ne sait-il comment lui faire tenir cette somme « à cause de cette gent française » [1].

Alors et parallèlement le zèle épistolaire de Machiavel, sa conscience professionnelle semblent fléchir ; on l'engage à écrire plus souvent, sans quoi les Seigneurs se fâcheront : on veut être au fait de tout ce qui se passe en Romagne. Mais de plus graves préoccupations viennent alarmer « l'uomo » de la République : Biagio lui a fait part du nouvel établissement des Dix et de la Chancellerie, il est question de diminuer le salaire des chanceliers ; d'autre part, on veut l'envoyer, lui Biagio, en France avec Francesco Soderini : « Aller en France ! dit cet homme ami du sédentaire, je me laisserais plutôt pendre [2]. »

Pour Machiavel l'instant est grave : dans le présent, point d'argent, Biagio obligé sans doute de partir en mission ; dans l'avenir, son traitement menacé — et sa femme qui fait mille folies ! « La Lessandra (la femme de Biagio) n'est pas allée voir la Marietta, car celle-ci ne quitte pas

1. L. XXXV de Biagio, 1er nov.
2. L. XXXVIII, 5 novembre. Ses paroles sont comptées: « Je ne prendrai cure pour vous d'aller parler de l'arbre, des fruits, de la mule et de la merde, car je ne le ferai pas pour moi... Pensez aux choses importantes. »

la maison de Piero del Nero [1]. » Il demande
son rappel : mais Marcello Virgilio lui fait savoir
que le gonfalonier entend qu'il ne quitte pas le
duc. — Comme pour rendre plus pénible encore
ce séjour forcé auprès du Prince, ce séjour qu'on
nous présente comme entièrement consacré à
l'étude passionnée d'un homme et de sa politique, Biagio écrit qu'il ne s'agit plus seulement
de réduire les traitements mais le nombre même
des fonctionnaires [2]. En même temps, arrivent
des lettres du gonfalonier remplies d'instructions
sur le mode poncif et de protestations de loyalisme vis-à-vis de Borgia : Soderini est heureux
de savoir les bonnes dispositions du duc, « dispositions desquelles pour ma part je n'ai jamais
douté, sachant fort bien combien Son Excellence
a toujours eu de bonne volonté pour notre République... » Florence pourra d'ailleurs devenir
une alliée utile : elle ne changera pas d'attitude
envers César [3].

Machiavel se résigne. L'argent — et un bonnet
de velours longtemps réclamé — sont partis [4],
mais il lui faut subir les doléances du famulus :

1. L. XXXVII de Biagio, 3 novembre : « Je vous enverrai le
bonnet de velours, si vous ne m'écrivez le contraire... Carlino
Bonciani, ce beau garçon, a été tué, on ne sait par qui. »

2. L. XL, 12 novembre : « Revenez le plus tôt que vous pourrez. »

3. L. XLI, 15 novembre, L. XLV, 7 décembre.

4. « Je serai content qu'ils vous arrivent sains et saufs, s'il
plaît à Dieu et aux voleurs. » L. XLII de Biago, 15 novembre.

Biagio, s'il a échappé au voyage de France, supplée Machiavel à la Chancellerie, traduit les dépêches chiffrées envoyées de Romagne, et la tâche est rude : « Revenez pour l'amour de Dieu, car je ne puis contenter Piero Guicciardini, bien que j'aie quasi pris le pli : je me démène du mieux que je peux et endure trop de fatigues. » Ce dangereux honneur l'aigrit, fait naître des griefs inattendus : « Vous viennent 40.000 caquesangues à vous qui avez si peur de ne pas avoir vingt sous à dépenser. Malheureux qui a pour maître un homme qui est le prince des avares : allez au retrait [1]. » Et plus tard : « Je vais me démenant, et vous attends par Dieu à grand désir, mais ne crois pas que l'heure arrive. Mona Marietta renie Dieu et il lui semble avoir perdu chair et biens tout ensemble [2]. »

Machiavel, plus gêné que jamais, demande de nouveau à être rappelé ; lamentable, il crie sa misère aux Magnifiques Seigneurs : obligé d'emprunter, de mendier à droite et à gauche, « ayant trois valets et trois bêtes sur les épaules, il ne

---

1. Exactement : allez vomir, *andate ad recere* (L. XLIII, 18 novembre).

2. L. XLVII, 21 décembre : « Je crains que votre étrenne (l'argent promis par Soderini) n'aille à vau-l'eau, car ici on crie parmi les chanceliers que vous êtes un requin, que vous ne leur avez jamais fait une gentillesse, et moi qui désire vous purger de toute infamie qui vous survienne, je les contenterai à vos frais et à votre barbe ; et allez au retrait si vous n'êtes pas content, car il faut qu'il en soit ainsi. »

peut vivre de promesses » [1]; mais l'insensible *vexillifer populi* lui ordonne — avec les formes qu'il sait — de rester pour voir la tournure des événements. Machiavel n'eut pas à le regretter : le meurtre des condottieri à Sinigaglia se prépare ; il assiste à la tragédie.

Les « choses » de Romagne tiennent Florence suspendue, et aucune nouvelle n'arrive. Biagio, pourtant fort occupé à tenir dignement la place de son supérieur aux dîners que donnent les Dix [2], commence à s'inquiéter : avec le duc, on peut s'attendre à tout. De leur côté, les Seigneurs ne comprennent rien au silence de leur envoyé dans d'aussi graves circonstances. Jusqu'au bout, la mauvaise fortune a poursuivi Machiavel : ses dépêches se sont perdues [3]. Enfin, huit jours après l'égorgement des lieutenants de Borgia, une lettre arrive. Biagio écrit « qu'il est heureux de le savoir vivant ». La Marietta est avertie [4].

Le fait de Sinigaglia était d'importance pour les Florentins ; le duc se vantait de leur avoir rendu un service signalé en faisant disparaître les condottieri ; il exigerait sans doute que ce ser-

1. Cf. Tommasini, p. 253.
2. La L. XLVII (ut sup.) donne un aperçu curieux sur l'intérieur du bureau : « Mes oignons, je vous les rappelle : ils sont en ce moment sur le feu et deux collègues m'en font souvenir. Qu'ils n'aillent pas brûler. Allez au retrait et cazovi'n culo. »
3. Cf. Gioda, p. 44.
4. L. XLVIII, 8 janvier 1503.

vice fût reconnu. Dès lors, on estima qu'un sim--ple envoyé ne suffisait plus : un ambassadeur en titre va représenter la République auprès de Borgia. Machiavel rentre — enfin.

Comment, rentré à Florence, il devint l'homme du jour et de la façon dont il comprit ce rôle.

Pendant quelque temps il est le grand homme de Florence : il a été témoin de toutes les péripéties du drame, a pratiqué celui dont le nom seul fait trembler les marchands et politiciens de la ville. Sa personnalité domine les conversations de place publique. Mais s'il jouit de la renommée d'un reporter heureux, il ne se départit pas de la rigidité professionnelle ; il sait les obligations qu'impose le noble titre de fonctionnaire et c'est sans doute pour conserver le ton de gravité qui convient à son état qu'il a fait une « Description du mode tenu par le Duc dans le meurtre de Vitellozzo Vitelli et les autres » aussi pauvre et décolorée. Cet homme qui eut si souvent le sens du pittoresque, et du pittoresque effrayant, a, de propos délibéré, dépouillé son récit de tout ce qui pouvait le rendre vivant, tangible, ne nous a laissé qu'un morceau académique, utile pour l'historien, médiocre comme résurrection. Ce n'était point, encore une fois, insuffisance de sa part : une simple dépêche comme celle qu'il envoya au moment de la mort de messer Ramiro d'Orco, lieutenant de Borgia en Romagne, en dit plus dans sa concision que toute la relation du meur-

tre des condottieri : « Messer Rimino a été trouvé
ce matin en deux morceaux sur la place, où il est
encore, et tout ce peuple l'a pu voir : on ne sait
pas bien la cause de sa mort, sinon qu'il en a plu
ainsi au Prince qui montre qu'il sait faire et défaire les hommes à son ordre selon leurs mérites [1]. »

D'un remarquable exemple d'indifférence.
Cette puissance des Borgia qu'il a admirée dans
sa plénitude, il la voit dans sa ruine. Alexandre VI mort, le tumulte apaisé autour de son cadavre [2], les cardinaux se sont donné un maître
de tout repos : le vieillard Pie III meurt moins
d'un mois après son élévation. Heureuse fortune
pour lui, dit un contemporain, car s'il avait vécu,
il eût dû salir sa réputation par simonie, homi-
cide, pendaisons, dissipation du patrimoine de
Saint-Pierre en guerres, bâtards et autrement (et,
de fait, ce digne homme n'avait pas moins de
douze fils à pourvoir) [3].

1. Plus tard, ayant du temps, il ajoutera, dans *le Prince*,
ch. VII, « un bout de bois et un couteau ensanglanté » à côté
du cadavre (cf. Gioda, p. 43. Tommasini, p. 255).

2. Cf. le récit des funérailles ap. Gebhart (*Moines et Papes*)
d'après le diarium de Burchard. Le cadavre trop gros, on dut
le comprimer pour qu'il entrât dans le cercueil. (Pareille chose
arriva quand mourut Guillaume le Conquérant. Cf. Matthieu
Pâris. *Grande Chronique*, éd. Huillard-Bréholles, I, p 56, note :
« il fallut forcer le cadavre et il creva »). Quand on porte le
Pape à Saint-Pierre, une rixe éclate entre les Suisses et le
clergé.

3. Cf. Villari, I, p. 460, et Gregorovius. *Lucrèce Borgia* (trad.
it.), p. 283.

C'est à ce moment que Machiavel est envoyé à Rome, chargé de renseigner la République sur ce qui se passe au conclave et de négocier pour elle une condotta. Enfin il accomplit ce pèlerinage majeur : laissant là Marietta enceinte, il aborde la ville pontificale dont Vespucci lui décrivait, il n'y a pas deux ans, les splendeurs et les tragédies. La belle vie que menait à Rome ce Raffaello Pulci conversant tout le jour avec des dames dans des jardins « où, avec la lyre, ils suscitent la muse qui se tait, se donnent du plaisir et du divertissement », avait de quoi impressionner un provincial ; et Vespucci ajoutait : « Bon Dieu ! quels repas ils font et que de vin ils ingurgitent après avoir poétisé ! Vitellius Romain et plus anciennement Sardanapale, s'ils revivaient, n'y seraient pas déplacés. Ils ont des joueurs d'instruments, et avec ces damoiselles dansent et ballent à la manière des Saliens ou mieux des Bacchantes. » Il est vrai qu'à ce concert champêtre le véridique correspondant ne manquait pas d'opposer le fait divers que voici : « Ces jours derniers on a brûlé vive au Campo di Fiore une femme vénitienne, pour avoir « pedicato » une petite fille de 11 à 12 ans qu'elle avait chez elle, et lui avoir fait même autre chose que je tais pour être trop déshonnête et semblable aux pratiques de Néron romain [1]. »

---

1. L. XVII ut. sup. Pour la moyenne des faits divers à Rome, cf. p. ex. Infessura *Diario*, p. 204-271.

Nous attendions Machiavel à Rome : la désillusion est donc grande de constater que de la ville éternelle il n'a rien dit. L'élève des humanistes, le fonctionnaire, le politicien n'ont rien vu dans le sanctuaire : c'est ce qu'un de ses historiens a appelé « son merveilleux silence ». Et, en effet, si l'on parcourt les lettres que Rabelais enverra d'Italie [1] ou encore le journal de Montaigne, si pleins, nets, sans littérature, comme soulevés d'une curiosité longtemps comprimée, enfin assouvie, la nullité de Machiavel, visiteur de Rome, apparaît un problème. On a tenté de le résoudre. La ville alors n'était rien moins que sûre ; ces élections successives, ces changements pontificaux entraînaient trouble et malaise, puis le Tibre avait débordé et la vie en était devenue fort incommode : le maître des cérémonies Burchard est là-dessus un témoin digne de foi. D'autre part, Machiavel s'est toujours défié de ce qui lui est présent, tangible, immédiat ; la crainte de s'attacher trop exclusivement au fait particulier, d'être dupe, l'incite à regarder plus loin, au delà de l'objet, de l'événement ; il ne se laisse point

---

1. Cf. la tristesse de Rabelais voyant détruire des quartiers entiers de la ville pour l'entrée de Charles-Quint : « C'est pitié de veoir les ruines des églises, palais et maisons que le Pape a fait démolir et abattre pour luy dresser et applanir le chemin » (*Lettres d'Italie*, p. 79). Erasme, en 1509, admire tout : lumières, théâtres, promenades, bibliothèques, conversations (cf. Gregorovius. *St. di Roma*, t. IV, L. XIV, ch. IV). Mais Erasme, Rabelais, Montaigne sont des étrangers visiteurs : M. a moins de raisons d'étonnement.

aller à une admiration spontanée, la refrène[1]. Solution de psychologue.

Mais tout ceci ne semble que construction d'esprit ou médiocres raisons de touristes ; pour nous, cette superbe indifférence s'explique bien plus aisément : il suffit de suivre Machiavel dans la monotonie de sa misère. Il fait son métier, renseigne ses patrons, et le reste du temps, cherche de quoi vivre. Tous les monuments de Rome n'existent pas pour un estomac vide. Au surplus, l'art ne l'intéresse pas.

De la férocité naturelle à un fonctionnaire nécessiteux.

Après l'élection de celui qui « par magnificence voulut être nommé Jules, parce que son cœur était guerrier[2] », la situation de Borgia devenait périlleuse. Buonaccorsi, qui reflète l'opinion du commun, écrit que « cette élection sera selon le désir et besoin non seulement de nous, mais de toute l'Italie[3] » et Machiavel, plus précis, observe que « le duc glisse au tombeau ». Jour par jour, il note pour les Seigneurs les progrès de cette marche à l'abîme, raille César qui s'imagine que « les paroles du Pape doivent être plus fermes que n'ont été les siennes », — naïf qui un moment a fait illusion. Ici, chose rare, une étincelle de

1. Cf. Tommasini, p. 279.
2. Cf. Guy Coquille, *OEuvres complètes*, éd. 1703; I, p. 390.
3. L. XLIX, 2 novembre 1503.

passion apparaît chez le fonctionnaire : c'est avec
une quasi-férocité qu'il parle du héros chance-
lant. La République peut en prendre à son aise
avec ce fort déchu, qui a perdu la tête « uscito
di cervello » : qu'elle détrousse ses soldats à leur
passage sur le territoire. Les injures qu'il laissait
échapper dans ses dépêches de Romagne — hydre,
basilic, rebelle au Christ — perdent leur éclat,
s'édulcorent auprès de la froide dureté de ces
conseils. Mais cette passion n'est pas entièrement
de lui. Une lettre de Biagio disait : « Je ne veux
pas manquer de vous faire savoir en particulier...
qu'ici le nom seul du duc est en telle exécration
que chaque fois qu'il est rappelé dans une lettre,
il semble qu'il ne puisse plus s'y trouver rien
d'agréable. » Il ne faut donc plus parler de lui
comme de quelqu'un à ménager : que Machiavel
fasse son profit de cet avertissement, sinon il sera
moqué[1].

Ceci explique bien des choses ; ne nous récrions
plus sur la joie barbare de Machiavel assistant à
la chute de son idole[2] : le soin de sa situation
y était pour beaucoup. Montrerait-il d'ailleurs
dans ces dépêches plus de violence qu'il ne s'en
permet d'ordinaire, les soucis qui le travaillent
en seraient une raison suffisante. A peine arrivé,
l'argent manque, et d'autre part il peut à juste
titre être inquiet de la santé de sa femme. Biagio

---

1. L. LI, 15 novembre.
2. Comme l'a fait Gebhart par exemple, *loc. cit.*

4

qui prend facilement son parti de la gêne des
autres, lui écrit que l'argent va arriver : « Vous
serez satisfait et les autres se grátteront le cul :
votre bonne fortune a raison de toute difficulté [1]. »
En attendant l'argent, arrive l'enfant :« Vous avez
un beau garçon, lequel a été honorablement bap-
tisé, comme l'exige votre qualité [2] » et, peu après,
c'est frater Blasius qui ajoute : «Votre fils et Marietta vont bien ainsi que tous les vôtres. On vous
désire ici. Nous travaillerons pour que ce rejeton
(tallo) soit de qualité à en avoir honneur, n'en
doutez pas, mais il semble un petit corbeau, tant
il est noir [3]. » A Rome, le secrétaire n'a point le
loisir d'être sentimental ; il reçoit mais donne peu
et le simple Biagio éclate en reproches : « Vous
ne devez vous souvenir de moi qu'au momen
d'aller aux lieux car vous avez trouvé (la lettre
que vous m'écrivez) dans les paperasses... Vous
devriez être certain que j'ai toujours eu autant à
cœur les affaires qui vous regardent que les miennes propres. En vous parlant de votre gamin, j'ai
écrit la vérité et de plus je vous dis que la Marietta l'a mis en nourrice ici à Florence : lui et
elle vont bien, grâce à Dieu. Il est vrai qu'elle
vit dans une très grande douleur de votre absence,

---

1. L. XLIX. ut sup. « La Marietta n'a pas encore accouché ».
2. Lettre L de Battista Machiavelli, 9 novembre. On appela
ce fils Bernardo, nom du père de M.
3. Lettre LI, 15 novembre. Dans cette même lettre Biagio ne
s'oublie pas, demande à M. de lui rapporter une « plasma »
(terre cuite).

mais il n'y a pas de remède. Quand la Lessandra pourra y aller, elle n'y manquera pas : elle y fut déjà dimanche. Elle et moi pensons toujours à vous faire plaisir : faites de même pour moi » ; et donnant aussitôt à son ami l'occasion de lui rendre service, le coadjuteur précise : « Recommandez-moi au cardinal [1] ; vous savez mon désir, et tout en cherchant pour vous, rappelez-vous que je suis ici en travail et servitude infinis, avec l'émolument que vous savez [2]. » L'influence du secrétaire est minime : trouvant à peine sa subsistance, il ne peut guère aider son prochain : aussi nouvelles récriminations suivies de nouvelles alarmantes. On parle souvent mal de Machiavel au Palais, heureusement Biagio est là et le défend [3], Biagio est bon et l'on devrait en user autrement avec lui. « La Marietta n'a pu encore vous écrire pour ce qu'elle a été en couche ; elle le fera, je crois, dans l'avenir. Hier la Lessandra y alla et par Dieu il n'est pas possible de la faire tenir en paix. Je souffre de vos ennuis. »

De fait, la situation de Machiavel est des plus précaires. Une lettre de Soderini l'engage, le 17 novembre, à donner régulièrement, ponctuellement des nouvelles et le 22 du même mois, l'envoyé de la République écrit aux Seigneurs pour implorer quelque argent : il est absolument

---

1. Soderini, l'évêque, devenu cardinal.
2. L. LIII, 12 novembre.
3. « Si vous aviez été là, vous auriez jugé à la réponse que je vous aime plus que moi-même. » L. LV, 4 décembre.

sans ressources ; à son départ, on lui a remis trente-trois ducats, il a dû en dépenser soixante-dix : « Je suis à l'osterie avec deux garçons et une mule ; j'ai dépensé et dépense chaque jour dix carlini [1]. » Une telle vie n'est plus supportable : la misère s'attache à lui comme la vermine aux vêtements — et le voilà père de famille.

De l'unique apparition de Marietta Machiavelli, mère de famille.

Un mois environ après cet appel de détresse, Machiavel reçoit de sa femme la lettre qu'annonçait Biagio : c'est la seule que nous possédions de la Marietta, — nous savons que la dame écrivait peu, — elle mérite qu'on s'y arrête. « Très cher Niccolò. Vous me raillez et n'en avez pas raison, car je serais plus solide si vous étiez ici : vous qui savez bien comme je suis contente quand vous n'êtes pas parti ; et d'autant plus maintenant qu'on m'a dit qu'il y avait là-bas si grande maladie : pensez comme je suis contente, je ne trouve repos ni jour ni nuit : Voilà la joie que j'ai du gamin. Ecrivez-moi donc, je vous prie, un peu plus souvent que vous ne le faites, car je n'ai eu que trois lettres de vous. Ne vous étonnez pas si je ne vous ai pas écrit, car je n'ai pu ayant eu la fièvre jusqu'à maintenant : je ne suis pas fâchée. Pour l'instant le gamin va bien, il vous ressemble : il est blanc comme neige mais il a la tête

1. Cf. Gioda, p. 54-55.

qui semble de velours noir et il est poilu comme
vous : mais, comme il vous ressemble, il me paraît
beau ; et on trouve qu'il a l'air d'avoir été un an
au monde; il a ouvert les yeux qu'il n'était pas
né et a mis en rumeur toute la maison... Souve-
nez-vous de revenir. Rien d'autre. Dieu soit avec
vous et vous garde. Je vous envoie un pourpoint,
deux chemises, deux mouchoirs et une serviette..
Votre Marietta [1]. »

La Marietta savait écrire : chose digne de remarque, car les plus illustres (parfois littéraires)
dames de ce temps étaient fréquemment illet-
trées ; cette Isotta de Rimini par exemple, au
culte de laquelle un amant princier a élevé un
temple, chantée des poètes et qui, de nos jours
encore, apparaît magnifiée dans un sonnet fameux.
Cette lettre, enveloppée d'une atmosphère de
simplicité familiale, parfaitement ingénue, sans
artifice, force la sympathie et l'on conçoit mal
que Machiavel ait voulu représenter son auteur
dans la mégère du conte de Belfégor. Sans doute,
dans les premiers temps de son mariage et si tôt
séparée de son mari, « elle fait mille folies », mais
il semble que plus tard elle ait été ménagère économe et mère attentive : qualités méritoires dans
un foyer toujours heurté, bouleversé, où ne régna
jamais cette calme uniformité qu'on présente
comme indispensable à la vie de famille, — sans

1. L. LVII, 24 décembre. Nous avons respecté la ponctua-
tion.

4.

compter le spectre toujours présent de la misère.

Gardons cet exemple de simplicité : elles sont rares alors les femmes qui ne dédaignent point les soins les plus modestes, sont bonnement des mères fort tendres. La Marietta est l'équivalent bourgeois de cette charmante Isabelle Gonzague qui, au milieu des nobles en folie, dans le fracas des noces de Lucrèce Borgia, regrette sincèrement son seigneur et son puttino [1].

Les gens de la Renaissance nous entretiennent fort peu de leurs affaires de famille, ils en ont la pudeur et il a fallu l'indiscrétion passionnée des érudits pour reconstituer tant bien que mal leur milieu domestique. Machiavel ne fait pas exception : il ne parle presque jamais de sa femme et l'on ne peut que supposer les sentiments qu'il lui portait. En revanche, nous le verrons, il aime à conter ses passades amoureuses, trompe la Marietta avec une tranquillité imperturbable : son lyrisme n'est jamais suscité par l'affection conjugale. C'est pourquoi l'on est conduit à penser que sa femme est passée à côté de sa vie, subissant comme lui la mauvaise fortune sans jamais avoir part à ses projets ni à ses espoirs. Lui sans doute a pour elle de l'estime, a confiance en sa sagesse et dans son testament la laisse tutrice de ses enfants mineurs sans obligation de rendre des comptes [2], mais c'est tout. La Marietta n'est qu'une ombre.

1. Cf. Villari, I, p. 392.
2. Cf. Tommasini, p. 217.

Où Machiavel se souvient de Végèce.

Le 4 décembre, Biagio avait écrit que les ambassadeurs étaient partis pour Rome ; le fourrier diplomatique s'effaçant devant les constitués en dignité, rentre à Florence, fatigué d'une toux maligne qu'il a prise sur les bords du Tibre. Mais c'est un fait qu'on ne peut être misérable avec tranquillité : à peine arrivé, on l'envoie à Lyon pour aviser Valori, orateur de la République, et Sa Majesté Royale de ce qui se passe de l'autre côté des Alpes. Puis, de retour, on l'expédie au Seigneur de Piombino. Alors seulement, sa mission terminée, Machiavel retrouve la chancellerie, le bureau et Florence plus enfiévrée que jamais par la guerre contre Pise [1]. — Il reçoit des encouragements et son zèle s'en accroît : le cardinal Soderini lui écrit en mai 1504 « Sachez que vous êtes aimé de nous *unice* [2] » ; assuré de la bienveillance du prêtre, Machiavel travaille le politicien. Avant son départ pour Rome, il a composé un beau discours rhétoricien sur le budget « la provvisione del danaio », rempli de maximes générales, de considérations, et rehaussé de souvenirs d'histoire [3]. Le discours n'a peut-être pas été prononcé, en tout cas il a été connu et a contribué à asseoir sa réputation d'écrivain politique.

Cela ne suffit pas et Machiavel veut montrer

1. Cf. Villari, I, p. 478.
2. L. LVIII, 29 mai 1504.
3. Villari l'admire fort, I, p. 440.

qu'il sait être homme d'action. Le gonfalonier, désespérant de venir à bout de l'endurance des Pisans, avait conçu un grand dessein : détourner l'Arno de façon que Pise restât sans communication avec la mer et ruiner ainsi la cliente révoltée. Entreprise monumentale, hardiesse inouïe, travaux gigantesques qui, s'ils réussissaient, resteraient à jamais dans la mémoire des hommes : le gonfalonier était dans ses jours de grandeur. Machiavel, lui, entrevoyait alors un sombre avenir pour la République, trop prudente, amie des ménagements, timide ; il lui semblait que la « combinaison » n'était plus de mode, que le temps des grandes résolutions était venu. En juin, il écrivait à Ridolfi, commissaire en Romagne : « Je crois que vous vous endormirez ou pour trop craindre ou pour ne plus pouvoir [1] » : aussi adopte-t-il le projet de Soderini avec passion et de bureaucrate devient ingénieur. A cette métamorphose il trouve un double avantage : d'abord faire quelque chose, en finir peut-être avec cette guerre qui mine la République, ensuite améliorer sa situation en se conciliant la faveur du gonfalonier. Il marche donc à fond dans les idées de celui-ci, se multiplie pour faire aboutir son projet. Mais toutes les tentatives échouent, le fleuve ne quitte point le calme lit qu'il s'est fait. La grande idée avorte et Machiavel ne récolte que désillusions.

1. Lettre LIX, 1er juin 1504.

Où il devient rimeur de gazettes.

Pourtant la gloire l'attend, une mince gloire de grand homme de province, et comme aux jours heureux où il était « Celui qui a vu Borgia », on parlera de lui sur la place. Dans son milieu, on admirait déjà fort sa manière d'écrire, — les employés respectent la littérature comme une chose plus difficile à manier qu'un paquet d'administration. Voici en quels termes Barth. Vespucci, pauvre cuistre autant qu'on peut s'en assurer, s'adressait à Machiavel : « Ton humanité connue de tous apparaît dans tes lettres plus claire que la lumière ; la beauté, la grâce, l'esprit y abondent à ce point qu'à leur lecture, quand je voudrais y répondre, ma langue devient muette, ma plume s'émousse, ma main s'engourdit... » et la lettre continue sur ce ton, enflant le dithyrambe [1].

Mais c'est peu de chose qu'une renommée de bureau et le peuple connut le nom de Machiavel, quand celui-ci fut devenu journaliste versificateur. « Lis, Alamanno, puisque tu le demandes, les labeurs italiens de nos derniers dix ans, notre œuvre de quinze jours », écrit-il envoyant à un de ses amis le manuscrit du *Premier Décennal* [2]. Depuis Savonarole animé de l'esprit de Dieu et séducteur de la République jusqu'à la chute de Borgia, la vive image des douleurs, des espoirs de Florence et de l'Italie ; la tristesse des temps repassent sous nos

1. L. LX. II *nonas Junii*, 1504.
2. Lettre LXII. V. *Idus Novembris* 1504.

yeux... OEuvre de quinze jours : l'on s'en apercevrait aisément, même si l'auteur, qui semble en tirer vanité, ne nous l'avouait pas. Le sens poétique, ou à défaut le sens de l'invective rhétoricienne, lui fait absolument défaut : qu'on ne cherche point ici un ancêtre des Châtiments ou plus modestement des Iambes, c'est tout au plus aux gazettes poétiques de Barthélemy que ferait penser le *Décennal*. D'humbles rimeurs ont mis, au moyen-âge, l'histoire de leurs rois en vers[1] et leurs travaux monotones ont plus de charme, plus d'humanité véritable, d'amour que le journal poétique de Machiavel. Si l'on en écarte, en effet, la passion politique et la haine ardente de Pise, haine décuplée par une si longue résistance, le *Décennal* est un morceau plat, tristement décousu, indigne de son auteur. Mais c'était une nouveauté : ce résumé des malheurs de Florence, des événements qui avaient secoué, ballotté l'indigente République depuis la nouvelle invasion des Barbares, descendait au niveau du peuple, s'offrait à sa mémoire. L'élan patriotique, le lyrisme des victoires futures, ces chants vengeurs qui soulèvent les peuples et accompagnent toujours leur relèvement, Florence ne les a point connus ; passés les temps héroïques du Carroccio, palladium de l'indépendance, Florence ne sait plus chanter que des rondeaux de carnaval.

---

1. Cf. par exemple l'*Histoire poétique de Saint-Louis* (publiée par Ducange à la suite de son édition de Joinville).

Du succès qu'il connut en cette qualité et de la lettre qu'il reçut d'un brave militaire.

Mais une œuvre d'ironie, qui évoque la grande image de la Grande Unité et l'instant d'après raille la faiblesse du peuple, rit de l'impuissance d'une République misérable, une telle œuvre convenait à des hommes désorientés, sans foi patriotique véritable, vivant d'une politique au jour le jour où la grandeur d'âme n'apparaissait plus. — Le succès du *Décennal* semble avoir été considérable : ce résumé agrémenté de facile poésie forçait l'admiration des simples et voici la lettre ingénue qu'écrivit à Machiavel le capitaine général des troupes de l'Exc. République Florentine, Hercule Bentivoglio : « Très cher ami, ces jours-ci j'ai reçu avec votre lettre vos vers, brève histoire des dix ans passés : j'y vois d'abord avec quelle élégance vous avez brièvement raconté les choses qui se sont passées de notre temps et ne puis qu'admirer et recommander extrêmement l'œuvre faite ; outre les autres choses recommandables, on y voit un si grand nombre d'événements qu'une histoire très longue pourrait difficilement les exprimer ; ils sont si résumés et en très petit nombre de vers qu'une chose très longue est devenue très courte sans que l'histoire subisse quelque lacune par cette brièveté, tellement que le lecteur ne désire, n'a besoin pour sa satisfaction de l'adjonction d'aucune autre chose... » L'honnête militaire voit cependant un peu plus loin : l'œuvre de Machiavel, dit-il, aura son utilité dans l'avenir. Connaissant le malheur des temps, « on ne nous imputera pas totalement d'avoir été de mauvais protecteurs de la réputation et de l'honneur italiens[1] » : préoccupation estimable, à laquelle le *Décennal* répondait fort médiocrement.

D'une contribution à l'histoire de la contrefaçon au commencement du XVI° siècle.

L'œuvre n'a sans doute été publiée qu'en 1506 par les soins d'Agostino Vespucci[2] qui, dans une préface d'allure fort simple, recommande aux Conservateurs de Florence ce compendium des temps passés : le *Décennal* était déjà connu et en l'imprimant Vespucci n'a voulu que rendre « plus libéral » le don de Machiavel[3]. — Mais d'autres que lui s'en chargèrent : vingt jours après son apparition, l'édition est contrefaite et Vespucci écrit à Machiavel : « Ayant fini par découvrir qu'un certain Andrea da Pistoia avait fait réimprimer votre compendium, sans hésiter et prestement j'allai à l'endroit où on l'imprimait, amenant même avec moi Thomaso Balducci commandant : je ne sortis pas avant d'en avoir un exemplaire et je ne saurais vous dire la ribauderie que c'est : en tout à la giuntesca, sans espace, cahiers petits, petits, sans blanc avant ni après, lettres mauvai-

1. L. LXIX, 25 février 1506.
2. Peut-être en 1504 ; v. la discussion sur ce point dans Villari, I, p. 490-491.
3. L. LXVIII, février 1506.

ses, incorrectes en plus d'un endroit [1]. » Vespucci va devant les Huit, expose sa plainte : il n'entend pas gagner sur le contrefacteur, mais, après avoir montré cette vilaine chose, en avoir noté une à une les erreurs, il conclut qu'on a fait à Machiavel « une vilenie et injure grave, comme si on lui avait déchiré, lacéré un véritable fils ». On ordonne de faire comparaître Andrea, mais on ne le trouve pas ; enfin, grâce à l'industrie de Vespucci, l'homme est amené et les Huit déclarent qu'il ne pourra faire paraître aucun exemplaire avant le retour de Machiavel [2], ni en vendre sans la licence de celui-ci. Puis Vespucci se rend chez un chapelain de la Miséricorde, compagnon « a mezzo » du mauvais imprimeur : sur l'ordre de son vicaire, le chapelain doit déposer tous les exemplaires qu'il a en sa possession. Machiavel peut être tranquille : si le prêtre ne se conduit pas bien, on le châtiera [3].

A la fin, l'affaire semble devoir s'arranger : « J'ai rencontré sur le Ponte Vecchio ce Messer Antonio (?) l'imprimeur et il m'a dit qu'il vous a fait écrire

1. L. LXX, 13 mars 1506.

2. M. à ce moment est à Poppi, territoire de Florence. Vespucci lui donne des nouvelles de sa famille : « J'ai été chez vous : la Marietta a été contente que vous vous soyez souvenu d'elle et des petits. Tout va bien, sauf Bernardo qui a un peu de rhume : pourtant pas de fièvre ni autre mal. »

3. Dans cette affaire, des amis ont trahi M. Un pauvre diable Giandomenico a participé à la contrefaçon. Vespucci toutefois n'en a tiré d'autre vengeance que de lui montrer son édition à lui, « où il n'y a d'erreur que un ou deux A. ».

de telle façon et par telle personne que vous lui donnerez sans doute licence de faire ce que bon lui semblera des exemplaires qu'il a et des autres qu'il dit vouloir tirer : pour avis, soyez prudent, parlez clair en cette affaire et faites-vous entendre. »

Ainsi, comme pour compléter le cycle de son expérience, Machiavel connaît les ennuis d'auteur. Cette lettre ouvre de singuliers aperçus sur les mœurs littéraires du moment : l'imprimerie neuve encore est déjà corrompue et cette république florentine tient dès l'origine de la hollandaise. L'incident pouvait devenir une réclame profitable, mais il se traduit tout d'abord en de nouvelles dépenses : Vespucci, après avoir conseillé à Machiavel d'écrire aux Huit pour les remercier, l'avertit qu'il a fait relier élégamment dix exemplaires du *Décennal* destinés aux magistrats (dont certains ne connaissent pas encore « questa vostra cantafavola ») et à deux autres bourgeois. Le prix des exemplaires, et en outre deux grossi dépensés pour mettre la main sur l'imprimeur coupable, figureront au compte de Machiavel.

Où Machiavel devient décidément fonctionnaire
de guerre et de sa grande Idée.

L'image qui termine le *Décennal* est une image guerrière, renouvelée de l'antique, sonnerie de clairon qui retentit trop tard dans cette œuvre vide : « Il faut rouvrir le Temple de Mars ». En effet, l'Italie sent la poudre, le Pape secoue la vieille terre et partout ce sont de fiévreux préparatifs de combats, dont Machiavel prend sa part, à sa manière. On l'envoie à Sienne pour sonder les intentions du tyran Petrucci à l'égard de la République et le secrétaire ne reste pas indifférent devant ce Borgia au petit pied, sans scrupule et fort de son astuce. Un jour le tyran lui confie le secret de sa puissance : « Je me gouverne jour par jour et juge des choses heure par heure, pour moins me tromper, car ces temps sont supérieurs aux cervelles [1] », et Machiavel fait son profit de la formule. — A Florence, on n'ose plus plaisanter, Biagio oublie de rire et de geindre : tout va mal et l'on peut prévoir les pires événements. La ville pourtant se prépare, on racole des soldats et « l'on ne manquera pas de se munir de tout ce qu'il faut pour montrer les dents et mordre au besoin qui voudrait nous mordre [2] ». L'armée florentine ayant eu l'avantage sur les troupes du condottiere Alviano, l'espoir renaît dans la République : elle oublie ses échecs répétés et dans un nouvel élan veut profiter de la victoire présente pour en finir avec Pise ; mais, cette fois encore, la tentative échoue. La cité révoltée persiste à vouloir rester libre.

Ainsi Florence s'épuise en vain : diplomates,

1. Cf. Villari, I, p. 504.
2. L. LXVI, 24 juillet 1505. En terminant, Biagio annonce — c'est une formule de style — qu'il enverra de l'argent quand une personne sûre pourra s'en charger.

capitaines, ingénieurs succombent à la tâche. Elle qui, au milieu de l'enchevêtrement de la politique européenne, a besoin de l'entière liberté de ses mouvements, est affaiblie, dolente de cette blessure inguérissable, — vidée. N'y a-t-il donc plus d'hommes dans ce coin de terre qui fut roi ?

Le vice était profond : ce n'étaient pas les hommes, c'était l'administration des hommes qui faisait défaut et Machiavel en eut la pleine conscience après l'échec de 1506. Dès lors l'idée d'une réorganisation militaire l'occupe tout entier : c'est à cette œuvre qu'il se voue. Dans le Mugello, il avait déjà fait le métier de chercheur d'hommes [1] et cet apprentissage lui avait été profitable ; il avait vu à l'œuvre les troupes achetées, ces compagnies portant des étendards « avec des ribauds peints en train de jouer », et le souvenir de la trahison — de ce qu'il affirmait être la trahison — de Vitelli était encore présent à sa mémoire : Machiavel devient intendant, recruteur, homme de guerre. Est-ce le pur patriotisme qui l'a poussé à entreprendre cette résurrection nationale ? Villari l'affirme : Machiavel n'avait rien à y gagner comme secrétaire [2], mais qu'il soit permis de remarquer que par ses fonctions mêmes il était conduit à s'occuper des choses de la guerre ; l'on n'entend pas suspecter son désintéressement, mais le fonctionnaire n'avait pas disparu [3].

1. L. LXVII, de M. Virgilio Adriani, 6 février 1506.
2. I, p. 520.
3. Il n'était point d'ailleurs le premier qui songeât à organi-

Pressée par ses désastres, Florence va donc tenter l'œuvre que, près de cent ans auparavant, Charles VII a ébauchée en France. Ces bandes informes, ces troupes d'hommes désunis en temps ordinaire et qui ne cherchent qu'à devenir « patrons »[1], ces mercenaires qui « prennent bien garde de se tuer », ont corrompu l'art de la guerre[2]. Ils sont un État dans l'État : on vient de voir ce qu'ils valent. Il faut à la République une manière d'armée permanente.

Machiavel, tout plein de son idée, s'apprête donc à parcourir le territoire, enrôlant, inspectant, organisant. Ce n'est pas trop de toute son activité. Le temps presse : l'Empereur descendra-t-il ? ne descendra-t-il pas en Italie ? Tant d'intérêts, de convoitises se heurtent sur cette malheureuse terre que les plus sombres prévisions sont permises : on le voit bien dans la lettre qu'écrit Machiavel à son collègue Ridolfi. Il s'y efforce de démêler la situation des partis : France, Espagne, Allemagne, — l'Italie et le Pape, — tâche de voir clair dans cette formidable confusion ; la lettre court enfiévrée, furieuse, toujours arrêtée par de nouveaux obstacles... A la fin harassé, comprenant

ser l'armée florentine sur de nouvelles bases : Ser Domenico Cecchi avait déjà eu l'idée d'une réforme de la défense nationale (Cf. Tommasini, p. 342-343). Mais le mérite de M. n'en est pas moins réel : il a été tenace, constant dans la tâche qu'il s'est proposée.

1. Cf. Villari, I, p. 523.

2. Cf. *Le Prince*, chap. XII.

l'épreuve qu'il fait subir à son correspondant, il écrit : « Je sais que je vous enlève la cervelle : pardonnez-moi ; et si vous ne voulez plus de ces bibles, avisez [1]. »

Que la plus extraordinaire campagne menée par un Pape ne sut point l'étonner.

Se défendre avant tout. Machiavel va partir, mais les Seigneurs en ont décidé autrement : on l'envoie auprès du Pape, qui, à la tête de son armée, va reconquérir Pérouse, Bologne et la Romagne. Spectacle héroïque que celui de ce pontife de 63 ans, rongé de maladies, travaillant cependant à reconstituer le patrimoine de l'Eglise au milieu des innombrables tyrans de petite ville, des campagnes révoltées, sans cesse exposé aux surprises, aux trahisons. On était en été, la chaleur pesante sur les routes d'Ombrie, dangereuse pour ce vieillard, grand buveur, paraît-il : un officier lui dit un jour : « Ma foi, Saint-Père, vous êtes un véritable Français, car vous êtes un des grands « pisciavino » de la terre [2]. »

Or, Machiavel est passé, indifférent à cette courageuse et ardente vieillesse : l'homme cependant valait bien Borgia et réalisa de plus grandes choses. A distance, sa figure sans bonté exerce encore sur les historiens une manière de domination et

1. L. LXXII, à Ridolfi, commissaire au camp sous Pise, 12 juin 1506.

2. Cf. Bayle. *Dict.* art. Jules II (éd. d'Amsterdam, 1734, p. 490).

le romantique Grégorovius dit qu'à sa mort
« Rome sentit qu'une âme royale avait quitté le
monde ». — Le secrétaire fut, au cours de cette
légation, fonctionnaire rigide, sans vie : dans ses
dépêches, pas une remarque, pas un geste d'étonnement, pas une simple note même sur celui qui
dirigeait cette campagne extraordinaire, rien de
vu[1]. Il a toujours eu, il est vrai, de l'aversion
pour ce qui est prêtre, sauf pour Soderini le
cardinal dont il a trop besoin. Ne voulant point par
décence et dignité professionnelle parler mal du
Pape, il préfère l'ignorer ; son anticléricalisme,
que nous reconnaîtrons à la fois sentimental et
politique, est sans doute l'une des raisons de son
silence. Il y en a une autre et plus profonde et
plus noble aussi : de loin, il ne perd pas de vue
les milices, son bien, sa chose, et quand par
devoir il accompagne le Pape dans sa course, en
réalité il est ailleurs. C'est encore Biagio qui le
renseigne sur la marche de l'œuvre et la fréquence
des lettres du coadjuteur pourrait, au besoin,
témoigner de l'importance qu'attache Machiavel
à la réorganisation entreprise avant son départ.

*De la question d'argent et de la médisance bureau-
  cratique.*

Enfin, et comme toujours, la question d'argent,
la question ménagère : l'humble voie qu'il faut
suivre. « J'ai envoyé les clefs à la Marietta, en

____

1. Cf. Villari, 1, p. 513.

lui faisant savoir ce que vous m'avez ordonné. Je ferai la même chose pour l'argent demain, par l'estafette, bien que je ne voie pas le moyen de vous l'envoyer en sûreté. » Heureusement Biagio trouve un courrier et il n'est pas commun : « Vous aurez, de la main de Michel-Ange sculpteur, reçu l'argent de $\triangle$ (l'estafette) ; j'en attends des nouvel les dans votre prochaine lettre[1] » ; et deux jour[s] après : « Avisez-moi si vous avez reçu cet argen t de Michel-Ange... Je sais que cela ne va pas pour vous là-bas et que vous auriez besoin de beaucoup plus[2]. » Mais le 11 septembre, nouveaux déboires : « Tandis que je croyais que Michel-Ange vous avait donné cet argent, un homme à lui me l'a rapporté, me disant qu'il était retourné en arrière pour une bonne raison[3] ; je crains qu'il n'y ait pas moyen de vous l'envoyer en sûreté... Avisez ce que vous voulez que je fasse, car je ne

1. M. Romain Rolland (*La vie de Michel-Ange*, p. 150) dit « Une lettre de Biagio Buonaccorsi à Machiavel le 6 septembre 1508 lui annonce qu'il lui a envoyé par Michel-Ange de l'argent d'une femme qui n'est pas nommée. » Il y a là certainement une erreur (la lettre est de 1506), probablement deux : le $\triangle$ ne désigne pas une femme, mais simplement l'estafette (cf. Tommasini, p. 175).

2. Cf. L. LXXIII-LXXV, 1° 6 et 8 sept. 1506 : « Je m'efforcerai que personne n'arrive là-bas sans une lettre de moi, pensant vous faire plaisir... Votre bande va bien : la mienne irait de même, si je n'avais tant à tourniquer, en sorte que je suis crevé. » Frater Blasius est lui-même fort gêné, s'en est ouvert à son ami, « le remercie de l'offre faite » mais n'accepte point.

3. On sait les démêlés de Michel-Ange et de Jules II à cette époque.

sais combien le besoin vous en presse. » L'argent, question vitale, plus grave que la descente de l'Empereur, mais ce n'est pas assez de ce souci : Machiavel apprend que l'organisation des milices ne se fait pas sans difficultés ; il y a eu des troubles dans le Valdarno [1]. Alors imaginant l'œuvre gâchée dès la naissance par les maladroits ou les incapables, ne pouvant y remédier lui-même, il semble que le dégoût succède à la passion d'agir ; son désenchantement mûrit dans cet éloignement forcé, il oublie ses collègues, ses amis, se tait. Une lettre de Biagio débute par cette gentillesse : « J'ai peur de devenir avec mes amis un peu négligent comme vous. Je vous dis cela, car il me paraît qu'il y a un an que je ne vous ai écrit, et cela par pure paresse, pour l'appeler par son nom [2] » ; mais on n'a plus le temps d'être susceptible, et, bien qu'il en ait, le coadjuteur avertit Machiavel que son silence lui vaut des inimitiés : « Vous voulez sans cesse vous excuser : négligence ou affaires, mais cela ne suffit pas aux amis parce qu'ils veulent être reconnus pour tels. Et moi je suis à ce point excédé de faire des excuses pour vous que, fûssiez-vous mon père, je vous aurais plus d'une fois dit : Va au retrait... Vous êtes un cazellone. » Mais voici qui est plus grave : « Je ne veux pas atten-

---

1. Cf. L. LXXVII, de Biagio, 21 septembre.
2. L. LXXVIII, 30 septembre. A la fin : « Respondete della ricevuta almeno. »

dre votre retour pour vous apprendre qu'Alamanno étant, à Bibona, à table avec Ridolfo et d'autres jeunes gens, dit de vous : « Je n'ai jamais rien confié à ce ribaud, depuis que je suis des Dix », et il continua sur ce ton, ou mieux. Notez bien ceci, si vous n'êtes pas au fait de son véritable sentiment et tâchez de revenir avant qu'on ne confirme les places [1]. Je pourrais vous écrire beaucoup d'autres choses, mais quand vous serez là, j'en dirai plus [2] » ; et prudemment le bon Biagio, qui ne veut pas être compromis, ajoute : « Ne me répondez pas sur l'avis que je vous donne de cette conversation de Bibona [3]. »

Cependant Machiavel court en Romagne : le cardinal Soderini le presse de faire savoir ce qui s'y passe [4] et Biagio perd la tête ; une lettre du 11 octobre est adressée à Machiavel « à Forli ou au diable soit-il ». — « Vous me traitez de telle sorte que vous portez dommage à vous autant qu'à moi, outre le déplaisir qui n'est pas mince. » Les milices ont raison du débile fonctionnaire, il ne peut à lui seul supporter le poids d'une telle entreprise : « Vous devriez revenir, je le désire tant que je ne pourrais le dire, pour fuir cet ennui et rester dans un coin à rêvasser [5]. » L'œuvre en

---

1. Les fonctions comme celle de Machiavel étaient confirmées périodiquement.
2. L. LXXIX, 6 octobre.
3. Il signe : « Quem nosti B. ».
4. L. LXXX, 6 octobre.
5. L. LXXXI, signée : « Vester B. »

péril, les propos de table de Bibona, l'argent :
Machiavel veut rentrer à Florence. C'est dans ce
ton, remarquons-le, que se terminent ses fameuses
légations.

Pendant son absence, sa famille a vécu à la
campagne : ses deux fils, Bernardo, Lodovico —
celui-ci né en octobre 1504, — et la Marietta, inva-
riablement enceinte, ainsi qu'il apparaît d'une lettre de Carlo Albizzi : « Quand votre femme sera
près d'accoucher, vous me ferez un singulier plaisir en m'en avertissant, afin que, si je ne suis pas
là, je puisse envoyer quelqu'un à ma place [1]. »

*Comment, à l'ombre de Borgia, les marchands
commencent à se militariser.*

Avant de partir en Romagne, Machiavel avait pu
assister, sur la place de la Seigneurie, à une revue
de l'embryon d'armée — 400 hommes — qu'était
alors l'armée florentine [2] : les soldats habillés de
vives couleurs, bien armés, avaient fort impres-
sionné cette population bourgeoise, marchande,
qui ne savait même pas jouer à la garde nationale.
Aussi l'opinion publique s'est-elle attachée à cette
nouveauté guerrière comme à une ancre de salut.
On évoque les noms héroïques de Rome ; Scipion, Manlius revivent dans les conversations sur
la place, les dépêches officielles, les correspon-
dances privées ; en assurant la défense, en sauve-

---

1. L. LXXXII, 25 novembre.
2. Cf. Villari, I, p. 529-530.

gardant la liberté, on ressuscite Rome : sublime accord pour le patriote et l'humaniste.

Mais il faut une tête à ce nouveau corps, un capitaine capable de mener cette troupe pas encore aguerrie, indisciplinée, — elle l'a déjà fait voir — et la ville du trafic n'est point riche en hommes de cette sorte. Soderini n'a point l'étoffe d'un guerrier, et, par ailleurs, les démocraties sont soupçonneuses : on ne veut pas d'un chef suprême. Après bien des hésitations, on dut se rabattre sur un assassin, un étrangleur, individu couvert de sang : Michelletto, l'instrument de Borgia. Le choix pouvait ne pas être mauvais, on convenait que c'était un homme d'expérience et Machiavel ne s'opposa pas, bien au contraire, à son élection en qualité de « capitaine de la garde du territoire et district de Florence ». Ainsi l'ombre de Borgia présidait aux destinées de la jeune armée florentine.

Où l'on attend en vain l'oraison funèbre pour la mort d'un héros.

C'était d'ailleurs un peu son œuvre à lui : n'avait-il pas, naguère, formulé et appliqué avec le succès que l'on sait le principe « une maison, un soldat [1] » ? Or, dans ces premiers mois de 1507 où la République faisait l'essai de ses jeunes forces, celui que son Saint-Père appelait, dans ses mauvais jours, « fio di putta bastardo » [2], mourait d'un

1. Cf. Villari, I, p. 518.
2. Ib., p. 428.

coup d'arquebuse, au château de Viana, obscur
mais toujours combattant [1]. « Voilà qu'est mort
le duc Valentin, qui soutenait fainéants et vaga-
bonds » : oraison funèbre d'un de ses compatrio-
tes [2]. — La nouvelle dut parvenir à Florence en
avril, — c'est à ce moment que la duchesse Lucrèce
apprit à Ferrare la mort de son frère, — mais il
n'apparaît pas qu'elle y eut du retentissement.
Nous aurions aimé à trouver dans la correspondance familière de Machiavel un mot, une excla-
mation peut-être, sur la mort sans gloire de ce
héros fameux que seul un soldat au service de la
France, Fleuranges, a jugé du point de vue qu'il
faut : « De ses vertus et vices je n'en dirai autre
chose, car on en a assez parlé ; trop bien veux-
je dire qu'à la guerre il était gentil compagnon
et hardi homme. » Mais Machiavel s'est tu : le
temps n'est pas d'épiloguer sur les morts.

*Comment l'administration de la guerre fit un
temps la prospérité de Machiavel.*

Le 6 décembre 1506, les Neuf de la Milice
avaient été créés : les choses de la guerre « s'ad-
ministratifiaient » sous la direction d'un corps de
fonctionnaires républicains et l'on entrevoyait, par
le développement régulier des milices, une ère
nouvelle d'indépendance et de force. « Il nous
paraît en vérité que cette ordonnance est de Dieu,

---

1. Cf. Gregorovius. *Lucrezia Borgia* (trad. it.), p. 306.
2. Fr. Delicado. *La Lozana Andaluza* (éd. Liseux, II, p. 112).

écrit le cardinal Soderini à Machiavel. Depuis longtemps Florence n'a fait chose aussi honorable et sûre, et tout honnête homme doit veiller sur cette nouvelle liberté, don divin et non humain s'il n'est corrompu par malice ou ignorance... Vous qui y avez tant de part, ne négligez rien, nisi velitis habere deum et homines iratos », — style de clerc humaniste [1].

En fait, Machiavel ne néglige rien : de Bologne, Vespucci se recommande à lui pour le cas où les Neuf auraient besoin de coadjuteurs : « Manœuvrez de telle sorte que je sois un de ceux-ci, car il ne semble pas douteux que vous ne deveniez chancelier [2]. » En effet, par son activité, Machiavel s'est imposé pour remplir cette fonction : le 10 janvier 1507, les Neuf sont élus et le prennent aussitôt à leur service. Dès lors, et pendant une année, c'en est fini des missions à l'étranger : passé au département de la guerre, Machiavel devient l'organisateur par excellence : il dresse les listes de recrutement, choisit les capitaines, s'occupe des fournitures d'armes, d'habillements. La besogne n'est pas simple ; ces paysans militarisés semblent peu disposés à se laisser mener et sans cesse des troubles éclatent : la nation armée renouvelle les déprédations, les viols, rapines et mutineries des mercenaires. — Le cardinal Soderini observe, dans une lettre à Machiavel, que les armées étrangères

1. L. LXXXIII, 15 décembre 1506.
2. L. LXXXIV, 28 décembre.

ne sont supérieures aux italiennes qu'en ce « qu'elles conservent la discipline, chose depuis longtemps bannie d'Italie ». Le chancelier des Neuf fait, il est vrai, tout ce qu'il est possible : « Votre contentement ne doit pas être mince que votre main ait commencé une aussi digne chose : veuillez persévérer et la conduire à la fin souhaitée... Les choses que vous écrivez sont de nature à être lues par tout esprit policé ; et si en cela vous n'avez pas mis toute votre industrie, comme vous le dites et comme nous le croyons, songez de quelle excellence seront celles où vous mettrez toute la force de l'esprit et du savoir [1]. »

Machiavel entend, donne tous ses soins à la paperasse administrative et pour la première fois peut-être de sa vie, voit sa peine récompensée. Le 15 mai 1507, des lettres « de cittadinanza et de nobiltá » lui sont octroyées : par là, il acquiert, au milieu de la tourbe des fonctionnaires, une place éminente.

On aimerait savoir quelle fut sa vie intime, à cette heure de prospérité, mais pas une lettre de lui ne nous est parvenue qui puisse nous renseigner. Seule, la correspondance de ses collègues nous laisse entrevoir quel était alors son état d'esprit.

Où apparaît Filippo Casavecchia, cuistre.
Pauvres hommes d'ailleurs que ces collègues de Machiavel. Celui que nous pouvons le mieux

1. L. LXXXV, de Rome, 4 mars 1507.

connaître, ce Filippo Casavecchia, commissaire
de la République à Firenzuola, fut piètre homme
d'armes, plus piètre homme de lettres. [1] Fonctionnaire mal bourré d'humanités, cuistre qui
veut faire montre d'élégance littéraire, Casavecchia écrit de façon fort réjouissante : ses lettres
sont des devoirs rhétoriciens où il se propose un
sujet qu'il développe ensuite avec une abondante
noblesse, « plus baveux qu'un pot à moutarde [2] ».
Mais ce grotesque nous apprend quelque chose :
c'est qu'au milieu de ses grandeurs, Machiavel
reste chagrin, mélancolique ; il semble bien que
ce fut là la marque de son caractère. Biagio s'est
déjà plaint de ses incessantes récriminations, de
sa mauvaise humeur, de ses silences subits ; si
parfois le chancelier est un correspondant bouffon, spirituel et bon conteur, s'il consent à « sfo-
garsi», comme faisait Stendhal, il est plus souvent
encore — les lettres qui lui sont adressées le montrent — pessimiste, désenchanté, parfaitement
ignorant de ce que vaut la bonne grâce dans les

1. Cf. Tommasini, p. 356.
2. Il expose par ex. à M. les inconvénients des amitiés con-
verties en haine, et ceci à l'aide de réminiscences nombreuses
et disparates (« s'il n'était pas si tard, je remplirais un rouleau
de feuilles d'exemples hébreux, grecs et latins »), puis élevant
magnifiquement le ton, conclut : « Tous les effets sont engendrés par leurs causes et l'on peut dire avec raison que, pour
la plus grande partie, toutes les ruines des cités sont causées
et engendrées par les amitiés intrinsèques et quotidiennes,
lesquelles engendrent avec le temps et surtout chez les grands
hommes, pour les raisons ci-dessus alléguées, semblables et
tels effets, etc... » L. LXXXVI, 30 juillet 1507.

relations amicales. Les multiples ennuis qui l'ont assailli jusqu'à ce jour peuvent, il est vrai, lui servir d'excuse, mais en cette année 1507 où la fortune lui est décidément favorable, il reste le même, grimaud, gémissant : « Je n'ai pas répondu, dit Casavecchia dans son jargon, à votre petite lettre qui en vérité m'a paru plus surprenante que consolatoire, car j'en reste plus confus que jamais et surtout je comprends que l'homme n'est content d'aucune façon, temporelle ou spirituelle... Mais si je savais où tourner mes prières, je supplierais que tous les maux de ce monde me vînssent, hormis cette pestiférée, horrible et putréfiée maladie d'humeur mélancolique, que je sais perturber ce nôtre et très cher ami, que la nature délivre [1]. »

Où l'homme de l'armée nationale salue avec admiration le peuple des mercenaires.

En décembre, la République se chargea de secouer cette hypocondrie tenace : le 17, Machiavel est envoyé en Allemagne, chargé de discuter la somme que devra payer Florence pour le passage de l'Empereur. Mais, cette fois encore, il faut renoncer à l'image d'un Machiavel ambassa-

---

1. L. LXXXVIII, 22 sept. 1507. « Il n'y a à cela qu'un remède, me semble-t-il : se laisser porter à la scélérate fortune, laquelle je n'approuve pas entièrement, car, comme elle se délecte de choses nouvelles, je ne voudrais pas que d'un coup, par mon mauvais sort, elle me conduisît au lupanaresque (*postribulante*) (sic) et public lieu de cette cité. »

deur chevauchant superbement aux côtés de Maximilien ; il n'agit qu'en sous-ordre, l'orateur en titre de la République est Vettori qui signe la plupart des dépêches. Cette légation d'ailleurs, si elle oblige le secrétaire à perdre de vue pour un temps l'œuvre des milices, lui permet d'observer de près cette énorme caserne de l'Europe, toujours offerte au plus offrant — « qui a l'argent, a le Suisse », dit-il, — et lui, l'homme de l'armée nationale, se sent pris d'une admiration ingénue et contradictoire pour ce peuple de mercenaires, «le seul qui vive quant à la religion et quant à l'ordonnance militaire selon les anciens [1] ». Son imagination d'humaniste fait revivre la Germanie de Tacite, et c'est un tableau d'idylle qu'il rapporte de son voyage. Pureté des mœurs, noble simplicité des cœurs, institutions d'une sagesse antique, sainteté du travail, toute cette vertueuse et pesante Allemagne dont on nous assomme, l'Allemagne d'avant Luther que, récemment encore, Mgr Janssen prônait dans un gros volume [2], mais, au dire de certains Allemands, le tableau n'a rien de commun avec la réalité [3]. Si l'on met à part

---

1. C'est ce qu'il dira dans les *Discorsi* I, 12.

2. *L'Allemagne et la Réforme*, tome I. *L'Allemagne à la fin du moyen âge (Rudis indigestaque moles)*. C'est le tableau du royaume de l'ennui : s'il n'y avait quelque vivant, le bon syphilitique Hutten, on en mourrait.

3. V. les passages rapportés par Villari, II, p. 80. Il est loin le temps où Matteo Villani écrivait : « Les coutumes et mouvements de la langue tudesque sont barbares, désuets, étranges pour les Italiens dont la langue, les lois et coutumes et les

quelques remarques d'économie politique, assez
puériles en elles-mêmes, mais qui dénotent une
curieuse et nouvelle direction d'esprit, le rapport
sur les choses d'Allemagne, comparé aux relations contemporaines des Vénitiens, paraît vide,
factice ; Machiavel ne possède pas encore cette
intelligence claire des événements, ce sens du
détail brutal, cette acuité qui font des dépêches
des ambassadeurs vénitiens d'admirables documents pour l'histoire des mœurs ; il n'a point non
plus cette simplicité dans le regard que nous
trouvons même chez des humanistes impénitents
comme cet Æneas-Sylvius qui visita l'Allemagne
avant de devenir Pape. Son expérience du pays
est mince : ignorant, ou presque, les descriptions
contemporaines, il juge d'après les quelques
Suisses ou Tyroliens qu'il rencontre, mais comme
il convient à sa dignité (il n'y était pas tenu par
ses fonctions) de présenter un tableau d'ensemble, composé, et non un recueil de notes éparses,
les considérations nobles et nulles, préjugées,
bouchent les vides. La Suisse, d'ailleurs, par sa
raison d'être purement militaire, semble avoir
exercé sur lui une manière de fascination ; dans
l'avenir elle prend peu à peu le rôle d'une Idée
platonicienne : les douze cantons de la Suisse

graves et modérés mouvements donnèrent des modèles à tout
l'univers et à eux la monarchie du monde. » (Liv. IV, ch. 78.)
Ailleurs (Liv. V, ch. 1) il parle de la force teutonique, du
conseil « indiscreto » et mouvement furieux de cette gent
barbare.

comparés aux douze tribus des amphictyons, aux douze cités de la ligne étrusque... l'ont amené, par un procédé exactement scolastique, à établir sur le chiffre douze une loi organique des sociétés humaines [1].

Ce n'est point une œuvre qu'il a faite en Allemagne, mais une amitié. Les relations qui s'établirent entre Vettori et lui ne semblent pas en effet être antérieures à cette légation ; voyant Machiavel dans l'exercice de ses fonctions, l'orateur de la République apprend à l'estimer, écrit aux Seigneurs tout le bien qu'il en pense, tout le cas qu'il en faut faire : peu à peu l'amitié naît. Vettori se fera mieux connaître plus tard, mais ceci peut déjà donner une idée de l'homme : ce n'est pas un beau morceau descriptif qu'il rapporte d'au delà des monts mais un plaisant voyage d'Allemagne, bien rempli d'histoires obscènes [2].

Du goût qu'ont les politiciens de jouer aux guerriers.

En juin 1508, Machiavel quitte la Suisse, fatigué, souffrant d'une cystite [3]. Arrivé à Florence, on ne lui laisse point le temps de prendre du repos ; le

1. Cf. Tommasini, p. 403. *Discorsi* II, 4.
2. Cf. Villari II, p. 83-83.
3. « Il est arrivé à Machiavel un accident qui pourrait devenir grave : les médecins ne savent si cela vient de la pierre ou d'autres humeurs *grosses* qui le font uriner avec difficulté. » (Lettre de Vettori, 30 mai 1508, ap. Gioda, p. 79).

cercle autour de Pise se resserre de jour en jour : cette fois on espère en finir. Sa vie alors redevient toute militaire : on le rencontre d'abord au camp, pressant le *guasto* sous les murs de Pise. Soderini trouve que « ce guasto procède très froidement... qu'il faut aller plus vite afin qu'il reste aux ennemis le moins de blé possible, et ce sans exposer nos gens [1] ». C'est ici que le gonfalonier se montre : il n'était pas homme de guerre, et si Machiavel, aux jours de grands espoirs, disait en manière de flagornerie que la paix de Florence était fondée « super Petrum », il ne se faisait point d'illusions, semble-t-il, sur les capacités militaires de ce politicien : l'épigramme où il l'envoie « aux limbes des petits enfants » est suffisamment connue. Mais, la situation européenne paraissant favorable, le gonfalonier sent comme une odeur de victoire, sa prose quitte le balancement classique, devient nette, impérative : prose de chef ; pourtant sous cet air d'héroïsme, le bureaucrate apparaît, mal déguisé en militaire. C'est un peu le cas de Machiavel : le dernier des soldats nous semblera toujours plus guerrier que le premier des intendants, — mais ses efforts n'en sont que plus méritoires. La lutte le passionne : il va de l'avant, agit sans consulter personne, oubliant qu'il n'est que le second du commissaire Niccoló Capponi ; Soderini est obligé de lui demander, amicalement, de respecter au moins les apparences [2]. — A Florence, on vit dans

---

1. L. XCIII, 26 août 1508.
2. Cf. Villari, II, p. 47.

l'espoir d'une victoire prochaine et Biagio reflète très exactement l'état d'esprit populaire. «Ici, l'on ne pense qu'à *ultimer* les choses de Pise et l'on ne regarde pas à la dépense ; le pont, avant quatre jours, sera commencé, on a envoyé d'ici Antonio da San-Gallo... [1] » — « Il faut vous rappeler une chose, c'est quand vous écrivez, de ne laisser échapper aucun des minimes accidents qui surviennent là-bas comme à Pise, car ces détails satisfont et *emplissent* fort la compagnie ; ce sont eux qui vous porteront au ciel... Ecrivez encore quelquefois aux Neuf, car chacun veut être flagorné, estimé [2]... » Les fonctionnaires rêvent d'artifices guerriers, veulent se faire ingénieurs : « Ce timbré d'Antonio dalla Valle a fait un modèle de pont, veut faire un pont-levis sur l'Arno, on ne peut le lui sortir de la tête, en sorte que je crains qu'il n'en devienne fou... »

Cette fièvre d'impatience n'épargne point Machiavel : il ne reste point au camp, parcourt le pays, recrute des soldats, se bat avec son Idée. Deux lettres, l'une du fameux Michelletto (sept. 1508), l'autre du connétable Pietro Corella (1509) montrent à quel point les hommes de Machiavel

1. Puis viennent les soucis familiers : « Dites à ce cazo de Battiglione qu'il aille doucement... recommandez-moi à Baldovino, qui lui aussi, est un cazelloncello. » L. XCIV, 20 février 1509.

2. « Ici on dit qu'on a cassé le cul à Battiglione et que Baldovino est crevé ; avisez ce qu'il en est, car nous sommes en grande inquiétude et leurs femmes font mille folies. » L. XCV, 21 février.

étaient difficiles à conduire et combien la police
dans le territoire avait dure besogne [1]. Le chef
même Michelletto fit preuve d'une brutalité si remarquable que la République dut se priver de ses
services.

*Du retentissement qu'eut la chute de Pise chez
des marchands longtemps sevrés de victoires.*

Mais Florence ne peut tenter le dernier effort :
elle n'a pas les mains libres. Au mois de mars,
enfin, la France est payée pour ne point intervenir : les temps chevaleresques sont passés et nous
vendons la liberté que nous avons donnée. L'Espagne aussi est achetée : son ambassadeur reçoit
pour sa part un fort honorable pourboire [2]. Désormais tout espoir de délivrance est perdu pour
la ville. Ce même mois de mars, Machiavel est
envoyé à Piombino pour traiter des conditions
de la capitulation, mais les pourparlers échouent.
Le 8 juin seulement, et pas avant midi et demi —
heure marquée par les astrologues [3], — les Florentins font leur entrée à Pise.

Pauvre victoire en somme, victoire de temps
et d'argent : la ville reconquise était vide, les
principales familles se sont exilées. Il n'y avait
point à en tirer vanité, mais les peuples souvent
vaincus se contentent de peu : il suffit d'obser-

1. Cf. Villari, II, p. 518 et 524.
2. Cf. Villari, II, p. 96.
3. Cf. L.XCVI de Tedaldi, 5 juin.

ver l'inlassable orgueil avec lequel les Espagnols d'aujourd'hui célèbrent leur Dos de Mayo. — A Florence ce fut une explosion de joie. Lisons les lettres que reçoit Machiavel : « Il n'est pas possible d'exprimer, dit Vespucci, avec quelle liesse, jubilation, gaieté tout ce peuple a appris la réoccupation de cette ville de Pise : chacun en quelque façon délire d'exultation ; il y a des feux par toute la cité, encore qu'il ne soit pas vingt-deux heures : pensez ce qu'on fera ce soir de nuit... Il ne manquerait plus que le ciel montrât quelque joie, lui aussi, car pour les hommes, grands et petits, il est impossible d'en montrer plus. Qu'il vous profite d'avoir été présent à une gloire de cette nature, et non en comparse... Si je ne craignais de vous gonfler d'orgueil, j'oserais dire qu'avec vos bataillons vous avez si bien employé votre temps que, non en temporisant, mais en accélérant, vous avez restitué la chose florentine. » Sur ce, l'humaniste se monte : « Telle est notre exultation que je te ferais une Tulliane, si j'avais le temps, mais pas une minute [1]. » — Avec Casavecchia, même enthousiasme, mêmes compliments, mais dans le langage de l'écolier limosin : « Mille bons profits vous fasse l'acquisition grandissime de cette noble cité, car véritablement on peut dire que votre personne en a été la cause et grandissime part [2]... »

1. L. XCVII, 8 juin.
2. L. XCVIII, 17 juin.

Ainsi Machiavel fait, au milieu de ses collègues, figure de héros : cette capitulation d'une cité épuisée, vidée, est un peu son triomphe à lui, diplomate et militaire. Un moment il goûte cette gloire supérieure, préférable à celle de journaliste ou de reporter qu'il a connue jusqu'alors.

Où Machiavel se refuse à la pastorale et rentre dans la diplomatie.

On pourrait croire que, l'œuvre terminée, il va retourner à la vie paisible de fonctionnaire. Ses succès lui vaudront bien quelque avancement : ce point n'a pas échappé à ses collègues. Or, Casavecchia l'invite à venir à Barga où il réside ; il y reçoit des amis florentins et tous s'en retournent satisfaits : l'air y est excellent, les vins les meilleurs de Toscane. « Je vous réserve, outre notre conversation, un petit torrent plein de truites et du vin comme on n'en a jamais bu... Quand le diable y serait, si vous venez, vous n'en perdrez pas votre situation, je crois [1] ! » L'autre cependant refuse, se prive de ces ripailles de fonctionnaires lâchés en plein air : il sait prévoir. « Chaque jour, lui écrivait son collègue campagnard, je vous découvre le plus grand prophète qu'eurent jamais les Hébreux ou autre peuple... Niccoló, le temps est tel que si jamais l'on fut sage, il faut l'être maintenant. » L'Italie tout entière est en mouvement, les années de la ligue de Cambrai :

1. L. XCVIII, *ut. sup.* et XCIX, 2 juillet.

Machiavel ne peut se désintéresser des événements. A la fin de juillet, il reçoit ce billet de son admirateur béat, — qui lit ses lettres avec même ferveur et fréquence qu'un frate l'office [1] : « Après avoir ces jours derniers consolé un peu l'esprit, et cela ne suffisant pas, selon la benôtte pensée de Messer Cristofano da Casale, car il faut encore qu'en partie la fragilité de la chair ait sa part, je vous envoie ces quelques truites afin que la sensualité se repaisse et que l'esprit ensuite soit plus prompt aux choses de ce monde, lesquelles, en ce moment, sont si grandes que d'elles je me nourris. » Mais Machiavel ne conçoit point le souci de la chose publique à la manière culinaire : c'est Venise qui l'occupe, et encore et toujours la descente de l'Empereur. En novembre, on l'envoie à Mantoue : la République a acheté la protection de Maximilien et Machiavel part, chargé du second paiement ; cela fait, il devra se rendre à Vérone et transmettre aux Dix les nouvelles qu'il aura recueillies [2].

A Mantoue, noble ville de miasmes où les palais dominent les marécages, il voit Isabelle d'Este. Nous attendons un mot ; mais cette haute dame, si remarquablement douée d'intelligence pratique, politique, et de beauté [3], ne lui inspire que

1. L. C., 25 juillet « ...che non altrimenti e frati dicono l'ufitio sera et mattina che io mi legga la vostra... »

2. Cf. Villari, II, p. 117.

3. Dans un récent article (*Revue des Deux Mondes*, 15 nov. 1911), M. de la Sizeranne fait de l'Isabelle du Vinci une « dompteuse » d'hommes.

cette réflexion d'antichambre : « Elle se lève tard et avant dîner ne donne audience à personne. » Il ne doit point d'ailleurs, aux termes de ses instructions, séjourner dans cette Cour d'artistes « où naissent, dit-il, et même pleuvent les mensonges : la Cour en est plus pleine que la place [1] ». Le 22 novembre, il est à Vérone ; là nouveaux ennuis d'argent. Il s'agit sans doute de l'héritage à la moitié duquel son frère, le prêtre, a renoncé après transaction [2]. Biagio écrit : « J'ai reçu votre lettre du 18 de Mantoue et apprends l'inquiétude de votre esprit ;... de quoi je m'étonne, car vous avez eu sur les bras d'autres soucis de beaucoup plus grande importance et qui exigeaient des résolutions plus périlleuses que d'aller jusqu'à Vérone. Si jamais vous avez eu de la rapidité dans la décision, ayez-en maintenant pour clore la bouche aux ragots [3] » ; — allusion probable, non seulement à cette affaire d'héritage, mais à de plus graves complications, d'ordre administratif, qui menacent Machiavel.

Celui-ci cependant ne semble point prendre les choses au tragique : il écrit à Louis Guichardin

---

1. V. dépêche citée ap. Gioda, p. 83.

2. Cf. Tommasini, p. 475-476. Le cardinal Soderini s'occupait du frère de M. « Il n'est pas besoin de nous remercier de notre bonne volonté pour Totto : car nous l'aimons non seulement à cause de vous et de votre famille, mais pour lui-même, car il le mérite. » (L. XCII, de Soderini, 3 août 1508). V. également L. CII de Fr. del Nero (22 nov. 1509).

3. L. CI, 20 novembre 1509 «...turare la bocca a le pancaccie ».

qu'il est « en Ile Sèche comme lui[1] », — car ici on ne
sait rien de rien, — mais que, pour paraître vivant,
il va rêvassant des embrouillamini qu'il raconte
aux Dix. Cette oisiveté forcée, il la charme de
petits exercices littéraires dignes d'un précieux
malappris «... J'ai su que Jacopo avait eu encore
un peu de fièvre ; mais votre prudence, la diligence de Marco, la valeur des médecins, la patience et bonté de Jacopo me donnent bon espoir
et me font croire que vous la chasserez, cette fièvre, comme une sale putain, bâtée, malpropre et
perdue qu'elle est[2]. » — C'est également au cours
de cette légation que Machiavel commence le
second *Décennal* : il veut tenter une fois encore
le succès populaire, mais, le temps ou le goût
manquant, sa gazette reste inachevée. Telle qu'elle
nous est parvenue, malgré le récit de la chute de
Pise « retournant en pleurs à l'antique chaîne »,
c'est une œuvre plus plate et pauvre que la pré-
cédente.

*Une soirée de Machiavel et, à ce propos, de la
    respectabilité en histoire.*

A Vérone enfin, des divertissements d'un autre
ordre viennent s'offrir. — Répondant à Louis Guichardin, qui lui contait ses bonnes fortunes à la
cour de Mantoue, il écrit : « Je crève, Luigi ; vois

1. L. Guichardin est à Mantoue.
2. L. CIII, 20 novembre.

comme le hasard, en une même besogne, donne
aux hommes diverses fins. A peine avez-vous *fot-
tuto* celle-là que vous est venu le désir de *rifot-
terla* et que vous en voulez une autre *presa*. Mais
moi ! Quelques jours après mon arrivée, aveuglé
de pénurie matrimoniale, je rencontre une vieille
qui me lessivait mes chemises ; elle habite une maison plus qu'à moitié sous terre, où la lumière n'entre que par la porte. Passant un jour par là, elle
me reconnaît, me fait fête et me demande de
vouloir bien entrer chez elle, qu'elle me voulait
montrer certaines belles chemises si je voulais les
acheter. Alors moi, nouveau cazo, je la crois, j'entre et dans l'obscurité je vois une femme avec un
torchon passé sur la tête et la figure, qui faisait
la honteuse et restait blottie dans un coin. Cette
vieille ribaude me prend par la main et me con-
duisant à l'autre dit : « Voici la chemise que je
veux vous vendre, mais essayez-la d'abord, ensuite
vous la paierez. » Moi, timide comme je suis, je
reste abasourdi : pourtant, resté seul avec l'objet
et dans le noir — car la vieille sortit aussitôt et
ferma la porte, — pour abréger, *la fotte' un colpo*,
et bien que je lui trouve les cuisses flasques, la
figue humide et qu'elle pue un peu de la bouche,
tel est néanmoins mon rut désespéré que *la n'andó*.
La chose faite, comme malgré tout j'avais le désir de voir cette marchandise, j'attrape un tison
enflammé dans le fourneau et allume une lanterne
qui pendait en l'air ; mais à peine la lumière
prend-elle qu'elle manque me tomber des mains.

6.

Misère de moi ! je pensai tomber à terre mort, tant
cette femme était horrible. On lui voyait d'abord
un toupet de cheveux ni blancs, ni noirs, d'un
sale gris, et bien qu'elle eût le sommet de la tête
chauve et que cette calvitie mît à découvert quelques poux en promenade, pourtant de rares cheveux lui descendaient avec leurs barbes jusque
sur les cils ; au milieu de la tête, petite et ridée,
elle avait une cicatrice rouge en sorte qu'elle semblait marquée pour la colonne du marché ; au
bout de chaque cil, elle avait un bouquet de poils
pleins de lentilles : un œil bas, l'autre haut, l'un
plus grand que l'autre, les coins remplis de chas-
sie et de pellicules moisies : le nez planté le bout en
l'air, une narine coupée pleine de morve ; sa bouche ressemblait à celle de Laurent de Médicis [1]
mais tordue d'un côté ; par là coulait un peu de
bave, car n'ayant pas de dents elle ne pouvait retenir sa salive ; à la lèvre supérieure elle portait
une barbe longuette mais rare : le menton long,
pointu, un peu tordu en l'air, d'où pendait de la
peau qui rejoignait la gorge. Je restais stupide,
perdu, à la vue de ce monstre ; elle s'en aperçut
et essaya de dire : « Qu'avez-vous, messer ? »
mais elle ne le dit pas, car elle était bègue ; et
comme elle ouvrait la bouche, il en sortit un
souffle si punais que, se trouvant offensée de cette

---

1. V. la médaille d'Antonio Pallaiuolo frappée à l'occasion de
la conjuration des Pazzi (reproduite ap. Gregorovius *Storia di
Roma*, IV, p. 16).

pestilence l'exquise délicatesse de ces deux por-
tes sensibles, les yeux et le nez, et si soulevée de
dégoût, mon estomac ne put supporter telle of-
fense, s'agita tout entier, s'ouvrit... je lui vomis
dessus ; ainsi, payée de la monnaie qu'elle méri-
tait, je partis. Et j'en jure par le ciel, je ne crois
pas, tant que je serai en Lombardie, que le rut me
revienne ; pour vous, remerciez Dieu de l'espoir
que vous avez de retrouver telle délectation, moi
je le remercie d'avoir perdu la crainte de jamais
plus ressentir tel déplaisir [1]. »

Les biographes de Machiavel n'ont point ajouté
foi à cette malpropre aventure : Villari la considère comme un amusement littéraire destiné « à
faire rire les amis. », au surplus fort déplacé ;
— Tommasini n'y voit qu'un artifice laborieusement imaginé pour « estomaquer » Guichardin [2].
Quant à Gioda, moraliste, il déplore la publica-
tion de lettres de cette sorte [3], que, de l'autre côté
des Alpes, les érudits catholiques germains —
peuple guerrier malgré tout — brandissent comme

1. L. CV, 8 décembre. Comp. le portrait que fait Berni de
sa servante :
  Io ho per cameriera mia l'Ancroja,
  Madre di Ferraù, Zia di Morgante,...
  Non credo che si trovi al Mondo fante
  Piú orrida, piú sudicia, et squarquoja.
  Ha del labbro un gheron di sopra manco...
  Pare il suo capo la Cosmografia
  Pien d'Isolette d'azzuro, e di bianco...
(*Opere Burlesche* 1771, I, p. 103).
2. Villari, II, p. 122-123. Tommasini, p. 484.
3. Gioda, p. 83.

une arme contre la *fausse* renaissance. Il faudra
s'expliquer plus tard sur cette fameuse Fausse-
Renaissance dont l'existence est essentielle au système catholico-historique de Janssen ou de Pastor; c'est l'incrédulité unanime des biographes de
Machiavel qui vaut maintenant d'être examinée.
Ce mauvais vouloir à accorder créance à cette
triste histoire est inspiré, croyons-nous, par la
crainte de salir le « sujet » : bien qu'ils aient le
ferme propos d'être véridiques, impartiaux, — et
ils le sont presque toujours, — de dire tout, les
historiens de Machiavel veulent cependant que leur
héros garde une certaine respectabilité, se présente en posture convenable aux yeux du monde.
Mais, malgré leur autorité, et ce pieux souci de
voiler autant que possible la nudité du grand
homme, la lettre de Vérone ne nous paraît point
un jeu d'esprit : le portrait de cette nouvelle Héaul-
mière, s'il contient quelques fioritures de littérature, reste néanmoins un morceau de bon réa-
lisme pris sur le vif ; il n'y en a pas tant chez
les humanistes de la Renaissance qu'on puisse le
négliger. — Quant à la dignité de Machiavel, elle
n'est point du tout en question ; il eût été, certes,
plus délicat de garder pour soi ces écarts de père
de famille, mais c'est à un ami curieux de galanteries qu'est faite la confidence. Fonctionnaire
instable, sans cesse au camp ou à la cour, médiocre
de sa personne, apparemment peu recherché des
femmes, il souffre de « pénurie matrimoniale »
(*carestia di matrimonio*) et oisif court la nuit dans

la ville de Juliette à la recherche d'occasions : cette déplorable rencontre est dans l'ordre des choses. Mais, bien que tout ceci ne soit ni très élevé ni très noble, la médaille du héros ne s'en trouve point souillée et l'on ne se félicitera peut-être pas — comme le fait Villari — de ce que les fonctions de Machiavel l'aient empêché d'écrire plus souvent de pareilles inconvenances : il ne faut pas sanctifier tout le monde. Simplement : la lettre de Vérone est un document de plus pour l'histoire des mœurs en Italie, au même titre par exemple que « les Courtisanes » de Carpaccio [1].

Où Machiavel, rêvant de grandeurs, se débat avec sa naissance.

Durant ce séjour en Lombardie, Machiavel semble — chose rare — plein de gaieté et de confiance : il plaisante ses déboires amoureux, car il espère de l'argent et médite d'accroître par un profitable négoce son mince traitement de fonctionnaire : « Je crois que ce séjour me vaudra quelque argent et je voudrais, de retour à Florence, me lancer dans quelque trafic. J'ai dessein d'établir un poulailler, il faut me trouver un maroufle qui s'en occupe... [2] » Ce projet magnifi-

---

1. Venise. Musée Correr. Vérone a d'ailleurs une réputation bien établie de malpropreté : quatre choses, dit Berni, y sont fameuses entre toutes : « Fagioli, e porci, e poeti, e pidocchi. » (V. le sonnet « Verona è una terra ». — *Op. Burl.* 1. 95-96).

2. L. CV. ut. sup.

que, digne d'un Balzac en mal d'argent, ne semble pas s'être réalisé, et l'on doit se priver du spectacle d'un secrétaire d'ambassade marchand de volailles.

A la fin de ce mois de décembre, Machiavel a d'autres soucis en tête : le 27, à 2 heures de nuit, Biagio écrivait à son insaisissable ami *ubi sit* : « L'affaire que je vais vous raconter est d'une telle gravité qu'on n'en peut trouver de plus grave ; n'en plaisantez pas, ne faites pas le dédaigneux et ne vous écartez pour rien au monde de la ligne que je vous indiquerai, car ce sera un des plus puissants remèdes pour empêcher votre ruine et celle des autres » (entendez Biagio qui craint pour lui). Et voici le drame : « Il y aura demain huit jours, un homme déguisé s'est présenté avec deux témoins devant le notaire des Conservateurs et lui a remis une notification où il était soutenu que « comme vous êtes né de père... etc... vous ne pouvez en aucune façon exercer l'office que vous occupez, etc... » Le cas s'est déjà présenté et la loi est en faveur de Machiavel : « Néanmoins la qualité des temps et un grand nombre de gens qui se sont mis à clabauder, à raconter partout l'histoire et à menacer que si ce n'est pas fait, etc..., tout est cause que l'affaire n'est pas en fort bon chemin et qu'elle a besoin d'être serrée de près et soigneusement suivie : aussi depuis le moment où j'ai appris la chose de nos amis, je n'ai rien négligé, tant de jour que de nuit, en sorte que j'ai fait mollir l'opinion de quelques-uns. » Si la loi est favorable, on cherche à la triturer (*stiracchiàre*) en tous sens, à lui donner de sinistres interprétations : « Les adversaires sont nombreux et se démènent : l'affaire est connue jusque dans les bordels... » Encore Biagio n'en dit-il pas la moitié : avant qu'il n'eût produit le texte de la loi, on considérait la chose comme jugée. « J'ai été incité par qui vous aime — et c'est quelqu'un dont vous faites grand cas — à vous écrire de rester où vous êtes et de ne revenir pour chose du monde, car l'affaire est en train de se calmer et sans nul doute aura meilleure fin si vous n'êtes pas là que si vous y êtes. » Cela, pour plusieurs raisons : « Je fais des choses que vous ne feriez pas et qui cependant sont nécessaires ; car tous les gens veulent être remarqués, honorés, priés — encore que l'affaire soit claire, et il paraît bon que qui rend service en soit remercié et prié avant et reprié : à cela, êtes-vous apte ? Je vous le laisse à juger. En somme le meilleur remède à ce mal — qui est si grand qu'il vous ferait peur — est de rester absent jusqu'à ce qu'on en voie la fin... Si je vous disais que je n'ai pas dormi depuis cet événement, croyez-m'en : vous avez si peu d'amis pour vous aider, je ne sais d'où cela vient. Encore une fois, suivez mes conseils et n'allez pas vous imaginer que j'obscurcisse l'obscur, comme vous avez coutume de dire, c'est plus grave encore : étant intéressé dans l'affaire, vous devriez m'en croire : elle touche plus à moi qu'à vous. » Et

comme aux jours sombres de Bibona, le prudent
fonctionnaire signe *Quem nosti*[1].

D'une inconnue dans le problème Machiavel.
Cette histoire de dénonciateurs encapuchonnés,
et les etc. que prodigue Biagio dans sa terrifiante
lettre, ont fort exercé la sagacité des historiens :
quel était « l'empêchement » que l'on opposait à
Machiavel pour lui arracher, après dix ans de
loyaux services, sa place au soleil de l'administration ? — On a soutenu que Bernardo son père, étant
bâtard, Machiavel ne pouvait légalement exercer
de fonctions publiques; mais outre que les lettres
de civisme qui lui ont été octroyées proclament
la pureté de son origine, aucune loi de la République ne prévoyait pareille incapacité : la bâtardise
des ascendants eût peut-être rendu malaisée la
constitution du « cadre des fonctionnaires ». Mais
on est à l'aise dans cette belle atmosphère de
suppositions et les ragots de lupanar vont plus
loin : de la bâtardise du père on passe à celle du
fils, à la bâtardise personnelle pour s'exprimer
juridiquement, et c'en est l'occasion. — Le *turato*
s'est trouvé l'auteur du mystère de la naissance
de Machiavel et un libre-penseur auquel le jeune
socialisme de juillet a donné une nouvelle renommée, Campanella [2], dit tout uniment que Machia-

---

1. L. CVI. 27 décembre 1509.
2. Louise Colet le traduisit, oubliant ou ignorant les plus
beaux traits de son histoire.

vel était bâtard [1]. Il étonne que l'accusation n'ait point été portée par un jésuite: serait-elle fondée qu'elle ne nous déplairait pas et l'on peut même admirer que la tradition, savamment préparée, façonnée, lancée par ligueurs et jésuites, ne l'ait pas faite sienne. Cette naissance illégitime eût ajouté une hideur de plus à la hideuse figure de l'homme du Prince et lui eût permis de prendre place à côté des grands bâtards de l'histoire, guerriers comme Manfred, savants comme Erasme qu'une amère ironie fit appeler Désiré. Au surplus, les bâtards ont fait de grandes choses : « Bâtardise ? dit la jeune brute de Shakespeare. Bas ? Bas ? nous qui dans ce larcin gaillard de la nature puisons une substance plus forte et des éléments plus vigoureux qu'il n'en entre dans la procréation de toute une tribu de freluquets, engendrés entre le sommeil et le réveil, dans un lit maussade, ennuyeux et froid [2]. »

Après l'alcôve, l'argent intervient — avec plus de raison peut-être. Le père de Machiavel, fonctionnaire malhonnête ou imprudent, aurait été constitué en débet et n'ayant point payé, aurait été, pour ce, déchu de son office. Cette incapacité serait

1. Cf. Tommasini, p. 483, note 2. Il faut, à ce sujet, méditer ces paroles de Gilles de Corbeil : « Ne sait-on pas que rien n'est plus trompeur que le sein de la femme, que rien n'est plus sujet à faillir que sa vulve, et que, s'il est possible à la rigueur de connaître sa mère, il est par contre bien difficile de savoir le nom de son père. » (Cf. Vieillard, *Gilles de Corbeil.* Champion, 1909, p. 26-27.)

2. *Le Roi Lear.* Acte I, scène II.

retombée sur son fils et le cas du secrétaire deviendrait analogue à celui d'un de ses amis Filippo Strozzi condamné pour avoir épousé la fille de ce Piero de Médicis, pleutre qui déserta Florence au moment de la descente de Charles VIII et fut déclaré rebelle [1].

L'affaire pourtant ne semble pas « d'une telle gravité qu'on n'en peut trouver de plus grave » et il faut ici faire la part de l'affolement de Biagio. Serviteur timoré, crédule et bavard, le coadjuteur accepte tous les commérages de petite ville, les amplifie dans son imagination ; Machiavel révoqué, c'est immanquablement sa révocation à lui la misère, la mort de son foyer. « La chose touche plus à moi qu'à vous. » De là sa lettre, indécise, tremblante, semée de dangereux silences, « obscurcissant l'obscur » bien qu'il s'en défende.

L'attitude de Machiavel est tout autre. Méprisant la couardise des conseils qu'on lui donne, les avis de la personne dont il fait grand cas, il rentre à Florence, tient tête à l'orage : la calomnie se tait, l'on n'entend plus parler du turato ni de ses deux témoins [2].

Cette alerte dans la vie publique de Machiavel nous renseigne sur l'homme : bien que soigneux de son avancement, il n'est point courtisan, ignore les démarches, sollicitations, cette patience d'an

---

1. Cf. Villari, II, p. 125.

2. Machiavel est certainement à Florence le 2 janvier. Cf. Villari, II, p. 126. Tommassini, p. 477-484.

tichambre qui prépare les grandeurs ou évite les catastrophes : « Je fais des choses que vous ne feriez pas », dit Biagio. D'autre part, fonctionnaire mais spirituel, il ne sait résister au plaisir de placer un bon mot, quitte à se faire des ennemis. L'apparition des sycophantes s'explique et nous avons sur ce point le témoignage d'un de ses descendants, Giuliano de' Ricci — le même qui nous a conservé les lettres familières — : « Niccoló fut dans toutes ses compositions fort licencieux, aussi bien en taxant les grands personnages ecclésiastiques et séculiers qu'en réduisant toute chose à causes naturelles ou fortuites[1]. » Ajoutez à cela qu'il ignore à peu près le prix de l'aménité, que s'il joue parfois au plaisantin, il assomme plus souvent encore ses contemporains de ses exigences et de ses récriminations, qu'il est d'un mot peu sociable, et vous serez sans doute en état de répondre à cette question de Biagio : « Vous avez si peu d'amis pour vous aider, je ne sais d'où cela vient. »

D'une expérience qu'il fit des dangers de la combinazione.

Au commencement de 1510, Machiavel est retourné à ses milices, à ses courses dans le territoire, mais la politique ne tarde pas à le reprendre. Le Pape vient d'accomplir cette fameuse

1. A propos de la pièce *Le Maschere* que M. avait fait jouer et où les contemporains étaient assez maltraités. Elle est aujourd'hui perdue. Cf. Villari, I, p. 492.

évolution qu'un juriste français apprécie en ces termes : « Avec toutes ses prétendues magnanimités et haut courage, il mêla plusieurs actes procédant de cœur bas et vil, entre autres quand après s'être aidé du Roi Louis XII, qui en personne avec le sang de sa noblesse et à ses frais lui avait reconquis tout ce que les Vénitiens avaient usurpé sur l'Église romaine en la Romagne, il lui donna comme ingrat de la pale par le cul, lui suscita ennemis les Allemands et Espagnols et les Vénitiens mêmes... [1] » Florence alors, en la personne du gonfalonier, perd la tête ; elle ne sait à qui se vouer, marche à tâtons, en désespoir de cause décide de ménager les deux partis en faisant appel à l'union. Au mois de juin, Machiavel est envoyé en France ; il assurera le Roi de l'attachement et de la fidélité de la République, et lui conseillera, dans la forme convenable, d'abattre définitivement les Vénitiens, en gagnant l'Empereur, sans toutefois se brouiller avec le Pape : merveilleux expédient, procédure ordinaire aux faibles, la petite province se posant en médiatrice espère éviter les coups tout en faisant écraser une de ses semblables. La combinaison réussira si le nuntius est habile ; le cardinal Soderini lui écrit : « La délibération qui vous envoie là-bas nous a été fort agréable, car nous connaissons votre dextérité et prudence. Faites toute diligence pour que se maintienne en bonne union ce prince (Louis XII) avec

---

1. Guy-Coquille. *OEuvres complètes*, I, p. 390.

Sa Sainteté : ce qui est de nature à profiter, non seulement à eux, mais à nous et à toute l'Italie. [1] »

Machiavel peut « gonfler en superbe », songeant que sur lui reposent les destinées de la patrie ; mais, peu après son arrivée à Blois, il faut déchanter. Le Roi a fait savoir qu'il entendait que Florence se décidât en faveur de l'un ou de l'autre parti, qu'elle se montrât définitivement amie ou ennemie ; c'est la ruine des demi-mesures, de la grande politique de Soderini. L'impossibilité de ménager à la fois le Pape et le Roi apparaît de jour en jour plus évidente : Machiavel apprend aux Seigneurs que les Français se défient des Florentins, s'ils ne les voient les armes à la main ; pour lui, il tâche de se dérober le plus honorablement qu'il peut, de ne pas engager la République trop à fond [2], mais à vouloir temporiser ainsi, on risque de tout perdre. Il n'épargne point sa peine, demande des audiences, se renseigne partout et sur tout, observe les gens, les dépeint en deux mots pour le plus grand profit de ses maîtres [3], écrit, répond, conseille sans trêve ; mais la République reconnaît fort médiocrement ses services. — A la fin d'août, Machiavel tombe malade : une mauvaise toux le prend qui lui affaiblit tant

1. L. CVII, 28 juin 1510.
2. Cf. Villari, II, p. 130.
3. Il y a de remarquables portraits dans ces dépêches de France : Mgr. de Paris « homme d'esprit reposé et tenu pour sage » ; le Chancelier « homme plus chaud et tout colère, qui parle en flux de paroles ». (Cf. Gioda, p. 86.)

l'estomac qu'il n'a plus de goût à rien. L'épidémie sévit à Paris « où il y a une mortalité si grande qu'il meurt plus de mille personnes par jour ». Pour se soigner, il lui faut de l'argent, et comme à l'ordinaire, c'est la dernière chose dont se soucient les Magnifiques Seigneurs. — Les nouvelles de Florence, amis ou politique, ne brillent point de sérénité : « Si je ne vous ai écrit ni ne vous écrirai, pleure Biagio, ne vous étonnez pas : j'ai tant d'ennuis qui me creusent la cervelle ! Comme vous savez, ma femme était malade lors de votre départ ; finalement chacun me l'a laissée pour morte et si Dieu n'y apporte sa grâce, vous ne la trouverez pas vivante. Et j'en arrive à désirer plus la mort que la vie, ne voyant plus de soupirail à mon salut, si elle vient à me manquer. Je dépense par jour à peu près un florin, et ainsi resterai abandonné, sans compagnie, sans argent. C'est tout. Je me recommande à vous ; et priez Dieu qu'il vous donne meilleure fortune qu'il ne fait à moi qui peut-être le mérite plus que vous[1]. » Les événements d'Italie ne semblent guère plus favorables : après avoir appris à Machiavel les mouvements du Pape, des Suisses, des Vénitiens, Giuliano della Valle termine par ces mots : « Notre-Seigneur Dieu pourvoie à tout et surtout donne aide à nos Excellentissimes Seigneurs, lesquels sont en grande inquiétude[2]. » ; et Biagio voit

1. L. CIX, 22 août.
2. L. CX, 25 août.

plus noir, déclare tout net : « Nous sommes des gens que le chaud fait fondre et que le froid ratatine. Il nous arrivera même chose qu'à ceux dont Quintius disait : «Sans estime, sans honneur, nous serons la proie du vainqueur [1]. » — La combinaison florentine mise en péril, les Seigneurs décident d'envoyer en France un ambassadeur bien pourvu de titres, bien lourd d'argent : Machiavel rentrera.

Dès les premiers jours d'août, Vettori écrivait : « J'ai prié Roberto (Acciaiuoli) de vous renvoyer promptement pour qu'au moins, en le perdant, nous vous retrouvions [2] », et l'on peut supposer que le secrétaire eût facilement obéi aux ordres de ses supérieurs, qu'il eût même abandonné sans trop de peine cette Janna qu'il avait connue à Blois et qui lui servait de récréation quand les audiences et sa santé le lui permettaient ; mais au commencement de septembre, il ne dispose pas de fonds suffisants pour se mettre en route, doit prier les Seigneurs de lui envoyer cinquante écus « s'ils ne veulent pas qu'il vende ses chevaux et s'en retourne à pied [3] ». Au mois d'octobre enfin, Machiavel est à Florence, retrouve sa famille,

---

1. L. CXI, 29 août. Biagio a déploré tout d'abord — car il faut vivre, même sous un maître étranger, — que la vendange s'annonce maigre cette année. — Toujours prudent, il écrit en post-scriptum : « Ne parlez pas aux autres de ces miennes imaginations. » Villari met en doute que Biagio soit l'auteur de cette lettre (II, p. 541).

2. L. CVIII, 3 août.

3. Cf. Gioda, p. 89.

ses collègues, Biagio heureusement sorti d'an
goisse et cette Riccia que les délices de la Janna
n'ont pu lui faire oublier [1]. Sans doute ses amis
Casa, Luigi, Francesco, viennent le tirer de che
lui, au débotté, et l'emmènent à Sainte-Marie-des
Fleurs pour le « vider », entendre de lui toute
les nouvelles de France ; mais soucieux de sa répu
tation, Machiavel les paie de brimborions, baga
telles : conseil d'ambassadeur trop sage pour n'êtr
pas suivi [2].

Où la République se lézarde.

Les derniers événements avaient gravemen
compromis la situation de Soderini : sa politiqu
incertaine, ménageante, indispose le Pape san
satisfaire la France. « Nous ne faisons rien qui n
nous attire quelque inimitié », écrit Acciaiuoli [3] —
et les partisans des Médicis en profitent. La polic
se relâche, les magistrats ne sont plus respectés
les femmes de mauvaise vie en sont arrivées à u
tel degré d'insolence qu'elles déambulent à leu
aise, habitent où bon leur semble en dépit de
règlements, osent même faire menacer les Hui
par leurs clients [4]. — Par bonheur, on découvr
une conspiration dirigée contre le gonfalonier pa

1. Acciaiuoli le premier nous révèle l'existence de cette maî
tresse florentine, maîtresse stationnaire. L. CXII, 7 octobre
Cf. Tommasini, p. 507.
2. L. CXII, ut. sup.
3. L. CXIII, 21 octobre.
4. Giov. Cambi, chroniqueur contemporain, cité par Villari
II, p. 138.

un homme des Médicis. S'il ne s'agit pas ici d'un
de ces complots de police, suprême recours des
gouvernements en péril (cet heureux expédient
n'avait point encore fait ses preuves), Soderini,
tout incapable qu'il paraisse, est cependant assez
au fait de la tactique parlementaire pour tirer
parti de l'aide que lui apportent ses ennemis : il
monte à la tribune, déclare que la conspiration
est plus grave qu'on ne le croit, pleure en rendant
compte de son mandat ; et le voilà raffermi pour
un temps.

Attaché à la fortune du gonfalonier, enveloppé
dans ce mensonge parlementaire, Machiavel se
félicite du nouveau délai que donne à la République la maladresse de ses adversaires, mais son
cœur reste inquiet. La politique francophile de
son supérieur ne lui agrée point ; il semble avoir
peu de sympathie pour la France et les Français,
— dont sa patrie n'a point d'ailleurs à se louer —
et ne tient qu'en médiocre estime ce Roi sans
cuirasse qui répond aux provocations papales par
des controverses théologiques et la menace d'un
concile de renards. Mais quelles que soient ses
préférences secrètes, rivé à son métier, on le voit,
d'octobre 1510 à septembre 1511, sans cesse en
mouvement : milices, organisation de la cavalerie, inspection des forteresses, enrôlements, sans
compter les missions spéciales dont il est chargé,
à Sienne par exemple pour la dénonciation puis
le renouvellement de la trêve [1]. — Les événements

____

1. Cf. Villari, II, p. 145.

se précipitent: vainqueur à la Mirandole, le Pape perd Bologne par la faute de son favori, le cardinal Alidosi, et des drames ignobles annoncent la confusion des esprits et les catastrophes prochaines : le duc d'Urbin fort mal reçu du Pape après l'échec de Bologne, rencontre dans une rue de Ravenne le jeune cardinal et lui défonce le crâne d'un coup d'estoc ; Alidosi tombe disant : « Je porte la peine de mes péchés », paroles que la chronique scandaleuse explique ainsi : il était le mignon de ce Pape « molto vitioso e dedito alla libine (*sic*) gomorrea[1] ».

Louis XII voulant réunir son concile schismatique à Pise — terre florentine, — la République se trouve dans une situation difficile : elle ne peut rompre ouvertement avec le Pape ni abandonner l'alliance du Roi. Pour sortir de cette impasse, une seule ressource lui reste : retarder le plus longtemps possible la réunion des prélats du parti français. En septembre (1511), Machiavel court sur les routes à la rencontre des cardinaux, tâche à les persuader d'attendre, puis on l'envoie en France.

La France devant Machiavel.

Il remonte donc de Florence aux Alpes, descend chez les Barbares ; pour la quatrième fois, probablement la dernière, il a l'occasion d'observer chez eux ces dangereux amis de sa patrie : il

---

1. Cf. Pastor, VI, pp. 325-327 et notes.

n'est pas indifférent de savoir comment, en définitive, il les juge.

Si ses dépêches diplomatiques contiennent quelques détails de mœurs, quelques observations sur les gens qu'il rencontre, c'est un divertissement qu'il ne se permet qu'à de rares intervalles ; en revanche, voyageur consciencieux, curieux, peu rêveur de tempérament, il a un carnet de notes que plus tard il découpe à la mesure classique pour en faire des tableaux : « Ritratti delle cose di Francia » — « Della natura de' Francesi ». Passion politique à part, l'ensemble ne nous est pas favorable.

Plus désireux d'argent que de sang, plus avares que prudents, humbles, variables et légers, voleurs à l'occasion mais avec élégance (le Français partage avec le volé, en cela bien différent de l'Espagnol qui garde tout pour lui) : telles sont les qualités qu'il nous octroie bénévolement ; mélange singulier de vertus ménagères et d'instabilité. Ce peuple, audacieux par accès, économe et sobre — « avec un florin il se figure être riche » — est totalement dépourvu de gravité et Machiavel eût sans nul doute approuvé cette opinion de Michel de l'Hospital : « Le Français est semblable à un singe qui grimpe à un arbre de branche en branche et montre son cul quand il est en haut [1]. » Cela n'exclut cependant ni le loyalisme — « le Français est très obéissant à son roi », — ni le

---

1. Cf. Bayle. *Dict*. art : Michel de l'Hospital.

sens administratif ; ce qui admire en Machiavel, c'est le fonctionnaire. La centralisation, l'organisation de la machine sociale, le recrutement et la police surtout — « un franc archer dans chaque paroisse », quel exemple ! — tout cela étonne le Florentin accoutumé aux bouleversements constitutionnels mais fort ami des réglementations soigneuses. Lorsque la Cour se déplace, remarque-t-il, le service des étapes ne laisse rien au hasard ; les dépens sont taxés d'avance, tout est à sa place « jusqu'aux filles de joie » : sublime ordonnance, inconnue au delà des Alpes. — La distinction des classes a également fixé son attention : c'est à elle que la France doit ces gens d'armes « les meilleurs qui soient, car ils sont tous nobles et fils de seigneurs » ; quant aux autres, « ils se vêtent grossièrement d'étoffes de peu de prix, n'usent soie d'aucune sorte, ni eux, ni leur femme, car ils seraient *notés* des gentilshommes ». Il suit de là que l'infanterie française ne peut être que médiocre : « Ils sont tous par les champs, ignobles, gens de métier et à ce point soumis aux nobles et comprimés en toutes leurs actions qu'ils sont lâches [1]. »

Pour qui connaît l'ignoble origine de certaines puissantes dynasties italiennes, cette impossibilité

1. Comp. les railleries du juif espagnol Villalobos, médecin de Ferdinand, à l'adresse des légionnaires de François Ier et son éloge de la grosse cavalerie. (*Los Problemas*. Tratado segundo, metro VIII.) « Les revues (des légionnaires) sont délicieuses farces : ils s'en vont riant d'eux-mêmes à en crever... »

d'atteindre aux honneurs, cette interdiction de se classer plus haut est un sujet d'admiration. Machiavel s'y arrête : il lui semble que cette distinction absolue des catégories sociales, cause de faiblesse pour l'armée — tout au moins pour l'infanterie, — pourrait devenir une source de prospérité. Ce pays, où la nécessité attache l'homme à la terre, où la fonction publique ne vient point distraire le paysan, crève de productions : « La France est grasse et opulente, les vivres y coûtent peu ou rien, car tous récoltent pour vendre en sorte que si quelqu'un veut vendre un muid de grain, il ne trouve pas acheteur, car chacun en a à vendre. » Mais il ne sait pas distribuer sa richesse qu'un vice profond immobilise : les prélats possèdent les deux cinquièmes de l'argent du royaume et cet argent, une fois dans leurs mains, n'en sort plus, « selon l'avare nature des prélats et religieux[1] ». Si la France n'est point ce qu'elle devrait être, c'est à sa politique vis-à-vis du clergé qu'elle le doit : « Les Italiens ne s'entendent point à la guerre », dit un cardinal français à Machiavel. — « Les Français ne s'entendent point aux choses de l'Etat », répond-il (non s'intendono dello Stato), « autrement ils ne laisseraient pas parvenir l'Eglise à telle grandeur.[2] » Une fausse con-

1. Cf. Gioda, p. 157. Tommasini, p. 520.
2. Conversation à Nantes avec le cardinal de Rouen (Amboise). V. en revanche (ch. XIX du *Prince*) l'admiration de M. pour l'institution du Parlement en France : « Les Princes doivent charger les autres du soin de sévir et se réserver le droit de grâce à eux-mêmes. »

ception de ce que doivent être les rapports de l'Eglise et de l'Etat, telle est, en dernière analyse, la raison fondamentale de l'infériorité française.

Comparé aux notes sur l'Allemagne, ce tableau de la France a tout au moins le mérite de la couleur. Parfois sans doute, à court de remarques personnelles, Machiavel met à contribution les historiens latins : César, Florus, les paraphrase, réédite par exemple le fameux passage sur la *férocité* française [1], mais ce n'est là qu'une habitude d'humaniste, une marque, obligatoire, de déférence pour la glorieuse mémoire des Pères de l'histoire, les seuls qu'il connaisse : cette *furia francese* apparaît comme une réminiscence latine. L'ensemble reste vivant, direct ; la netteté de sa vision a frappé les contemporains et pour s'en convaincre il suffit de voir le parti qu'ont tiré de ces notes de grands connaisseurs, les Vénitiens : bien après la mort de Machiavel, la relation d'un Marc Antoine Barbaro, ambassadeur en France en 1563, contient encore plus d'une observation prise des *Ritratti di Francia* [2].

---

1. « Qui peut, au premier choc résister à leur férocité, les voit devenir si humbles et perdre à ce point tout courage qu'ils deviennent comme lâches femmes. » Comp. Rabelais (Liv. I, chap. XLVIII). « Telle est la nature et complexion des Francoys, qu'ils ne valent qu'à la première poincte. Lors ilz sont pires que diables. Mais s'ils séjournent, ilz sont moins que femme. » — Et Bouhours (*Manière de bien penser dans les ouvrages d'esprit*, p. 123, éd. de 1688).

2. Cf. *Documents inédits pour l'Hist. de France. Relations des ambassadeurs vénitiens*, publiées par Tomaseo. L'éditeur (p. 32) a établi que ces ambassadeurs connaissaient les tableaux de M.

Notre terre n'est donc point une terre d'idylle : la belle vertu à l'allemande n'y fleurit point, un grand souci d'honneur, difforme peut-être, en tient la place. On ne respire même pas chez ce peuple léger cette bonne odeur de caserne que Machiavel aime à trouver en Suisse. — Peu de sympathie, peu de respect — sauf pour l'organisation administrative, — pas de mépris car ces gens sont trop forts, leur aide trop nécessaire à la République : voilà les sentiments qu'il laisse voir à notre égard. Il ne nous déplaît pas d'avoir été pour cet homme remarquable autre chose qu'une matière à tableau de genre, à pastorale ; au surplus, ne dit-il pas des Français de son temps « qu'ils se soucient peu de ce qu'on écrit ou de ce qu'on dit d'eux » ?

L'Idée de Machiavel et la mort de la République.

Le 2 novembre, Machiavel est à Florence, mais dès le lendemain il quitte la ville, interdite parce que fidèle à l'alliance française : les quatre cardinaux qui figurent le schisme vont se réunir à Pise et Machiavel doit leur conseiller de fulminer ailleurs. Avec une pompe dérisoire, cette ombre de concile affirme son existence ; mais l'affaire est mal engagée, le clergé reste fidèle au Pape et bientôt, abandonnés, fuis de tous, craignant pour leur vie, les quatre curés du Roi de France en sont réduits à chercher une cité qui veuille bien les accueillir : le concile est transféré à Milan, mais là encore l'universel mépris accable cette minorité ambitieuse [1].

La République, débarrassée de ces dignitaires compromettants, n'est point encore libre d'inquiétude : ennemie du Pape, n'ayant point adhéré à la ligue, elle est à la merci d'une victoire des alliés. Il est temps qu'elle pourvoie à sa sûreté. De décembre 1511 à mars 1512, Machiavel travaille à l'organisation de la cavalerie [2], il y apporte autant de soins passionnés, d'ardeur de conscience qu'à l'œuvre des milices, peine à réaliser cette *ordinanza a cavallo* dont il est l'auteur, ce complément nécessaire de la défense nationale. Mais il n'a point de nobles sous la main et une noblesse cavalière ne s'improvise point : la supériorité française dut alors lui apparaître plus manifeste que jamais. — Pourtant il fait son possible avec les paysans, agit et ne « combine » plus dans les antichambres.

En février, Brescia est prise : le traitement qu'on lui fait subir — il y eut pourtant encore quelques chevaliers français — donne le ton de la lutte qui commence. Avril 1512 : Ravenne, la mort du héros que Machiavel a vu mais qu'il n'a point compris, la plus mortelle bataille sur la terre byzantine, le plus grand flot de sang sur des champs de pourriture. Les Espagnols — et c'était un enseignement pour Machiavel — avaient

1. Cf. Villari, II, p. 156-158.
2. Cf. Tommasini, p. 563.

fait revivre des artifices romains mais cette antiquaille ne leur profita point. Villari dit que
Ravenne fut « la première grande bataille moderne » et qu'est-ce en effet à côté de cette formidable hécatombe qu'une bataille d'Anghiari,
commémorée de Vinci, où mourut un homme,
non de blessure guerrière, mais foulé par les
chevaux ? Florence reste sensible à ses petites
guerres de province, à ses minces gloires civi-
ques.

La victoire française pouvait devenir la sienne ;
mais l'on sait que Ravenne fut l'annonce de la
défaite. Pressée par le Pape d'entrer dans la ligue,
menacée des Médicis qui achètent les alliés pour
se faire remettre dans leur ville, la République
voit peu à peu le vide se faire autour d'elle ; on
n'écoute plus ses ambassadeurs [1], les grands cons-
pirent, et bien que le Pape lui fasse dire qu'il ne
veut pas de Julien de Médicis, Soderini ne se sent
plus en sûreté. Machiavel, à ces heures tragiques,
reste dans l'action ; on le voit partout : à Sienne
où il s'assure des dispositions de la ville après la
mort de Petrucci, — à Florence où il prépare la
défense, — dans le territoire où il inspecte les
forteresses, recrute, paie, tâche d'organiser une
armée qui ne lâche point au premier choc. Iné-
branlablement fidèle à Soderini, la résistance lui
semble possible ; s'il a peu de confiance dans les
hommes du moment, il croit en son œuvre à lui,

____

1. Cf. Villari, II, p. 168.

les milices, la cavalerie. Mais les Espagnols tournant les obstacles qu'on leur oppose, touchent les frontières de la République, exigent la déposition de Soderini, la restauration des Médicis, l'établissement d'un nouveau gouvernement. Parlementaire et romain, le gonfalonier fait cette magnifique réponse : « Il n'était arrivé à cette dignité ni par tromperie ni par force, il y avait été mis par le peuple, et si tous les rois du monde réunis lui commandaient de la déposer, jamais il n'obéirait. Mais si le peuple voulait qu'il la quittât, il le ferait aussi volontiers qu'il l'avait prise, quand, sans ambition de sa part, elle lui fut concédée. » Le Grand Conseil réuni, il se déclara prêt à démissionner, s'offre en sacrifice dans un ample discours : « S'il plaît au peuple et si le Conseil juge que de son départ doive naître la paix, il retourne chez lui, car n'ayant jamais songé qu'au bien de la cité, il souffrirait trop qu'elle pâtît de son amour pour lui [1]. »

On ne peut que maintenir dans ses fonctions un homme aussi bien-disant, aussi respectueux de la démocratie et l'on vote les sommes nécessaires à la défense de Prato : jeune élan d'enthousiasme qui paraît unanime, mais cette atmosphère parlementaire est trompeuse. Le 27 août, une lettre de Biagio adressée à Machiavel « au camp » montre que les temps sont proches : « Faites ce que vous pourrez de bon, que le temps ne se perde pas

____

1. L. CXV de M. à une dame florentine. V. le Livre suivant.

en démarches [1]. » Le 29, les Espagnols avec leurs deux canons — l'un même éclaté — entrent dans Prato : les gens de Machiavel s'enfuient, sans un simulacre de résistance.

1. L. CXIV. Du Palais à 22 heures.

LIVRE III

LA RÉVOCATION

... Les yeux fixes vers terre, et l'âme mutinée,
Je songe aux cruautés de mon sort inhumain.

.. . .

L'espoir, qui me remet du jour au lendemain,
Essaye à gaigner temps sur ma peine obstinée...

SAINT-AMANT.

... La Renommée a toujours deux trompettes :
L'une à sa bouche, appliquée à propos,
Va célébrant les exploits des héros ;
L'autre est au cul, puisqu'il faut vous le dire...

VOLTAIRE.

Le premier chapitre d'une restauration.
« La prise de Prato si subite et cruelle, bien
que j'en aie pris du déplaisir, aura pourtant cela
de bon qu'elle servira d'exemple et terrifiant,
en sorte que je me persuade que les événements
d'ici auront favorable issue [1]. » Il faut tenir compte
au cardinal Jean de Médicis, l'heureux prisonnier
de Ravenne, de ces larmes polies sur le sort
malheureux d'une ville florentine. De fait, le sac

---

1. L. au Pape, 29 août 1512, ap. Villari, II, p. 557.

avait été ignoble : les soudards, semblables à ces diables qui, dans la sculpture du moyen âge, portent une figure sur le bas-ventre (leur âme étant descendue au siège de leurs appétits) [1], avaient traité Prato aussi mal que les Français Brescia, mais ils n'avaient même pas un Bayard parmi eux. L'honneur féminin, que ne relève point l'héroïsme d'une nouvelle Judith [2], y subit une rude atteinte. « Ils ne pardonnèrent pas aux vierges encloses ès lieux sacrés, lesquels se remplirent tous de stupres et sacrilèges [3] » : c'est Machiavel qui parle et un mauvais rimeur contemporain précise et renchérit : « Là tout monastère est saccagé, là toute église sert de bordel aux courtisanes qu'ils ont amenées [4]. » — La terreur règne à Florence ; seul Soderini, persistant « dans certaines siennes vaines opinions », croit que tout pourra s'arranger avec de l'argent : les ambassadeurs ont ordre de traiter à quelque prix que ce soit. Mais « la lâcheté qu'ont montrée nos soldats » fait craindre le sac de la ville : on dit qu'il y a eu 4.000 morts [5] et la panique s'empare des mar-

1. Cf. Mâle. *L'art religieux au XIII° siècle.*
2. Villari, *Ib.*, p. 177.
3. L. CXV.
4. Les détails abondent sur cette ignominie. V. Cesàre Guasti. *Il sacco di Prato*, 2 vol. Bologna, 1880. La cruauté fut telle que le bruit courut qu'il y avait des Musulmans parmi les Espagnols. Comp. lettre de Michel-Ange (sept. 1512).
5. C'est le chiffre que donne Machiavel (L. CXV), mais, s'appuyant sur d'autres témoignages, Villari croit qu'il faut le réduire de moitié.

chands ; le Palais reste abandonné, les gardes s'enfuient, les prisons s'ouvrent, et, libres, les partisans
des Médicis s'unissant aux nobles florentins que la
Banque a soigneusement travaillés, envahissent
la demeure du gonfalonier, exigent sa déposition.

A ce moment suprême, perdu, tremblant pour sa
vie, Soderini se confie à Machiavel et à Vettori :
mais l'attitude de ces deux fidèles de la dernière
heure est bien différente. Celle de Machiavel apparaît nette, loyale : il ignore l'argent des vainqueurs, et sa situation de fonctionnaire l'attache
jusqu'au bout aux côtés de son chef. L'autre, au
contraire, joue double jeu : politicien ambigu, il
prépare le retour des Médicis et recueille cependant chez lui cette puissance traquée. La scène
du 31 août où il a le principal rôle est tout ensemble comique et lamentable : les bras en croix,
il demande qu'on décrète immédiatement la déposition de Soderini, et après l'avoir obtenue, explique — le pauvre homme ! — : c'est pour sauver
la vie du gonfalonier qu'il l'a fait abattre.

Soderini exilé, rien ne semble s'opposer au
retour des Médicis : « Demain, écrit le cardinal
(31 août), au nom de Dieu et de sa très glorieuse
Mère, nour retournerons à la maison et dans notre
patrie à la joie et satisfaction de toute cette cité[1]. »
Mais être ramené par l'étranger impose quelque
servitude et les Médicis sont gens de trop bon sens

____

1. Lettre du card. Jean et de Julien de Médicis à Bibbiena
(Prato, 31 août 1512), ap. Villari, II, p. 558.

pour qu'on soit forcé de le leur faire entendre : il ne leur paraît pas expédient de rentrer dans la ville avant d'avoir « arrangé les affaires d'accord avec le Vice-Roi [1] ». Après quelques difficultés, l'accord est conclu et le cardinal écrit, le 16 septembre 1512, à Bibbiena : « Mardi, 14 du présent, accompagné de grande multitude des premiers citoyens de cette cité, nous fîmes notre entrée avec très grand honneur et joie universelle du peuple : jusqu'à maintenant, notre attente fut de loin surpassée par l'événement [2]. » — Les Seigneurs se réunissent au Palais avec Julien de Médicis : une émeute de commande éclate sur la place, on crie : « Palle ! Palle ! », tant que les Seigneurs sont contraints d'appeler le peuple à *concione,* c'est-à-dire à parlement ; alors est promulguée une loi par laquelle les Magnifiques Médicis sont réintégrés dans tous les honneurs et dignités de leurs ancêtres [3]. La mise en scène est remarquable, la République dûment, légalement égorgée : la Banque vêtue de pourpre reprend possession de sa ville et Florence paie 150.000 ducats la perte de son indépendance.

D'un fonctionnaire d'ancien régime.

Quelques jeunes gens, naïfs et généreux, avaient cru un instant que la liberté pouvait encore être

1. Machiavel, L. CXV.
2. Cf. Villari, II, p. 562.
3. Machiavel, *ib.*

sauvée, mais Machiavel n'avait point partagé leurs illusions : depuis la fin d'août, il a fait du chemin. Cet élan de loyauté naturelle qui l'avait entraîné à la suite de son chef, cette franchise dans l'action, cette honnêteté de fonctionnaire lui apparaissent, après la fuite sans gloire de Soderini, comme autant de puérilités : la conduite d'un Vettori est singulièrement plus sagace et prévoyante. Le gonfalonier, content de la vie qu'on lui accorde, a couru d'une traite à Raguse, et son dernier ami reste, abandonné, suspect, épave lamentable d'un régime déchu. Machiavel réfléchit sur les inconvénients de la fidélité. Les sombres pressentiments qu'il avait eus — quand le 22 novembre 1511 il faisait son testament — ne l'avaient point trompé : alors seulement il aperçoit le danger d'attacher sa fortune à celle d'un homme sans courage, sans décision, qui répond au péril par des phrases de rhétorique et des combinaisons de cabinet, qui espère « avec de la patience et goûtant le bienfait du temps surmonter toutes les difficultés [1] », menteur, bonimenteur. Les efforts qu'il a faits, ce travail de défense nationale auquel il s'est dépensé, tout cela est vain ; les milices, mélangées de la plus vile plèbe, ont fait preuve d'une honteuse lâcheté et Biagio avait raison : « Sans estime, sans honneur, ils sont la proie du vainqueur. »

Ce n'est point tout et dans cette déroute de l'es-

---

1. C'est l'opinion de Filippo de' Nerli, et en somme celle de Machiavel. V. Villari, II, p. 180.

prit, Machiavel, fonctionnaire républicain, doute même de la démocratie. Naguère, au temps des sycophantes, il avait observé que l'ingratitude, ordinaire aux puissants de ce monde, « est plus à l'aise encore dans le cœur du peuple, quand il est Seigneur [1] » : il en fait maintenant la cruelle expérience. Le peuple qu'il a servi, pour qui il a usé ses forces, l'oublie ; cette racaille docile acclame par ordre les nouveaux maîtres, Machiavel entend crier sur la place : Palle! Palle [2] ! — Les hommes l'ont trahi comme les œuvres [3].

Cependant il faut vivre. Ses charges de famille s'accroissent : le 19 août 1511 il a eu un troisième fils, les impôts deviennent plus lourds et il n'a point d'argent. Méditant alors, discutant avec soi, pesant le pour et le contre, il trouve encore — par nécessité — des raisons d'espérer : un changement de régime n'empêche point, en somme, qu'il ne reste à son poste ; les fonctions qu'il a remplies n'ont point été purement de politique ; a-t-il d'ailleurs agi autrement qu'en sous-ordre obéissant à ses supérieurs, consciencieux, — nouvelle raison pour se l'attacher ? Fût-il dépendant des affaires étrangères ou de la guerre, un secrétaire n'est qu'un rouage de machine, neutre, sans opinion, et l'expérience qu'il a acquise vaut qu'il

1. Chapitre de l'*Ingratitude*. Cf. Tommasini, p. 486.
2. Les balles qui figurent dans les armes des Médicis.
3. Pourtant il se dit populaire (préface du *Prince*), mais il n'est peuple que pour observer le Prince.

survive aux révolutions. Ainsi, se ravalant, s'amenuisant, Machiavel espère garder sa place, passer à la faveur de sa médiocrité.

De la dernière naïveté de Machiavel fonctionnaire.

Mais, si petit qu'il se fasse, il ne peut échapper à l'obligation de porter hommage aux vainqueurs. Ceux-ci d'ailleurs ne se montrent-ils point d'une singulière mansuétude dans la répression? Le républicain Nardi est déjà touché de la grâce et compose des chansons pour célébrer leur retour[1]. Sans dommage pour son orgueil, Machiavel espère pactiser avec les Magnifiques Médicis et c'est dans ce sentiment qu'il écrit à une dame florentine — probablement Alfonsina Orsini de' Médicis — ce journal des « nouveautés de Toscane » qui ne fait honneur ni à son caractère, ni à sa perspicacité.

Rappeler à cette honorable famille de finance que, sans l'étranger, sans l'argent dont elle l'a couvert, elle ne serait point rétablie dans sa dignité et puissance, faire revivre sous ses yeux les horreurs de Prato, était une maladresse insigne que ne suffisaient point à pallier les critiques de la conduite de Soderini et les protestations de respect. L'image des « Magnifiques Médicis », que dès l'abord il appelle « ses patrons » pour mieux préciser sa position de dépendance, revient trop souvent dans ce récit tragique; un pas de plus et

1. Cf. Villari, II, p. 186-188.

ils apparaîtraient comme des libérateurs. « Cette
cité reste dans le plus grand calme et espère vivre,
grâce à eux, non moins honorée qu'aux temps
anciens où le Magnifique Laurent de très heureuse
mémoire, leur père, gouvernait » : c'est dans ce
ton de valet que se termine la lettre, glorifiant la
restauration présente par les souvenirs de la tyrannie passée. Pourtant, Machiavel croit agir en diplomate : il avertit la noble dame qu'il n'a point voulu
dans sa lettre « insérer des choses qui l'auraient
pu offenser comme misérables et peu nécessaires [1] ». Mais le profit qu'il attendait de ce morceau de littérature — fort soigné et parfois élo-
quent — est mince. Qu'en tira-t-il ? Honte et péché.

Cet homme qui veut rentrer en grâce fait preuve
d'une véritable intrépidité à se compromettre. Toujours officiellement en place, il croit de son devoir
de conseiller ses maîtres : « Gardez-vous, leur dit-
il, de reprendre les biens qui vous appartenaient
et que des citoyens ont légalement acquis depuis
la dernière révolution ; ce serait de mauvaise
politique, car les gens se consolent plus difficilement de la perte d'une terre que de la mort d'un
frère. » Exhortation parfaitement prudente, mais
déplacée dans la bouche d'un serviteur près d'être
cassé aux gages. — A la même époque, un reste
d'une ancienne fidélité lui fait prendre la défense
de Soderini calomnié, défense exempte de passion,
il est vrai, peu noble dans la forme, négative

1. L. CXV.

(Soderini est exilé et ne peut plus faire ni bien ni mal), suffisante néanmoins à affermir le soupçon, à annuler ses protestations de loyalisme.

Machiavel révoqué.

Les prêtres humanistes n'ignorent pas que la clémence sied aux vainqueurs ; mais, l'apaisement semblant réalisé, ils estiment qu'elle a fait son temps : l'ordre nouveau, pour s'établir, exige la ruine des institutions guerrières de la République. Le rôle diplomatique qu'avait joué Machiavel, la part active qu'il avait prise à la défense, enfin les manifestations malheureuses qu'il s'était permises depuis la restauration — car nous ne pouvons croire que ce fussent là purs exercices de rhétorique — le mettaient trop nettement en évidence, le découvraient aux coups des serviteurs zélés d'un pouvoir encore neuf : il tâchait en vain de se persuader le contraire. Les magistrats de la Milice supprimés, les connétables de l'ordonnance licenciés, — ces connétables qu'il avait autrefois choisis, — une délibération unanime des Seigneurs décide, le 7 novembre 1512, que Machiavel est privé de tout office. Une nouvelle délibération l'exile pour un an dans le territoire sans qu'il en puisse sortir et sous caution de 1.000 lire ; pendant le même temps le Palais lui est fermé. — Un certain Niccoló Michelozzi, partisan notoire des Médicis, est nommé à sa place [1].

1. V. *Opere inedite* de Guichardin, t. VI, p. 156. Tommasini, p. 601. Villari, II, p. 194-195.

D'autres sont plus heureux parce que plus habiles : Marcello Virgilio, fonctionnaire incolore qui sait s'adapter et ne point faire de politique militante, qui ne milite jamais, reste à son poste : bien que premier secrétaire, et comme tel plus en vue, il échappe à la révocation. Pareille fortune n'échoit point à Biagio. Le coadjuteur fidèle, le famulus indispensable suit son maître dans sa chute : ses lamentations ne nous sont point parvenues, mais il songea sans doute que les événements donnaient trop cruellement raison à ses terreurs d'autrefois [1].

Ainsi, à quarante-trois ans, dans la pleine force de l'âge, après avoir honorablement occupé d'honorables emplois, servi la République avec zèle et même désintéressement, connu plusieurs fois les délices d'une manière de gloire, Machiavel brusquement se trouve réduit à l'état de non-valeur sociale. Le mouvement de sa vie publique s'arrête net, l'élan se brise, et, relégué parmi les accessoires d'un régime déchu, il peut à loisir philosopher sur la condition d'un fonctionnaire-politicien révoqué.

Désormais, si l'entrée du Palais lui est permise, c'est en coupable, au moins en suspect : pour rendre des comptes, ou bien pour « passer la main » à ses successeurs, fournir des explications sur les affaires qu'il a entreprises, comme si l'on voulait extraire les dernières gouttes de sa vie de fonc-

____

1. V. *sup.*, Livre II, lettre CVI.

tionnaire, — humiliation suprême que les bureaucrates vainqueurs réservent aux vaincus. Les secrets des cours ne seront plus les siens ; de la politique étrangère, il ne saura plus que ce que sait le vulgaire, raisonnera au hasard sur des bruits sans fondement ; lui qui autrefois était l'homme supérieur, respecté, qui sait à quoi s'en tenir, il n'est plus appelé au grand banquet des serviteurs de la chose publique. Et dans le même temps, d'anciens collègues, — d'anciens amis, Virgilio par exemple, — participeront encore à cette belle vie administrative qui fut la sienne pendant quatorze ans. Eux au moins ont eu l'art de s'adapter aux événements sans jamais les dépasser : art médiocre peut-être, mais qui assure une existence stable, le cours uniforme, heureux, sans heurts de cette vie civile dont Mattheo Palmieri a donné la formule [1]. Machiavel envie ce marais de tout repos où croupissent les incompétences, mais qui traverse les révolutions.

De quelques réflexions qu'il adressa à son ancien patron sur l'art de vivre selon le temps.

C'est à cette époque de confusion, de renversement social, sans doute avant même que sa révocation fût un fait accompli, que Machiavel fit part à son ancien maître, celui qui devait l'entraîner dans cette mort publique, de ses réflexions sur

---

1. *Libro della vita civile composta da Mattheo Palmieri cittadino Fiorentino.* Florence, 1529.

« l'art de vivre selon le temps ». — « Je vous connais, écrit-il à Soderini, vous et la boussole de votre navigation ; et quand celle-ci pourrait être condamnée, — ce qui ne peut être, — je ne le ferais pas, voyant à quel port elle vous a guidé et de quelle espérance elle vous peut nourrir. De là je conclus, non avec votre miroir (où l'on ne voit que prudence), mais par celui du commun, qu'en toutes choses il faut considérer la fin — comme elles sont faites, — non le moyen — comme elles se font. Je vois des gouvernements différents qui arrivent à un même résultat, divers chemins qui mènent au même endroit, diverses conduites qui atteignent un même but. Annibal et Scipion étaient, quant à la discipline militaire, parvenus l'un et l'autre au même degré d'excellence, mais l'un par la cruauté, la perfidie, l'irréligion maintint ses armées unies en Italie et conquit l'admiration des peuples qui pour le suivre se révoltèrent contre les Romains ; l'autre, par la piété, la foi, la religion en Espagne, eut de ces peuples même succès ; et l'un et l'autre remportèrent d'infinies victoires... D'où vient que des œuvres différentes soient parfois semblablement efficaces et semblablement nuisibles, je ne le sais et voudrais bien le savoir : néanmoins pour connaître votre avis, j'aurai la présomption de vous dire le mien... Je crois que, comme la nature a fait à l'homme divers visage, ainsi elle lui a donné divers esprit et diverse fantaisie. De là vient que chacun se gouverne selon son esprit et sa fantaisie. Et comme d'autre part les temps sont variables, l'ordre des choses divers, celui-ci voit ses désirs remplis par les événements, celui-ci est heureux dont la conduite est d'accord avec le temps ; celui-là au contraire malheureux dont les actions ne concordent point avec le temps et l'ordre des choses. Il peut donc se faire que deux personnes agissant différemment atteignent une même fin, car chacune d'elles peut rencontrer cet accord, l'ordre des choses étant aussi nombreux que provinces et États. — Mais les temps et les choses changent souvent, universellement et particulièrement, et les hommes ne changent guère leur fantaisie, leur mode de conduite : il arrive donc que l'un a, un temps, bonne fortune, un temps, mauvaise. Et véritablement qui serait assez sage pour connaître les temps et l'ordre des choses et s'y accommoder, aurait toujours bonne fortune et se garderait toujours de la mauvaise : alors se vérifierait que le sage commande aux étoiles et aux destins. Mais de ces sages il ne s'en trouve pas : l'homme a d'abord la vue courte, ensuite il ne peut commander à sa nature ; d'où il suit que la fortune change, commande à l'homme et le tient sous son joug [1]. »

Ainsi, loin de récriminer, de gémir sur le malheur des révolutions, Machiavel, par une naturelle inclination d'esprit, systématise l'aventure de Soderini, la sienne. Si ce n'est point un recueil

1. L. CXVI,

d'ana qu'il propose aux méditations d'un ex-fonctionnaire, c'est tout au moins un code ingénu de l'arrivisme, un morceau de philosophie à base scolastique, syllogistique, mais illustré de nobles exemples romains qui pour un humaniste forcent l'adhésion de l'esprit ; on aurait peut-être raison, s'il s'en était tenu là, de ne voir en lui qu'un primaire mal dégrossi par le supérieur. Quoi qu'elle vaille, cette lettre reste pour nous une date importante dans sa vie : car, réduit à ses éléments simples, le Prince y est déjà contenu, le Prince né de la première grande infortune de Machiavel. Il faut avouer, d'autre part, qu'il plaçait heureusement sa confidence: semblant abandonner toute velléité de retrouver les honneurs anciens, Soderini travaille dès ce moment à obtenir le pardon de ses vainqueurs et la platitude de sa conduite annonce la vie calme et obscure qu'il mènera plus tard à Rome. Machiavel, au contraire, philosophant sur l'art de réussir se met aussitôt en contradiction avec sa philosophie.

D'une conjuration à l'antique où il se trouva pris.
Au mois de février 1513, on découvre à Florence une conspiration dirigée contre les Médicis et sur la liste des conjurés trouvée dans la maison des Lanzi, parents des Soderini, figure le nom de « Nicolo de Missier Bernardo Machiavelli ». Voici en quels termes Julien de Médicis rapporte la chose : « Par la grâce de Dieu, il m'est parvenu

aux oreilles une certaine pratique de quelques
citoyens *maligni* qui était de faire violence à
moi et à nos affaires; hier le magistrat des Magnifiques Seigneurs Huit a fait prisonniers les chefs
et presque tous les autres suspects; jusqu'ici on
n'a trouvé qu'une mauvaise intention peu ordonnée, sans fondement ou queue, et sans péril pour
l'Etat si leur dessein avait bien réussi[1]... »

L'auteur responsable de cette mauvaise intention n'était point du commun : c'était Pietro-
Paolo Boscoli, lettré qui « portait aux nues la
gloire et vertu de Brutus[2] » et avait trouvé son
Cassius en Agostino di Lucca Capponi, jeune
homme « n'ayant en soi de louable que le nom
de sa famille », — ceci au dire de P. Jove, mais
on sait le cas qu'il faut faire des avis de ce douteux évêque. Soumis à la torture, ils avouent
franchement qu'ils ont eu l'intention de rendre la
liberté à la Patrie, affirment en revanche qu'ils
n'ont point communiqué leur projet à leurs amis,
mais noté seulement les noms de ceux qui pourraient les suivre. Le 22 février, on les décapite.
Il faut lire le récit de la mort de Boscoli par son
ami Luca della Robbia : c'est une des plus éton-
nantes pages de cette histoire italienne, si étonnamment féconde en beautés. Jusqu'au dernier
moment, ce jeune homme blond, d'aspect agréable,

1. Lettre à Bibbiena, 19 février 1513, ap. Villari, II, p. 563.
2. Cf. P. Jove. *Vita di Leone Decimo*, p. 62, verso (Venise,
1557).

est hanté par les grandes figures républicaines de l'antiquité : « Ah! Luca, dit-il à son ami, ôtez-moi Brutus de l'esprit que je fasse ce pas en bon chrétien! » et son confesseur l'encourageant à regarder la mort avec courage, il lui répond : « Père, ne perdez pas votre temps : à cela me suffisent les philosophes, aidez-moi plutôt à mourir par amour du Christ. » Il s'y efforce en effet, se préoccupe de savoir s'il est véritablement vrai que saint Thomas condamne les conjurations, meurt en héros, mais en héros païen. Le bourreau, dit-on, se montra d'une courtoisie particulière, s'excusa de lui bander les yeux et s'offrit à prier Dieu pour lui[1].

Que Boscoli et Capponi fussent, comme le disait dédaigneusement Julien de Médicis, « sans réputation, crédit ou pouvoir [2] » , que leur jeunesse et leur inexpérience les rendissent incapables d'un dessein ferme et suivi, il n'empêche point que leur mort fait honneur aux amis de la liberté florentine, aux serviteurs du Dieu Païen. Parmi les innombrables tyrannicides, heureux ou malheureux qui marquent l'histoire d'Italie [3], il n'en est peut-être qu'un dont le récit contienne autant de véritable grandeur : c'est la confession d'Olgiati

---

1. V. Burckardt. *Civilisation en Italie au temps de la Renaissance*, t. I, p. 75, t. II, p. 336 (Plon, 1885). Villari, II, p. 196, et P. Jove, *op. cit.*, p. 62-63.

2. Villari, *ib.*, p. 565.

3. Tous les deux ans, de 960 à 1530. C'est à ce chiffre du moins que s'arrête Ferrari.(*Révolutions d'Italie*, t. III, p.225)

mourant, Jérôme Olgiati qui tua au pied de l'autel de Saint-Étienne à Milan le duc Galeas-Maria Sforza[1].

La destinée des comparses fut moins tragique : Niccolò Valori, ami de Machiavel, qui avait été dans le secret de la conjuration et ne l'avait point dénoncée aux magistrats « ainsi qu'il convenait à un bon citoyen » est emprisonné dans la tour de Volterra[2].

Où Machiavel humaniste et prisonnier fait le baladin.

Quant à Machiavel, son premier mouvement, une fois la conspiration découverte, est de se mettre en sûreté et un mandement des Huit ordonne, le 19 février, de se saisir de lui, en quelque endroit qu'il se trouve ; peu après, qu'il ait été trahi, dénoncé ou qu'il ait cru plus expédient de se livrer lui-même, Machiavel rejoint en prison

---

1. « Collige te, Hieronyme, stabit vetus memoria facti. Mors acerba, fama perpetua », dit-il quand le bourreau l'eut frappé « d'un fer qui coupait mal ». Cf. Corio. *Istória di Milano.* Venise, 1554, p. 422 et suiv. Pour ses aveux, conf. Michelet *Introd. à l'Hist. univ.* (Paris, 1834), p. 191. — Ainsi apparaît l'insuffisance de cette maxime de Rivarol : « S'il est vrai que les conjurations soient quelquefois tracées par des gens d'esprit, elles sont toujours exécutées par des bêtes féroces. »

2. C'est P. Jove (*op. cit.*) qui lui reproche de ne s'être point fait délateur. — Où M. Benoist (dans son livre récent sur *le Machiavélisme avant Machiavel*) a-t-il pris que P. Jove fut « un doux et docte prélat » ? (p. 169). Il semble bien que ce fut en vérité l'un des plus méprisables.

les conjurés de « la liste des Lanzi », est mis à la torture et reçoit cinq ou six traits de corde.

Dans la puante geôle où les murs engendrent une vermine « si grosse et pansue qu'on dirait papillons », dans le cliquetis des chaînes, sa misanthropie s'affirme ; les marques répétées d'une infortune singulière accablent son courage, anéantissent sa dignité : il ne croit plus à la bonté, à l'honneur, à la vertu et c'est une loque humaine, désespérée, perdue — mais féroce pour autrui — qui s'adresse aux Médicis. Les sonnets qu'il leur dédie n'ont été publiés qu'au xix⁰ siècle et c'est tant pis pour les jésuites, pour Possevin qui sans nul doute en eût fait un victorieux usage : tels qu'ils nous sont parvenus, ils dénotent une remarquable bassesse d'âme, une vulgarité cherchée, étonnamment trouvée, des images grossement plaisantes, des pavés de rigolade ; — le rire d'un condamné qui espère par ses bouffonneries dérider le juge, échapper à la potence. Ce n'est point de désespoirs d'amour, de regrets domestiques que nous entretient ce « prisonnier déconforté[1] » ; de sa femme, de ses enfants il n'y a nulle trace ; de craintes, d'élans religieux, il ne faut point parler et ce placet au Seigneur revient à ceci : « Que les autres aillent à la malheure, pourvu que je sauve ma peau ; qu'on donne à mes ennemis de quoi mordre pour qu'ils ne me déchirent plus[2]. »

1. Comp. *Le Prisonnier desconforté du Château de Loches*, pub. par P. Champion. Paris, 1909.
2. Cf. Villari, *ib.*, p. 204 sqque.

Cette détresse mauvaise a pourtant son excuse : rarement vit-on malchance aussi tenace. A peine révoqué, être sans son aveu inscrit sur un papier compromettant, servir de réclame à une révolution qu'il n'eût pas approuvée sans doute, jouer le rôle d'un chef de file susceptible d'entraîner dans l'œuvre du tyrannicide une suite de fonctionnaires, puis, le coup manqué, connaître la prison, la torture, Machiavel a, — si les auteurs de la conjuration disent vrai, — sujet d'accuser la fortune : il est victime de cette habitude ancienne et nécessaire qui préside à la confection de toute liste véritablement pré-révolutionnaire, digne de préfacer une révolution, où chaque nom personnifie une catégorie sociale et qui prétend ainsi résumer en soi les aspirations universelles de la cité.

De l'utilité de l'avènement d'un Pape.

D'heureux événements viennent le tirer d'angoisse : dans la nuit du 20 au 21 février 1513, le Pape dont on a dit qu'il ne s'était servi de la barque de saint Pierre que pour pirater [1], Jules II meurt : à ses derniers moments, il avait absorbé, non le sang de trois enfants comme un de ses prédécesseurs Innocent VIII [2], mais une gorgée

---

1. V. Bayle, art. *Jules II.*

2. On choisit trois enfants auxquels on donna un ducat « pour leur phlébotomie ». Ils meurent, le médecin juif s'enfuit et le Pape n'est pas guéri (Infessura, *Diario,* p. 275-276).

d'or potable « dont un charlatan avait prôné les effets infaillibles [1] », richesse d'ailleurs sans profit détruite : les fièvres dont il souffrait, suite probable d'un mal napolitain ou français [2], eurent raison de cet homme guerrier. Le 6 mars, le cardinal Jean de Médicis, un peu empêché dans sa dignité [3], fait son entrée à Rome et cinq jours après, la majorité des cardinaux acclame le maître de Florence sous le nom de Léon X.

Cette élévation d'un représentant, jeune encore, de la Banque fut peut-être un bonheur pour le monde chrétien ; elle est en tout cas fort bien accueillie des marchands et la nouvelle Florence s'en félicite. Le 13 mars, Machiavel écrit à Vettori, orateur près du Souverain Pontife : « Comme vous l'aurez appris de Pagolo Vettori, je suis sorti de prison à la joie universelle de cette cité, nonobstant que par l'entremise de Pagolo et la vôtre j'espérasse la même chose — de quoi je vous remercie. Je ne vous répéterai pas la longue histoire de cette mienne disgrâce, mais je vous dirai seulement que le sort a tout mis en œuvre pour me faire cette injure : néanmoins, grâce à Dieu,

1. Cf. Pastor VI, p. 405-407.
2. La question de l'origine est depuis longtemps tranchée par Matarazzo, chroniqueur et philosophe. « Et perche li Franciosi erano venuti novamente in Italia, se credevano li Italiani che fusse venuto tale malattia de Francia, et li Franciosi se credevano che fusse una malattia consueta in Italia. » Cf. Pastor, V, p. 445.
3. « Fuit fistula in natibus cum orificiis quinque. » Cf. Pastor, VII, p. 121-122.

elle est passée. J'espère ne plus tomber dans un cas pareil, soit parce que je serai plus prudent, soit parce que les temps seront plus de liberté et moins sujets au soupçon. » Relâché faute de preuves, ou en vertu de l'amnistie octroyée aux coupables de sa ville par le nouveau Pape, Machiavel n'entonne point un hymne de joie, il s'accuse d'imprudence, incrimine surtout la fortune ; mais un naïf orgueil lui fait tourner sa délivrance en réjouissance nationale. Il faut reconnaître cependant que son premier mouvement n'est point de pur égoïsme : aussitôt libre, c'est de son frère qu'il s'occupe. « Vous savez, dit-il à Vettori, dans quelle situation se trouve notre Totto. Je vous le recommande à vous et à Pagolo *generalmente*. Il désire seulement — et moi aussi — cette grâce particulière d'avoir une place parmi les familiers du Pape, d'être inscrit sur son rôle et d'avoir la patente. » Alors se montre le révoqué besogneux : « Rappelez-moi, si possible, au souvenir de notre Seigneur, afin que, si c'était possible, il commençât à m'employer, lui ou les siens, à quelque chose, car je croirais faire honneur à vous, être utile à moi [1]. » Et Vettori, qui a traversé ces temps troublés avec la belle habileté que l'on sait, répond : « Depuis huit mois j'ai eu les plus grandes douleurs de ma vie, et de celles encore que vous ne savez pas ; néanmoins je n'ai ressenti la plus cruelle que quand j'ai appris que vous

_____
1. L. CXVII.

étiez prisonnier, car aussitôt j'ai pensé que sans faute et sans cause vous alliez subir la torture, ce qui est arrivé. » Quels regrets de n'avoir pu lui être de quelque secours dans ses tribulations ! Mais, aussitôt après l'élection du Pape, il est intervenu, a demandé en grâce sa libération. Cet ex-républicain attaché maintenant à la maison régnante, heureux fonctionnaire dont on connaîtra bientôt la vie paisible, épicurienne, prodigue à l'ancien secrétaire les encouragements platoniques, lui présente l'image illusoire d'un avenir de paix : « ... Compère, ce que je veux vous dire, c'est de faire bon cœur à cette persécution, comme vous avez fait aux autres... Quand vous serez libre de votre exil [1], si je suis encore obligé d'être ici — ce que je ne sais — je veux que vous veniez y demeurer à plaisir, le temps que vous voudrez [2]. »

Où Machiavel entame son panégyrique et reprend goût à la vie.

Et l'autre, disgracié qui a besoin d'espérer, prend tout cela comme véritable ; il se sent pénétré de reconnaissance pour ces amitiés qui ne l'abandonnent point, en même temps que d'une confiante admiration pour son propre caractère. « Votre lettre si amicale m'a fait oublier toutes les peines

1. Car la condamnation de novembre subsiste contre Machiavel. Ce n'est donc pas proprement une amnistie qu'a octroyée Léon X.
2. L. CXVIII.

passées, et bien que je fusse plus que certain de
l'amour que vous me portez, cette lettre m'a été
très agréable... Dieu me donne le pouvoir de vous
être reconnaissant, car je puis le dire, tout ce qui
me reste de vie, je le dois au Magnifique Julien
et à votre Pagolo. Quant à regarder en face la
fortune, je veux que mes peines vous donnent
cette satisfaction que je les ai supportées si vail-
lamment que je m'en aime moi-même et qu'il me
semble valoir plus que je ne croyais ; et s'il plaît
à mes patrons de ne pas me confiner ici, j'en serai
heureux et croirai me comporter de manière qu'ils
auront eux aussi raison de s'en féliciter ; s'il ne
leur plaît pas, je m'en irai vivant comme devant :
né pauvre et ayant appris à peiner avant qu'à
jouir. » Mais il a beau se poser en stoïcien, jouer
à l'impavide ; la lumière vient de lui être rendue :
elle ne le dégoûte point. Il retrouve ses amis d'autrefois, revoit avec délices la nature et ne méprise
pas ses aimables créations : « Toute la compagnie se recommande à vous, depuis Tommaso
del Bene jusqu'à notre Donato ; et chaque jour
nous allons chez quelque fillette pour reprendre
des forces ; hier nous sommes venus voir passer
la procession chez la Sandra de Pero. Ainsi nous
allons... jouissant de ce reste de vie, qui me semble n'être qu'un rêve[1]. »

Lorsqu'il examine le mode du nouveau gouvernement, Machiavel trouve encore des raisons d'es-

1. L. CXIX, 18 mars.

pérer. Léon X ne veut point d'une ville troublée
par les factions, tumultueuse ou calme seulement
en apparence, qui offrirait aux complots républicains un terrain favorable : c'est un principat
paisible qu'il cherche à établir. Le peuple soigneusement contenu ne songe qu'à ses affaires, les élus
se figurent être libres mais ne sont en réalité que
les instruments dociles d'un tyran magnanime.
C'est dans ces sentiments qu'il rédige à l'usage
de son neveu Laurent, gouverneur de Florence,
des instructions pleines de sagesse politique qui
dénotent chez lui une intelligence singulière des
hommes et des événements. Désarmer la cité,
avoir auprès des Seigneurs un espion: Michelozzi,
le successeur de Machiavel, en fera l'office [1].

D'une personnalité pré-machiavélique.

Heureuse destinée que celle de ce Pape, jeune,
riche, surtout prudent [2]. Cardinal adolescent, voir
la Cour de Rome, celle d'Innocent VIII, la plus
tarée peut-être, y fortifier son expérience ; — puis,
après avoir été l'heureux prisonnier de la plus mortelle des batailles, être fait de nouveau le maître
de Florence et atteindre à trente-sept ans le trône
de saint Pierre : n'était l'incommode maladie,
tous les dons de la Fortune à la fois. Mais cette

1. V. Villari, II, p. 211.
2. Laurent disait de ses trois fils : « Le premier (Pierre) est un
sot, le second (Julien) est bon, le troisième (Jean) est prudent. »
(Cf. Pastor, VIII, p. 11.)

prospérité il la doit surtout à un maître incomparable : l'année même où il mourut (1492), Laurent le Magnifique écrivit à son fils qui venait d'arriver à Rome, une lettre de sages conseils sur la manière de se conduire dans la vie, de parvenir aux dignités. On y lit des phrases comme celles-ci : « Vous allez dans la sentine de tous les vices et aurez de la peine à vous y tenir décemment... Il faut que vous inspiriez à tout le monde la conviction que vous faites passer la prospérité et l'honneur de l'Eglise et du Siège apostolique avant toutes les choses de ce monde... Si vous ne perdez pas cela de vue, vous aurez mainte occasion de rendre service à votre ville natale et à votre maison ; notre ville a tout avantage à être en union avec l'Eglise et vous êtes le trait d'union entre elles... — Dans la conversation, tenez-vous-en aux généralités. Lorsque vous aurez à paraître dans des circonstances solennelles, il me paraît sage que vous restiez, en fait d'apparat, plutôt en dessous qu'au-dessus de la moyenne... Il vaut mieux inviter fréquemment chez vous que d'aller souvent dîner dehors... S'il vous arrive de prendre la parole au Conclave, il m'est avis que le plus sage et le plus convenable, vu votre jeunesse et votre inexpérience, sera de vous ranger à la sage opinion du Pape [1]. » Ce n'est pas en vain que ce parfait diplomate, grand homme d'argent, fit pro-

---

1. V. toute la lettre, ap. Pastor, V, p. 349-351. Cf. Gebhart, *Moines et papes.*

fiter son fils de la somme de son expérience ; l'éducation qu'a reçue Jean de Médicis porte ses fruits : politiquement il réalise à la lettre les espérances de son père. Les principes d'arrivisme contenus dans cette épître — qui serait, à bien des égards, intéressante à comparer avec celle de Gargantua, autre père fort sage — montrent que les conseils que recevra Fabrice ont une haute et lointaine origine [1] ; ils constituent à notre point de vue un document important pour l'histoire du pré-machiavélisme : l'auteur des *Conseils à Soderini* n'aurait pu que les approuver. Partant de principes semblables on n'est pas loin de s'entendre et quand on possède à son degré le génie de la combinaison, on sait se faire une place auprès d'un habile homme.

Où Machiavel espère et retombe.

Or, au mois d'avril, Machiavel apprend que les Soderini sont rentrés en grâce : le Pape a fait la paix avec le cardinal et l'ex-gonfalonier quitte l'exil, va s'établir à Rome. On parle de mariage entre les deux familles pour sceller cette alliance et Machiavel ne doute pas que les serviteurs ne participent, après les maîtres, à cette entente générale. Avec l'appui de Vettori, un plaidoyer artistement débité devant ce pontife ami des bonnes lettres et de la belle rhétorique, il sera rétabli

---

1. *La Chartreuse de Parme* (éd. Garnier), p. 126-127. « Il sera temps d'avoir de l'esprit quand tu seras évêque… »

dans sa dignité première, retrouvera les papiers
d'autrefois, les missions lointaines, cette fièvre
politicienne qui depuis six mois l'a quitté et sans
laquelle la vie paraît fade. La République n'existe
plus, il est vrai, que de nom ; mais il faut vivre
avec son temps et une bonne tyrannie peut faire
sentir ses bienfaits. Ainsi raisonne Machiavel : sa
misanthropie foncière ne demande qu'à céder
devant la grâce des événements.

Mais, relégué en son privé, il ignore les secrets
de la nouvelle politique : si les Soderini revien-
nent à la Cour, c'est que le Pape a payé de ce
prix l'agrément du Cardinal à son élection ; le
fils du Magnifique est d'ailleurs trop avisé pour
ne pas désarmer l'hostilité d'une famille riche,
influente, et qui pourrait troubler l'union nécessaire de l'Eglise et de Florence, du prêtre et du
marchand. Quelles raisons, en revanche, le Pape
aurait-il de craindre un petit fonctionnaire comme
Machiavel ? Pauvre, sans crédit, habile peut-être à
négocier mais en sous-ordre, maladroit sans con-
teste à ménager l'avenir, mêlé sottement à des
affaires dangereuses et qui ne réussissent point,
employé auquel ne suffit pas la tranquille obscurité d'un bureau, qui compromet le caractère
pacifique de sa situation au milieu des armes, —
apparemment républicain et militaire, — c'est
ainsi que se présente aux yeux d'un politique heureux ce politique déconstitué. Il ne faut donc point
s'étonner qu'à ce moment Léon X ne l'ait pas accepté
au nombre de ses serviteurs : c'eût été une conces-

sion inutile. « Votre lettre m'a effrayé plus que la corde », écrit Machiavel à Vettori qui lui annonçait sans doute la vanité de ses démarches, « mais soit dit une fois pour toutes, quoi que je vous demande, ne vous mettez pas en peine, car, si je ne l'obtiens pas, je n'en prendrai passion aucune ». Puis, changeant de ton : « Cela finit par vous lasser de discourir des choses : car vous voyez souvent les événements ne point répondre aux discours, aux idées que l'on s'en fait. Mais si je pouvais vous parler, je ne pourrais faire que je ne vous emplisse la tête de châteaux en l'air ; la fortune m'a fait ainsi ; ne sachant parler ni de l'art de la soie, ni de l'art de la laine, ni des profits et pertes, il me convient parler de l'Etat : il faut ou me vouer au silence ou parler de cela [1]... » Quand il se délivre un brevet de constance, qu'il affirme son impassibilité, on peut douter de la sincérité de Machiavel : il se vantera plus tard de savoir bien mentir. Mais c'est ici question de pudeur, de délicatesse et cette sérénité apparente n'a rien que d'estimable.

Comment regardant sa vie il pose le grand problème du fonctionnarisme.

Il y a autre chose dans cette lettre : la nécessité l'oblige à regarder en lui, droitement, sans complaisance, un de ces moments de réflexion

1. L. CXX, 9 avril 1513.

profonde, intense — le seul souvent dans une vie — où l'on ne se flatte plus, où l'on voit tout l'avenir nettement, implacablement. Toutes les voies lui sont fermées : sort ou incapacité. Pas une seule où il puisse efficacement exercer une action quelconque ; il s'aperçoit qu'il est l'homme d'une seule chose et cette chose n'est plus. Comprenant alors le problème terrible où s'arrête sa vie, le dilemme qui l'obstrue, il rejette tout artifice, ne daigne plus se tromper lui-même, voit, montre à nu l'état de son âme : la ratiocination ou le silence. Dans cette ville d'affaires où le bas peuple, après avoir autrefois aidé les marchands à renverser la féodalité, est maintenant exclu des charges publiques, il n'est plus de place pour lui ; son éducation première, toute destinée à faire un fonctionnaire, apparaît insuffisante, imprévoyante ; son latin lui permet tout au plus d'être homme de lettres, métier ingrat quand on n'a point de Mécène.

Ce mois d'avril 1513 où il fait son examen de conscience est peut-être l'instant le plus grave de sa vie ; à un degré plus bas, c'est la grande Nuit de Pascal, mais sans recours à Dieu. Il ne touche plus à la réalité ; transporté dans un monde imaginaire, il sent le vide qui l'entoure et dissimule mal le désespoir à quoi il conclut. Son aventure est et sera celle d'une multitude de fonctionnaires, dont l'équilibre d'existence est subitement rompu et qui, souvent sans erreur de leur part, sont lancés dans l'inconnu, enfoncés par leurs maîtres dans une tristesse mille fois plus amèrement, plus âprement triste que cette uniforme tristesse en pantoufles des retraités. Machiavel pose ainsi, au commencement du xvi° siècle, la question de ce qu'en jargon moderne on appelle le statut des fonctionnaires : une société a-t-elle le droit de faire et défaire à sa volonté ceux qui l'ont servie, et qui n'ont eu d'autre raison d'être que de la servir ? — Systématique par inclination d'esprit, analysant sa propre détresse, Machiavel développera le problème mais dès maintenant il dénonce le vice profond de toute vie qui n'est conduite qu'en vue d'un seul objet; le premier, il voit clairement en lui-même, et, avec cette précision de langage qui est nouvelle dans le monde, confesse son insuffisance de classe. Combien il est pénible de se transporter si loin, si en deçà de nos préoccupations actuelles pour trouver le courage d'un tel aveu, le grand aveu de Machiavel : *Colui che fece la gran confessione.*

Où commence le dialogue d'un fonctionnaire et d'un révoqué et de ce qu'on peut y trouver.

Vettori, dans cette misère morale, sociale, est son seul recours, le seul guide que lui laisse la fortune ; il s'attache à lui comme le Dante à Virgile, au seuil du premier cercle de l'enfer, et c'est par une image de la Divine Comédie que commence sa confession : «... Et moi qui m'aperçus de sa pâleur, je dis : Comment irai-je si tu trembles, toi qui d'ordinaire réconfortes ma crainte[1] ? »

> Et io che del color mi fui accorto
> Dissi : Come verró se tu paventi,
> Che suoli al mio dubbiar esser conforto ?

Si Vettori n'a plus confiance, comment Machiavel traversera-t-il la vallée des tribulations? Sans doute, il y a Soderini le cardinal, qui bien souvent — autrefois — l'a assuré de son estime, a déclaré tout haut qu'il se chargeait de son avenir : « Votre avenir, j'en fais mon affaire. » — « Je voudrais que vous me conseilliez s'il vous paraît à propos que je lui écrive une lettre, pour qu'il me recommande à Sa Sainteté ; ou s'il vaut mieux que vous fassiez verbalement cet office, de ma part, auprès du cardinal ; ou encore s'il ne faut faire ni l'un ni l'autre... » Mais Soderini a autre chose en tête : il sait ce que vaut son alliance, se démène avec le pontife — *fa un gran dimenarsi col pontefice* — et négocie la paix.

Alors s'établit entre Machiavel et Vettori un commerce épistolaire qui dura près de deux ans ; l'amitié n'y joue point le seul rôle et il ne faut point s'en étonner : les amitiés qui ne sont pas sur le même plan, qui ne se répondent pas sur le même plan, sont volontiers décevantes. Machiavel est vis-à-vis de Vettori dans un état de dépen-

1. *Inferno*, canto IV, vers 16.

dance, d'infériorité, fait sans cesse figure de solliciteur : les lettres de l'ancien secrétaire, *quondam Secret.* Comme il signe, se terminent presque toutes par une prière humble, déférente, quasi hiérarchique ; leurs relations ne sont plus les mêmes qu'au temps de la mission d'Allemagne.

On a déjà observé que cette correspondance est un monument de premier ordre, « de tout premier ordre », dans l'histoire de la littérature italienne. Villari y voit « le premier exemple d'une analyse psychologique, intime, minutieuse, presque une confession et un examen de conscience[1] », ce qui est peut-être exagéré si l'on songe à Pétrarque et au livre de sa vie. Mais ce que l'on y trouve certainement, ce sont d'intéressantes considérations sur la politique européenne durant ces années 1513-1515 si troubles et tragiques qui déterminèrent en somme les destinées de l'Italie. Vettori fournit le plus souvent la matière : « orateur florentin auprès du Souverain pontife », — c'est son titre officiel, — placé au centre des événements, peu occupé, car en fait le Pape mène tout à Florence, il recueille les nouvelles, s'efforce à deviner les intentions et « fantastique » sur l'avenir. Machiavel reçoit, assimile, compare avec sa documentation qui n'est que de place publique, oppose l'exemple actuel à l'exemple romain, et fantastique à son tour. Il ne faut donc point chercher dans ces lettres une image directe de la politi-

1. *Op. cit.*, II, p. 216.

que, mais bien plutôt des réflexions à son sujet,
réflexions qui ont leur prix quand l'auteur est
Machiavel.

Quelque intérêt que cette étude présente, c'est
principalement au point de vue de l'histoire des
mœurs que nous nous placerons : la correspondance de Machiavel et de Vettori est en ce sens
un document unique. Ce ne sont point seulement,
en effet, deux caractères, mais deux sociétés qui
s'y opposent.

De la pauvre vie de Machiavel dans sa province.

Et tout d'abord Florence, avec ses 90.000 habitants [1], ses couvents, — plus de cent, — ses
jardins, ses villas de bourgeois et marchands en-
richis. La ville déborde peu à peu des murs, envahit la campagne :

> Se dentro un mur, sotto un medesmo nome,
> Fosser raccolti i tuoi palazzi sparsi,
> Non ti sarian da pareggiar due Rome.

« Si dans un mur, sous un même nom, étaient
rassemblés tes palais épars, deux Romes ne pourraient t'égaler [2]. »

Mais la Florence de 1513 n'est point encore la
ville aux palais magnifiques que la Banque, Léon X

---

1. Chiffre proposé par Capponi. *St de la Rep. di Firenze*, II,
p. 381. Cf. Varchi. *Histoires*, liv. IX.
2. L'Arioste.

feront élever. Les mœurs républicaines n'ont point disparu : vie frugale, propreté, peu de maisons à train splendide ; les gens se disent tu, les docteurs, chevaliers et chanoines ont seuls droit au *messere*, les frères au *padre*. On porte encore le capuchon républicain avec la longue queue qui entoure le col ; mais déjà il devient rare devant l'invasion des modes nouvelles. Là pourtant plus qu'ailleurs, une longue tradition tend à conserver aux usages un caractère marchand et ceux qui adoptent les costumes nouveaux raillent les Florentins de leurs modes désuètes[1].

Dans cette ville encore simple, près du Ponte-Vecchio, en face de la casa Guicciardini, habite un homme qui n'est point marchand et qui n'est plus fonctionnaire. Il est pauvre : le patrimoine qu'il a hérité de son père n'est point libre de dettes ; une quittance d'octobre 1513 atteste qu'il a payé, en plusieurs fois, tant en son nom qu'en celui de son frère, une somme de mille florins. Il a une famille, de lourdes charges domestiques ; un quatrième fils lui naîtra en septembre 1514. En vérité, il est bien cet homme « pauvre et chargé d'enfants » dont parle Ricci.[2] Remarquons-le d'ailleurs : cette misère familiale, les documents nous l'apprennent, non Machiavel ; sa femme, ses enfants n'apparaissent pas une seule fois dans ses lettres à Vettori.

1. Cf. Capponi, *op. cit.*, p. 383-384.
2. Villari, *op. cit.*, II, p. 214.

Et qu'il ne rencontre que des fous ou des néces-
siteux.

Le voici donc, oisif, les mains vides, inutile, traînant par les rues et les places ; si encore il avait, en même temps qu'une amitié sûre, une direction morale ; mais tous les gens qu'il rencontre ont la tête à l'envers : « La bande que vous connaissez semble une chose perdue, il n'y a plus de colombier qui nous rassemble et tous ses chefs ont eu un coup de sang. Tommaso (del Bene) est devenu bizarre, sauvage, fâcheux, avare, tant qu'à votre retour il vous semblera trouver un autre homme... Girolamo del Guanto a perdu sa femme, il en est resté trois ou quatre jours comme un barbillon étourdi : ensuite il a repris le poil de la bête, reveut prendre femme, et chaque soir nous sommes sur le banc des Capponi à parler de ces épousailles. Le comte Orlando est encore fou d'un garçon et on ne peut plus l'aborder. Donato a ouvert une autre boutique pour faire couver des pigeons, tout le jour va de l'ancienne (boutique) à la nouvelle, vague comme un imbécile aujourd'hui avec Vincenzio, demain avec Pizzo, une fois avec son garçon, une autre avec cet autre... »

Le commerce de gens qui ont perdu le sens, d'esprits ainsi « matagrabolisés », n'est point fait pour rendre le calme et la stabilité. Ces petits bourgeois, petits boutiquiers ou même ces nobles déraisonnent ; trop de craintes, trop d'espérances ont rompu l'équilibre de leur entendement :

les horreurs de Prato dans le passé, et de qui, Espagnol ou Français, seront-ils la proie dans l'avenir? — Il ne faut laisser échapper aucun détail, si bas soit-il, de cette déroute intellectuelle ; cette malheureuse société en est réduite aux expédients. « Tommaso achète, la semaine passée, sept livres de viande et les envoie chez Marione. Puis, la dépense lui paraissant trop forte et voulant trouver qui y participe, il va mendiant un convive. Moi, mû de compassion, j'y vais avec deux autres que je lui avais racolés. Nous dînons et quand vient le moment de faire les comptes, cela fait quatorze sous par tête. Je n'en avais sur moi que dix : il fallait m'en tirer quatre de plus ; chaque jour il me les réclame, hier soir encore il m'a posé la question sur le Ponte Vecchio... » Et ceci n'est rien à côté du reste, laisse entendre Machiavel. On voit le ton ; ces lettres sont gaies, semblent divertissements de jeunes gens qui plaisantent leur misère, mais il ne faut pas être dupe: ce sont tous là hommes d'âge, Machiavel lui-même ne se fait pas d'illusion.

Si parfois je ris et chante, dit-il avec Pétrarque, c'est que je n'ai que ce moyen de soulager l'angoisse de mes larmes.

> Peró se alcuna volta io rido o canto,
> Follo perchè non ho se non quest'una
> Via, da *sfogare* il mio angoscioso pianto [1].

1. *Canz.* parte I[a] son. 70.

Et, après avoir excusé ce rire des larmes, — ce *sfogare* que Stendhal trouvait l'un des mots les plus étonnants de la langue italienne, — il songe au pratique : « ... S'il est vrai que Jacopo Salviati et Matteo Strozzi [1] ont eu leur congé, vous resterez là-bas personne publique... La Majesté de Julien va y aller et vous trouverez naturellement le biais pour me faire plaisir, le cardinal de Volterra aussi ; je ne peux croire qu'en manœuvrant mon affaire avec quelque dextérité, je n'arrive à être employé à quelque chose, sinon pour le compte de Florence, tout au moins pour le compte de Rome et du Pontificat... Je ne puis croire que, si la Sainteté de Notre-Seigneur commence à m'employer, je ne fasse du bien à moi-même et n'apporte utilité et honneur à tous mes amis. — Je vous écris ceci, non que mon désir soit trop grand ni que je veuille que vous preniez, pour l'amour de moi, souci, incommodité, dépense, ou passion de chose aucune ; mais pour que vous sachiez où j'en suis, et qu'en admettant que vous puissiez m'aider, vous sachiez que tout mon bien sera toujours à vous et à votre maison, de laquelle je tiens tout ce qui me reste [2]. »

De la belle vie de Rome, ville d'administration, de clercs et de filles.

Cette lettre d'un malheureux dut arriver dans une Rome retentissant encore des fêtes pontifi-

1. Collègues de Vettori à Rome.
2. L. CXXII, 16 avril 1513.

cales. Le 11 avril, la prise de possession du Latran avait été célébrée avec une pompe inouïe ; jamais l'on n'avait vu pareil déploiement de richesses, pareille magnificence. Les dignitaires laïques et la Cour du Pape avaient défilé en superbe ordonnance, les couleurs chantaient sous un ciel de printemps ; devant le cortège un camérier jetait l'or et l'argent à pleine main, puis, au milieu des statues païennes ornant les arcs de triomphe, apparaissait, monté sur un cheval turc, — symbole de domination, — le représentant du Christ. Le temps des Césars paraissait revenu : Vénus fut, ce jour-là, tenue en grand honneur, préférée à Pallas [1]. — Jamais, d'ailleurs, les premières divinités de la ville éternelle n'ont été complètement dépossédées : les peuples semblent ne pouvoir rompre d'aussi lointaines traditions et, aujourd'hui encore, des prières s'adressent dans les églises de Rome aux dieux d'autrefois. Cette résurrection, ou si l'on veut, cette nouvelle érection de l'antique, n'oublie point les demi-dieux : en décembre 1502, une mascarade populaire vint divertir le Pape sur la place de Saint-Pierre ; on y voyait trente personnes « habentes nasos longos et grossos in formam priaporum sive membrorum virilium, in magna quantitate, precedente valigia cardinalari [2] ».

1. Cf. Pastor, *op. cit.*, VII, p. 25-30, et l'inscription due à l'orfèvre Antonio de San Marino. On ne trouve peut-être récit de pareilles splendeurs que dans Olivier de la Marche (Noces de Charles le Téméraire).

2. *Diarium* de Burchard, cité par Villari, I, p. 428.

Ville d'administration, comme elle l'est encore,
mais aussi ville de clercs et de filles : en 1490,
le vicaire du Pape avait, par édit, ordonné à tous
laïcs et clercs, de quelque condition qu'ils fussent, de renvoyer leurs concubines publiques ou
secrètes, sous peine d'excommunication, suspen-
sion, ou privation de bénéfices. Or, tous en avaient,
grands prélats et simples clercs, et le Pape, lorsqu'il connut l'édit, en reprit âprement son vicaire :
« Cela n'est pas défendu. » L'édit fut rapporté :
« Aussi, dit Infessura, ne trouve-t-on guère de prêtre qui n'ait concubine, ou du moins courtisane *ad
laudem Dei et fidei christianæ.* » — C'est à l'occasion de cet édit malheureux qu'eut lieu le recen-
sement général des courtisanes de Rome : on en
trouva d'après un sûr témoignage 6.800, sans
compter celles qui vivent en concubinat et celles
qui secrètement exercent, à cinq ou six, leur métier, chacune d'elles ayant un ou plusieurs *lenones.*
« Que l'on considère, ajoute le scribe républicain, comment on vit à Rome, chef de la Foi, appelée cité sainte [1]. »

Cette aimable conception de la vie, qui permet
d'unir sans reproche l'amour au caractère sacré,
est celle des esprits les plus distingués : « J'ai
des fils, ce qui convient à un laïc », disait Brac-
ciolini au cardinal de Saint-Ange, « je les ai d'une

---

1. Infessura. *Diario*, éd. Tommasini, p. 259-260. La plupart
des femmes publiques (différentes des courtisanes) étaient des
Allemandes (v. Burckardt, *op. cit.*, II, p. 358).

concubine : antique coutume du clergé[1]. » Et en effet le désir de fonder une famille peut chez les hommes de Dieu se réclamer d'un illustre exemple : « Alexandre VI ayant suivi la coutume, déjà inaugurée par Innocent, de marier sa lignée féminime, tout clerc s'appliqua à faire souche et chacun eut alors chez lui — même publiquement — du plus petit au plus grand des courtisanes en guise de mariage ; cette corruption passa, en dépit de Dieu, aux moines et religieux, quoique les monastères de la ville soient déjà presque tous devenus des lupanars, et cela de l'aveu de tous[2]. » Mais politiquement, — et le républicain moraliste Infessura (ce très ancien ancêtre des barbes de 48, au nom linguistiquement admirable, austère et coloré) ne s'en rend pas compte, — une pareille licence a encore sa raison d'être : elle est une précieuse garantie de perpétuité pour la religion. La tradition rapporte qu'un grand homme d'ordre, savant canoniste, disait un jour, parlant d'une hérésie naissante : « Non *si chiava* dans cette religion : elle ne durera pas [3] », parole pro-

---

1. Cité par Villari, I, p. 116.

2. Infessura, *op. cit.*, p. 286-287. H. Estienne dira, plus tard, avec sa grossièreté coutumière : « Les moines ont des harats de p..., ils emploient les cinq sens de nature à paillardise, en dépit de la vérole et de la pelade (encore que l'excommunication n'ait nul pouvoir sur ces dames). » (*Apolog. pour Hérodote*, éd. Ristelhuber, I, p. 419.)

3. V. Bayle. *Dictionnaire*, art. *Abéliens*, p. 35. Paroles rapportées dans la Confession de Sancy.

fonde qui dénote chez le Pape Sixte-Quint une compétence historique remarquable : la disparition du catharisme et de l'hérésie albigeoise est due en grande partie au mépris de la chair. Ainsi, bien que Venise passât alors pour la ville la plus corrompue de toute l'Italie — et cela par un effet naturel, Vénus étant née de la mer [1], — il semble que Rome ne le lui cède en rien. Corruption d'ailleurs non dépourvue d'élégance « Cortegiana, dit Burchard, hoc est meretrice honesta » ; la belle Imperia sait par cœur les canzone de Pétrarque comme les nouvelles de Boccace, chante sur le luth ses vers et ceux de ses adorateurs [2].

De Vettori, du Turc, de l'Italie et des prêtres.

Rome, ville de joie, où, si l'on ne réussit pas par l'intrigue ou la faconde, l'amour offre de faciles consolations : Vettori le sait bien : « Si je dois rester ici, Pagolo sera des Huit : vous pourrez obtenir licence de venir et nous verrons si, à force de charlataniser, nous pouvons arriver à quelque chose ; si cela ne réussit pas, nous pourrons toujours aller trouver une fillette que j'ai près de

---

1. V. l'épigramme de Pasquin citée par Grégorovius, *op. cit.* (L. XIV, ch. IV, § 1, notes).

2. Grégorovius, *loc. cit.*, Pastor, V, p. 129-130. Mais la fin des courtisanes est déjà lamentable : la belle poétesse Tullia d'Aragon tomba dans telle misère qu'elle passa les dernières années de sa vie dans un cabaret du Transtévère où elle mourut.

chez moi et passer le temps avec elle...[1] » Cette
conduite n'est pas seulement recommandable à
un solliciteur; Vettori ne tardera point à l'appliquer à son usage. Un matin, au réveil, l'orateur
fait son examen de conscience et de bourse ; les
conclusions n'en sont point heureuses : « Je ne
fais trafic d'aucune sorte, j'ai de revenu à peine
de quoi vivre, des filles qui veulent être dotées,
et je n'ai guère profité de ma situation ; dans
mon vêtement et le reste je ne fais pas montre de
somptuosité, mais plutôt de mesquinerie ; on ne
peut dire que je sois chiche au point de pouvoir
par ce moyen amasser de l'argent, car si j'ai une
dette, je ne veux pas qu'on vienne m'en demander le paiement ; si j'achète quelque chose, je
l'achète toujours plus cher que les autres... » et
c'est ce moment que choisit le fisc pour le taxer
à quatre florins. Enfin, — et voilà le point sensible, — avoir sauvé le gonfalonier ne lui a pas
été profitable : « Je n'ai jamais offensé personne,
ni en actions ni en paroles, ni publiquement ni
privément... » Cette édifiante conduite n'a point
eu sa récompense, et, bien qu'en place. Vettori
semble aboutir au pessimisme de Machiavel[2].
Pessimisme véritable ? ou attention délicate d'un
homme qui ne veut point paraître trop heureux ?
En tout cas cette note désenchantée dure peu.
Partant tous deux de ce principe que raisonner

1. L. CXXI, 19 avril 1513.
2. L. CXXIII, 21 avril 1513.

et disputer de choses qui sans cesse nous déconcertent est une duperie, ils se laissent pourtant mener par une fureur de pronostication. « Je voudrais, dit Vettori, pouvoir aller avec vous du Ponte-Vecchio par la via de' Bardi jusqu'à Cestello et discourir de cette fantaisie espagnole... », car ce n'est pas en vain que pendant près de quarante ans on a parlé politique : c'est une habitude dont il est malaisé de se défaire [1].

En vérité, cette fantaisie espagnole, — la trêve de Ferdinand avec la France, — leur donne de la tablature : Vettori y apprend la crainte du Turc, que sans cesse il fait intervenir ; les Suisses apparaissent à Machiavel sans cesse plus redoutables ; l'un et l'autre d'accord dans la haine du prêtre. « Vainque qui veut, écrit Vettori, Français ou Suisses ; et si cela ne suffit pas, que vienne le Turc avec toute l'Asie et que s'accomplissent d'un coup toutes les prophéties... Mon compère, nous sommes là à baguenauder entre chrétiens et ne pensons pas au Turc. » Cependant il vaut qu'on s'en occupe : « La fortune lui est favorable, il a de l'argent, des soldats toujours tenus en haleine, un grand pays, aucun obstacle, il est uni au Tartare, en sorte que je ne m'étonnerais pas qu'avant un an il ait donné à cette Italie une grande bastonnade et fait rompre le pas à ces prêtres, de qui je ne veux rien dire de plus pour l'instant [2]. »

<hr>

1. L. CXXVII, de Vettori, 12 juillet.
2. L. CXXVI, 27 juin.

Mais bientôt il abandonne cette réserve et lâche toute sa pensée : ainsi que pour Luther [1], le Turc est pour lui le fléau de Dieu qui brûle et purifie : « Je crains que Dieu ne veuille nous châtier, nous misérables chrétiens, et pendant que nos princes sont tous irrités l'un contre l'autre et qu'aucun moyen n'apparaît de les mettre d'accord, [je crains] que ce nouveau Seigneur Turc ne nous tombe dessus, par terre et par mer, et ne fasse sortir ces prêtres de leur mollesse et les autres de leurs délices ; et le plus tôt serait le mieux, car vous ne sauriez croire combien je m'accommode mal aux repues (*sazievolezze*) de ces prêtres, je ne dis pas du Pape, qui, s'il n'était prêtre, serait un grand prince [2]. » Ainsi se manifeste l'anticléricalisme de ce fonctionnaire, anticléricalisme prudent qui s'arrête aux limites de la hiérarchie.

Où Machiavel quitte le monde et comment il fut poursuivi du spectre de la Fonction.

L'autre cependant retrouve dans ces imaginations une atmosphère qui lui est favorable. Vettori fait grand cas de sa compétence : « J'approuverai votre sentiment (à propos de la trêve), car, à vous dire le vrai sans flatterie, je l'ai trouvé en ces sortes de choses plus solide que celui d'aucun autre à qui j'aie parlé [3] » ; — et Machiavel, sous un

1. V. les *Propos de Table*, éd. Brunet.
2. L. CXXX, 5 août 1513.
3. L. CXXIII.

semblant modeste, répond en homme sûr de lui :
« Bien que je sois écarté des secrets et des affaires, je crois cependant que l'opinion que j'en ai
ne peut nuire ni à moi en vous la disant, ni à
vous en l'écoutant [1]. » Peu à peu il s'est résigné,
accepte le rôle ingrat d'un politicien qui offre ses
services : « J'ai eu depuis ton départ, écrit-il à
son neveu Vernacci, tant de peines que ce n'est
pas merveille que je ne t'aie pas écrit, c'est plutôt un miracle que je sois vivant, car on m'a enlevé mon emploi et j'ai pensé perdre la vie, que
Dieu et mon innocence ont sauvée ; tous les autres
maux, prison et autres, je les ai supportés ; maintenant, grâce à Dieu, je vais bien, vivant comme
je peux, et je m'ingénierai à continuer ainsi jusqu'à ce que les cieux se montrent plus cléments [2]. »
Mais Florence n'est point un lieu convenable à
cette attente : dégoûté de ses spéculations d'ancien homme d'Etat, lassé du désordre extrême des
esprits, de cette fièvre qui agite ses amis, désireux
peut-être de vivre à moins de frais, Machiavel
adopte le silence et la paix, se retire à la campagne.

C'est là, dans le val di Pesa, sur la route de
Rome, à trois milles avant d'arriver à San Casciano [3],
que les lettres de Vettori viennent le trouver :
dans sa solitude intellectuelle, sa seule compagnie. Et, nouvel anachorète, volontairement retran-

1. L. CXXIV.
2. L. CXXV, 26 juin 1513.
3. V. Villari, II, p. 369 et la note.

ché du siècle et de ses turpitudes, il écrit « Ihesus Maria... Privé de tout autre bien, pensez combien votre lettre m'a été agréable : il n'y manque que votre présence et le son vivant de votre voix ; je l'ai lue et relue à plusieurs reprises, oubliant chaque fois le malheur de ma condition et croyant être revenu à ces *manèges* où j'ai en vain tant peiné et tant perdu de temps... » Mais peu à peu le charme agit : « J'ai fait vœu de ne plus penser aux choses de l'Etat, de ne plus en parler — comme en font foi ma venue à la campagne et ma fuite du monde — mais pour répondre à vos demandes, je suis forcé de rompre tout vœu, car je me crois plus obligé à l'antique amitié qui nous lie qu'à tout autre contrat avec qui que ce soit, surtout quand je reçois honneur pareil à celui que me fait la fin de votre lettre ; à parler franc, j'en ai conçu un peu d'orgueil, tant il est vrai que *non parum sit laudari a laudato viro.* Sans doute il ne vit plus au milieu de la politique, mais ce n'est point, Dieu merci, une raison de n'en point parler : « Vous savez combien les choses peuvent se bien juger dans le brouillard, et surtout celles-là : ce que je vous dirai sera donc ou fondé sur la base de vos discours ou sur mes suppositions ; si celles-ci se trouvent fausses, que la raison ci-dessus alléguée (*style de fonctionnaire*) m'en excuse, je vous prie [1] ». A peine cet effort vers la paix accompli, Machiavel — et c'est lui-même qui nous prête cette image — retourne à

1. L. CXXVIII.

son vomissement : orgueil, habitude, besoin de parler, sociabilité qui ne se peut contraindre. Un jeu qui semble le divertir tout particulièrement, et que lui propose Vettori, est d'imaginer ce que serait une paix générale entre tous les princes chrétiens ; à eux deux ils peuvent mettre sur pied la pièce, décrire et faire mouvoir les acteurs : un Pape jeune, prudent mais grandement enclin au népotisme, — un Empereur instable, changeant, qui ne peut qu'aller de guerre en guerre, car c'est sa fin, — un roi de France irritable et craintif, — un roi d'Espagne astucieux et avare, — un roi d'Angleterre riche, audacieux, avide de gloire, — les Suisses brutaux, victorieux et insolents, — enfin les Italiens « pauvres, ambitieux et lâches », ces Républiques qui ne songent qu'à garder ce qu'elles ont et à reprendre ce qu'elles ont perdu, qui en fait ne peuvent pas grand'chose [1]. Mais, arrivés au dénouement, ils ne sont plus d'accord : votre paix n'est pas la mienne, dit Machiavel — et de recommencer.

Que seul alors il comprit la raison de la faiblesse italienne.

La vie, la passion, les coups de théâtre et les hécatombes ne manquent point dans ce drame ; mais nous n'en voulons ici retenir qu'une chose :

1. V. L. CXXVII, 12 juillet ; CXXX, 5 août, de Vettori. L. CXXXVIII sans date ; CXXXIV, 26 août, de Machiavel.

Vettori ne s'embarrasse pas de savoir comment l'Italie pourra devenir libre, mais seulement de quelle manière elle sera esclave. Quant à Machiavel, l'image de la Liberté lui reste présente, mais en 1513 il ne croit plus à la possibilité d'une résistance nationale : « Quant à l'union des autres Italiens (il vient de parler de Milan) vous me faites rire : on n'y verra jamais union qui produise un bien quelconque ; et les têtes seraient-elles unies que cela ne suffirait pas ; il n'y a point ici d'armes qui vaillent un quattrino, hormis celles des Espagnols mais peu nombreuses et partant insuffisantes ; ensuite les queues ne suivent point les têtes. » Arrivent les Suisses et l'on se disputera l'honneur de devenir leurs sujets. C'est ici la pierre d'achoppement : Machiavel connaît ce peuple de soudards, il sait la genèse de sa force, il l'admire parce qu'il sait vaincre : « Considérez, je vous prie, le cours des choses humaines, le progrès des puissances du monde et surtout des Républiques. Vous verrez que les hommes se contentent d'abord de pouvoir se défendre eux-mêmes et de ne pas être dominés ; mais de là ils en viennent à attaquer et à vouloir dominer les autres. » Qu'on ne dise pas que le régime républicain soit incompatible avec l'esprit de conquête : les Suisses ne sont pas gens à donner « un coup de râteau » et à s'en aller. « Ce fleuve tudesque est si gros qu'il faut une grosse digue pour le contenir [1]. » Or l'Italie est incapable d'un pareil

1. L. CXXXI, 10 août 1513.

effort ; le seul moyen qui lui reste de conjurer le désastre, elle le méprise ou l'oublie : l'homme qui a tenté d'armer sa Patrie, elle l'a rejeté et torturé. Et Machiavel, avec un accent de conviction profonde, une opiniâtreté fondée sur la raison : « Les meilleures troupes sont celles des peuples armés et ne peuvent leur résister que des armées semblables, ceux qui ont accompli de grandes choses ont armé leur peuple... Si vous considérez la France, ses défaites et ses victoires, vous verrez qu'elle a vaincu tant qu'elle a eu à combattre les Italiens et Espagnols qui avaient troupes semblables aux siennes ; mais maintenant qu'elle doit combattre des peuples armés, comme les Suisses et les Anglais, elle est vaincue et risque de l'être plus encore. Et cette ruine vient de ce qu'elle n'a pas de soldats à elle, de ce qu'elle a désarmé son peuple. » *Et nunc erudimini* : mais l'Italie ne veut pas se laisser instruire et il ne reste aux patriotes qu'à « pleurer sa ruine et sa servitude ». On criera : « la Paix ! la Paix ! » et ce ne sera pas la Paix [1].

Où son pessimisme fait dévier la conversation.

Ces réflexions pessimistes, mûries dans la solitude par un esprit chagrin, mais toujours passionné pour la chose publique, — « tenez-moi au courant ou vous n'aurez plus à vous mettre sous la dent qu'un testament d'âne » — agissent un

---

1. L. CXXXIV, 26 août 1513.

moment sur la sensibilité de Vettori et l'on perçoit enfin chez celui-ci une trace d'émotion : « Je suis un homme calme, aimant ses plaisirs et ses fantaisies, mais parmi les plaisirs il n'en est point, à mon goût, de plus grand que de voir notre cité prospère. J'en aime, en général, tous les habitants, les lois, les coutumes, les murs, les maisons, les rues, les églises, la campagne et ne puis avoir déplaisir plus grand que de penser qu'elle puisse entrer en tribulations, de voir tout cela marcher à sa ruine... » Depuis le Concile de Pise, il ne croit plus à la vertu de l'alliance française : il a même redouté que Mgr de Foix « jeune homme cruel » ne fît subir à sa patrie le sort de Brescia ; mais les temps sont changés et si les Français « négligents et malfaiteurs de peuples » lâchent la Lombardie, l'Italie retrouvera la paix[1]. — Raisons d'espérer : la conviction de Machiavel s'en trouve un instant ébranlée : « Votre lettre, écrit-il, m'a confondu... Il m'est arrivé comme au renard, quand il vit le lion : la première fois, il fut pour mourir de peur, la deuxième il s'arrêta pour le regarder derrière un buisson, la troisième il lui parla...[2] » Et persistant dans son opinion première, certain de ne point assombrir l'obscur avenir, Machiavel veut douter encore de l'efficacité d'un pareil dénouement : nouvelle matière, semble-t-il, à nouvelles disputations. Mais, à la fin, Vettori se

1. L. CXXXII, 29 août.
2. L. CXXXIV, 26 août.

lasse et lui quitte la place : c'est un homme dont les inquiétudes patriotiques durent peu et qui estime que des vues sur l'avenir, si optimistes même qu'elles s'efforcent d'être, ôtent de l'agrément à la vie présente. Que Machiavel vaticine en désespéré n'est plus de son goût et de moins graves sujets s'offrent à leur entretien.

Le passe-temps d'un ambassadeur.

« J'ai dessein, écrit-il, de vous conter ma vie à Rome. Il convient vous faire connaître tout d'abord où j'habite ; j'ai changé et n'ai plus pour voisines toutes ces courtisanes, comme l'été passé. Mon logis s'appelle San Michele in Borgo, tout à côté du Palais et de la Place de Saint-Pierre, endroit un peu solitaire parce que proche du Mont que les anciens appelaient Janicule. La maison est fort commode, nombreux appartements mais petits ; exposée au vent d'outremont, l'air y est parfait. De la maison on entre dans l'église et celle-ci — religieux comme vous me connaissez — vient fort à propos. Il est vrai qu'elle sert plutôt à se promener qu'à autre chose, car on n'y dit messe ou autre office divin qu'une fois par an. De l'église, on entre dans un jardin, autrefois propre et beau, mais maintenant fort endommagé : pourtant il va s'arrangeant. Du jardin on monte au Janicule : on y peut aller par sentiers et vignes librement (*a solazo* à soulas), sans être vu de personne ; c'est là, selon les anciens, qu'étaient les jardins de Néron et l'on en voit les vestiges.

A la maison, j'ai neuf serviteurs, outre Brancaccio, un chapelain, un scribe et sept chevaux : je dépense largement tout mon traitement. Dans les premiers temps, je commençai à vouloir mener un train somptueux et délicat : inviter des étrangers, donner trois ou quatre plats, manger dans vaisselle d'argent et autres choses, mais je m'aperçus que je dépensais trop et n'étais rien de mieux, en sorte que je résolus de ne plus inviter personne et de vivre à un bon ordinaire : je rendis l'argenterie à qui me l'avait prêtée, d'abord pour n'avoir point à la garder, et aussi parce qu'on me pressait de parler à Notre Seigneur pour certaine affaire : je le faisais et on ne voyait rien venir ; je me déterminai donc à me décharger de ce souci et à ne donner à quiconque ennui ni soin pour qu'on m'en exemptât à mon tour. Le matin, en ce moment, je me lève à 16 heures, habillé je vais au Palais, non chaque matin, mais une fois les deux ou trois jours, Là, parfois, je dis vingt mots au Pape, dix au cardinal de Médicis, six au Magnifique Julien ; et si je ne peux lui parler, je m'adresse à P. Ardinghelli, puis à quelque ambassadeur qui se rencontre par les chambres et j'apprends quelque petite chose, mais de peu d'importance. Cela fait, je retourne à la maison ; parfois, pourtant, je dîne avec le cardinal de Médicis. Rentré, je mange avec les miens et parfois un étranger ou deux, comme qui dirait ser Sano... Après manger, je jouerais si j'avais avec qui ; n'ayant personne, je me promène dans

l'église et le jardin. Puis petite chevauchée hors
de Rome, quand il fait beau ; à la nuit, retour à
la maison... » Grand liseur, après avoir absorbé
toute la nourriture intellectuelle que lui dispen-
sait un libraire bien fourni — *ben grosso* [1], — il s'est
fait une bibliothèque d'historiens latins ou grecs,
surtout latins, et passe le temps avec eux, « considérant quels Empereurs a supportés cette misérable Rome, qui jadis fit trembler le monde ».
(Et ce n'est pas merveille, observe-t-il, qu'elle
ait encore toléré deux pontifes de la qualité de
ceux qui viennent de passer [2]). — Ses obligations
professionnelles, outre la visite au Palais, se
réduisent à écrire, une fois tous les quatre jours,
« une lettre aux Seigneurs Dix pour leur annoncer quelque petite nouvelle stérile et sans relief » :
il ne peut en envoyer d'autres, et pour cause.
Puis après le souper, le bavardage avec ses amis,
Brancaccio, Nasi, il va se coucher. — Et, pour
que le tableau de ce nouveau *bel vivere* soit complet, Vettori n'omet point le chapitre de ses
amours : « Si vous me demandez : Avez-vous une
maîtresse ? je vous dirai : Oui, les premiers temps
de mon arrivée, mais ensuite, craignant l'air esti-
val, je me suis retenu. Néanmoins j'en avais une
si accoutumée que souvent elle vient d'elle-même :
sa beauté est raisonnable et son parler aimable.
J'ai aussi dans mon quartier, bien qu'il soit soli-

1. L. CXXVII.
2. Alexandre VI et Jules II.

taire, une voisine qui ne vous déplairait pas... »

Telle est à Rome, à l'automne de 1513, la vie d'un fonctionnaire qui sait tout le parti que l'on peut tirer d'un égoïsme bien aménagé. Il ne connaît point la contrainte des cérémonies, ne fréquente point les cardinaux, la messe aux jours de fêtes seulement, méprise tout protocole, s'habille tantôt court, tantôt long : bref, ne vit pas en ambassadeur « car il a toujours voulu être libre ». Les gens, et les plus notoires, sont d'ailleurs de telle médiocrité dans cette ville que leur commerce ne vaut pas d'être recherché. « Quand je leur parle longuement, que je lis leurs lettres, j'admire à part moi qu'ils soient arrivés à quelque dignité, car ce ne sont que cérémonies, mensonges et fariboles ; il y en a peu qui sortent de l'ordinaire ». La raison veut donc que « l'on ne s'éreinte pas pour arriver : qu'on dise ce qu'on voudra ; si je ne satisfais pas, qu'on me révoque... Soyons gais et foin de l'avenir [1] ! »

C'est naturellement, dans l'heureuse clarté d'une ville joyeuse, toute vibrante encore du renouveau de l'Esprit, riche d'une beauté retrouvée, que naît cette belle philosophie. Le drame peut être proche mais on veut l'ignorer : l'habileté du Maître, — duplicité inouïe, au dire de certains, — n'est-elle point d'ailleurs une garantie de paix ? Eudémonologie simpliste, autant que le vieil air de carnaval florentin que notre Ronsard connaissait bien :

1. L. CXXXVI, 23 novembre.

> Chi vuol esser lieto, sia :
> Di doman non c'è certezza !

aisée en tout cas à un homme en place, de loisir, curieux, que l'altruisme n'étouffe point : le plus jeune des orateurs auprès du Pape [1].

Où Machiavel loue les puissances.

Machiavel lisait : « Niccoló, c'est à cette vie que je vous invite... ici vous n'aurez autre chose à faire qu'à flâner, puis rentrer chez vous pour faire l'amour et rire... » et il sentait plus vivement encore l'infortune présente. En août, la Marietta avait eu une fille qui n'avait pas vécu ; lui « se portait bien de corps, de tout autre chose mal ». « Il ne me reste, disait-il, d'autre espérance que l'aide de Dieu et de qui ne m'a pas abandonné [2]. » Son accès de résignation, sa foucade d'ascétisme passés, il est retombé dans l'incertitude, les alternatives d'espoir et d'abattement. De loin en loin, on assiste à ses tentatives de courtisan : un jour il envoie à Vettori un éloge académique de Lorenzo de Médicis, ce médiocre qui eut la chance d'être neveu d'un Pape, et riche : « Je ne veux point négliger de vous faire connaître la conduite du Magnifique Laurent qui, jusqu'ici, s'est montrée de telle qualité qu'il a rempli d'heureuses espérances la cité tout entière ; chacun, semble-t-il,

1. Cf. L. CXXVII.
2 L. CXXIX à Vernacci (4 août).

commence à reconnaître en lui son aïeul d'heureuse mémoire. » Affable, prudent, sans orgueil mais sans familiarité exagérée, il se fait plus aimer que craindre et sait tout ensemble ne pas s'aliéner les esprits et forcer le respect. « Bien que magnifique et libéral, l'ordonnance de sa maison est telle qu'il ne s'écarte point de-la vie civile, en sorte que sa conduite extrinsèque et intrinsèque n'offre rien qui blesse ou qui soit répréhensible ». — Et le dessein de ce panégyrique n'apparaît que trop clairement dans ces mots de la fin : « Bien que je sache que beaucoup vous apprendront la même chose, j'ai cru bon de vous en entretenir afin que mon témoignage vous fasse partager le plaisir que nous ne cessons d'éprouver et que vous puissiez, le cas échéant, en faire foi de ma part à Sa Sainteté [1]. » Vettori a-t-il pu glisser ceci « dans les vingt mots qu'il dit au Pape » ? On pourrait en douter ; bien qu'officieux ami, l'ambassadeur ne cache pas que les charges et sollicitations ne sont point de son goût. En tout cas, le panégyrique ne porte pas, et, toujours déçu, son auteur redescend en son premier état. — Si travaillé d'espoirs, si impatient d'agir qu'il soit, la conception épicurienne de la vie lui apparaît alors comme la plus recommandable. « Continuez cette existence si calmement ordonnée, dit-il à Vettori, car qui laisse ses commodités pour celles des autres, perd les siennes sans qu'on lui en sache

---

1. L. CXXXV (août 1513, selon Alvisi).

gré ». Restons en repos, laissons faire la fortune et ne lui donnons pas d'ennuis en attendant qu'elle nous permette d'agir, « alors vous pourrez vous donner plus de peine, veiller à ce qui se passe, et moi je quitterai la campagne et vous dirai : Me voilà ».

Ainsi, voulant ignorer que les événements ne sont jamais absolus, la destinée des hommes jamais absolument fatale, il s'en remet au Hasard, attend, et, lassé d'être prophète, il regarde sa vie : de cette époque date la lettre fameuse qui a fixé dans l'histoire la figure de Machiavel après ses disgrâces.

De sa vie rurale-humaniste.

Campagnard malgré lui, il s'est fait à la campagne : levé avant l'aube, il prépare ses gluaux pour la chasse [1], ou va, dans un bois qui lui appartient, passer le temps avec les bûcherons « qui ont toujours maille à partir entre eux ou avec les voisins » ; encore ce reste de bien lui vaut-il « mille belles histoires [2] ».

Occupations normales d'un petit propriétaire ; pourtant un moment l'homme de lettres apparaît : tout en surveillant ses gluaux, ce chasseur

---

1. On sait que les Italiens sont restés grands destructeurs 'oiseaux.

2. Ses amis en usent de telle sorte qu'il est obligé de leur refuser du bois et « Batista Guicciardini compte cela au nombre des désastres de Prato ».

lit Dante, Pétrarque « ou l'un de ces poètes mineurs comme Tibulle, Ovide et autres : leurs amoureuses passions, leurs amours lui rappellent les siennes et il se délecte un temps en ce penser ». Mais ce n'est qu'un éclair : sur la route, devant l'auberge, il cause avec les passants, interroge, écoute les histoires, note les caractères, — c'est sa place publique. Puis après un maigre souper — « ce que donnent ma pauvre campagne et mince patrimoine » — il retourne à l'auberge : là, en compagnie de l'hôte, d'un boucher, d'un meunier, de deux fourniers, il s'encanaille à jouer à cricca (aux cartes), à « trichtach » ; les injures volent, on se bat pour un quattrino et de San Casciano on les entend crier. Mais s'il se plonge ainsi dans cette gueuserie, cette pouillerie (*in tra questi pidocchi*), c'est de propos délibéré : il préserve ainsi sa cervelle de la moisissure ; s'il se laisse piétiner par la fortune, c'est pour voir si elle n'en aura pas honte.

Cette consciente recherche de la crapule — qui est encore de la vie — fait mieux sentir le prix des fêtes qu'il se donne. Le soir, dépouillant ses vêtements rustiques pleins de fange et de boue, il endosse l'habit de cour : tel un vieux militaire, aux jours de solennités, revêt son ancien uniforme, déconstitué il revêt sa fonction. Puis, dans cet appareil royal, il s'admet à l'auguste compagnie des hommes de l'antiquité : « Affectueusement reçu d'eux, je me repais de cette nourriture, qui seule est mienne et pour laquelle je suis né ; j'ose leur parler, leur demander la raison de leurs actes ; eux courtoisement me répondent et quatre heures durant, je ne sens plus d'ennui, j'oublie tout chagrin, je ne crains plus la pauvreté, la mort ne m'épouvante plus : tout entier je me transporte en eux. » Livresques délices dont les hommes de cet âge ne se sont point lassés. La mort vint surprendre Pétrarque, la nuit, comme il veillait dans sa bibliothèque ; au matin, ses amis le trouvèrent, le front appuyé sur un livre ; « le travail qui avait occupé ses dernières heures était la biographie de César, la page écrite par sa main tremblante s'arrête sur un renvoi aux lettres de Cicéron annonçant un passage qu'il n'a pas transcrit [1] ». Ses lettres à Boccace, les réponses de celui-ci sont une longue suite de formules admiratives à l'adresse des anciens, un commentaire souvent ingénu de leurs œuvres, plus souvent encore un pastiche [2] : reprendre, dans leur commerce épistolaire, le ton de Cicéron parlant à Atticus est leur suprême joie. — Le nom de Rome, les institutions de Rome, ses fonctionnaires n'ont point cessé d'exercer une influence merveilleuse : en 1452, l'Empereur Frédéric venant se faire couronner dans la Ville Eternelle, répond à peine au salut des cardinaux, encore moins à celui des

1. P. de Nolhac. *Pétrarque et l'Humanisme*, t. I, p. 85.
2. V. par ex. : *Lettres familières*, XXI, 15 *in fine* (dans la trad. de Develay. Paris, 1891, p. 41).

évêques ; mais quand s'avance un homme, vêtu de brocard avec barette, manches et ornements de peau, l'Empereur demande à son interprète : « Qui est celui-là ? » et l'autre dit : « Le Sénateur de Rome » ; alors l'Empereur enlève son chapeau, embrasse le fonctionnaire romain et lui fait beaucoup d'honneurs [1].

Ainsi encore Machiavel, célébrant avec Rome ses noces spirituelles, mais avec moins de cœur que Pétrarque, moins de désintéressement que Montaigne : il n'est plus perdu d'amour, sa visée est pratique, immédiate.

Comment le Prince naquit et grandit dans une auberge.

C'est dans cette humble maison de Percussina, qu'aujourd'hui encore les gens du pays appellent l'Albergaccio, à deux pas de la taverne, qu'est né le Prince. « Comme Dante a dit : « Il n'y a point de science si l'on ne retient ce qu'on a entendu », j'ai noté tout ce qui m'a paru important dans la conversation (des anciens), et composé un opuscule *De principatibus* où je m'enfonce autant que je puis dans les considérations du sujet, discutant ce qu'est un principat, de combien d'espèces il y en a, comment ils s'acquièrent, comment ils se maintiennent, pourquoi ils se perdent. Et

1. « Et chacun s'étonne que pour les cardinaux il ait à peine incliné la tête, tandis que pour le Sénateur il enlève son chapeau. » Infessura, *Diario*, p. 50-51.

si jamais aucune mienne fantaisie vous plût, celle-ci ne devrait point vous déplaire : un prince, surtout un prince nouveau, devrait l'avoir pour agréable : je l'envoie donc à la Majesté de Julien. » OEuvre toute latine, semble-t-il, de compilation et de commentaires : l'Albergaccio est sur la route de Rome. Mais *le Prince* a dans la vie de Machiavel une signification remarquable : plus qu'un moment, plus qu'un épisode. Sans doute, l'on conçoit fort bien un employé subalterne dédiant à son supérieur un traité méthodique de sa fonction ; *le Prince* cependant n'est point un « Manuel du parfait administrateur », son objet est plus haut et peut-être moins honorable. Nous ne le considérons ici qu'à la date de sa naissance, non dans sa célébrité future, et il apparaît nettement que le dessein de l'auteur a été de se refaire une place comme conseiller intime, inspirateur du souverain. Une longue misère, une inactivité insupportable ont facilement raison de ses anciennes croyances : alléguant alors son expérience des hommes — de ceux-là même qui furent ses égaux, ses amis, et qu'il s'agit d'abattre, — il fait hommage au Puissant du jour, lui offre le moyen d'asseoir sa domination, de fonder sur le roc et non sur le sable. *Le Prince* n'est certainement pas une injure à la Patrie [1], mais c'est non moins certainement une œuvre de trahison : Machiavel

---

1. Et c'est le seul point sur lequel nous sommes d'accord avec Gioda, *op. cit.*, p. 288-289.

résout à sa façon le problème des relations du Pouvoir avec ses serviteurs. Peut-être, s'il avait eu le sentiment d'être suivi, aurait-il, devançant les temps, esquissé un beau plan de défense des fonctionnaires contre l'arbitraire, les désétablissements de régimes, les révolutions, suggéré quatre cents ans plus tôt la formule bénie que les honorables employés de nos jours — et leurs maîtres — peinent à élaborer ; s'agissant d'un pareil homme, la supposition n'est pas absurde. Mais l'on sait et l'on saura mieux encore la valeur morale de ses amis : il est seul, parler dans le désert n'est point de son goût et au surplus ne profite pas.

Rejeté du sein où il a été nourri, respecté, des cours où il a porté la parole pour X, chassé, il ignore la révolte mais ne peut se résoudre au silence : il se fait alors professeur d'*inganno*, enseigne au maître le moyen d'être plus sûrement le maître, trahit ses compagnons, sa classe, — exactement sa classe d'humble fonctionnaire mal payé, — bref redemande à crever de faim avec honorabilité et décence. Cela, il l'a fait en toute simplicité : ce Machiavel, si retors et souterrain dans ses conseils au Prince, moins cependant que ne le croient ceux qui ne l'ont pas lu [1], est le plus naïf des serviteurs remerciés, dégommés. « J'ai parlé avec

---

1. Les Médicis d'ailleurs donnent un démenti à Machiavel : comme l'a fait remarquer Renan (*Essais de Morale*, art. sur *les Révol. d'Italie* de *Ferrari*), ils assoient leur principat non par les moyens que leur suggère M., mais par l'alliance avec les maisons princières étrangères.

Filippo de mon opuscule : le publier ou ne pas le publier ? Dans le premier cas, faut-il le porter moi-même ou vous l'envoyer ? Si je ne le publie pas, j'ai à craindre que Julien ne le lise pas, que cet Ardinghelli ne se fasse honneur de ce dernier travail. Le publier, c'est à quoi m'incite la nécessité qui me talonne : je m'use et ne puis rester longtemps ainsi sans devenir méprisable par pauvreté. » Et l'arsenal merveilleux de la scolastique ne lui étant pas assez familier pour établir en belles propositions, en belles colonnes répondantes, le critérium de l'excellence d'une détermination, il tourne court, entame son apologie, s'attendrit noblement sur le sort malheureux d'un politique de sa valeur : « Je voudrais bien que ces Seigneurs Médicis commençassent à m'employer, dussent-ils d'abord me faire rouler une pierre, et, si je ne me les rendais favorables dans la suite, je n'aurais à m'en prendre qu'à moi ; en lisant mon ouvrage on verrait que les quinze ans que j'ai passés à étudier l'art de l'État, je ne les ai employés ni à dormir, ni à jouer, et tout le monde devrait tenir aux services d'un homme que la connaissance d'autrui a rempli d'expérience. Quant à ma fidélité, on n'en devrait pas douter ; l'ayant toujours observée, ce n'est pas aujourd'hui que j'apprendrai à la rompre ; qui a été fidèle et bon quarante-trois ans (je les ai) n'est point pour changer de nature ; de ma fidélité, de ma bonté, la preuve c'est ma pauvreté. » Il faudrait être aveugle pour ne point reconnaître les mérites d'un homme aussi parfaitement loyal et intègre, mais, l'instant d'avant, Machiavel a pris soin de se replacer lui-même au niveau d'une honnêteté plus commune : s'il balance à faire le voyage de Rome, « c'est, dit-il, que les Soderini sont là-bas, et je serais forcé, si j'y venais, de leur faire visite et de leur parler. Je craindrais à mon retour de ne pas débarquer chez moi, mais chez le Bargello, car, encore que cet état ait solides fondements et grande sécurité, cependant il est nouveau, partant soupçonneux, et il n'y manque pas de cuistres qui régaleraient les autres et laisseraient la note pour moi [1]. »

Prudence chèrement acquise dont on ne saurait lui faire grief, mais prudence tout de même et qui n'est point d'un héros. Vettori d'ailleurs la juge excessive : « Vous êtes entré dans l'administration trois ans avant qu'il ne fût gonfalonier ; puis vous l'avez servi avec fidélité et n'en avez tiré qu'un profit ordinaire. Ainsi donc, si vous devez venir, bannissez cette crainte : on ne vous en voudra pas d'une simple visite, et si vous vous abstenez, on ne vous taxera pas d'ingratitude [2]. »

D'un boutiquier et comment Machiavel se fit solliciteur pour autrui.

Malgré cette assurance, Machiavel ne va point à Rome. « Certaines siennes affaires » le rete-

1. L. CXXXVII, ut sup.
2. L. CXXXIX, 24 déc. 1513.

naient alors pour six semaines, et, sans cesse différé,
ce voyage ne fut qu'un de ces projets longuement discutés, mûrement réfléchis auxquels s'attache l'idée d'une délivrance, d'un renouveau de
bonheur, mais qui ne se réalisent point : c'est
entre Percussina et Florence que se partage son
exil.

Sollicitant pour lui sans succès, il s'est mis à
solliciter pour les autres et voici que, dans sa
vie, se précise une nouvelle figure : celle de ce
Donato del Corno déjà entrevu, errant, tel un fol,
par les rues de Florence. Celui-ci, vrai personnage
de comédie, est un boutiquier enrichi qui, pour
atteindre plus sûrement aux honneurs, les achète ;
pratique en dépit de ses accès de folie, il a, un
jour environ après le retour des Médicis, prêté
gratis et sans en être prié cinq cents ducats au
Magnifique Julien et son plus grand désir serait,
en récompense, d'être *imborsato*, c'est-à-dire
compté parmi les éligibles aux magistratures.
Machiavel lui sert de truchement et apporte à
ce nouvel office autant de conscience, de constance qu'aux anciennes négociations : les nombreuses lettres qu'il écrit à Vettori en témoignent.
Il faut obtenir de Julien qu'il écrive à un ou deux
accoppiatori de mettre Donato sur la liste ; que la
lettre soit impérative, sans réplique, car ces gens
sont « revêches [1] » ; et plus tard, il revient à la
charge, pressant son officieux ami auquel il croit

1. L. CXXXIII, 25 août 1513.

complaire en le sollicitant de faire aboutir la promotion de « notre Donato [1] ». Est-ce là pure amitié ? espoir d'un retour avantageux ou désir de se prouver à soi-même que, tout écarté des affaires, on jouit cependant d'un reste d'influence ? — Une chose est certaine, c'est que la boutique de Donato remplace pour ce rural qui vient revoir sa ville le bureau d'autrefois : rendez-vous de bavards, de joueurs, de politiques, Machiavel y retrouve un peu de l'atmosphère qu'il aimait ; sa personnalité s'impose sans peine à la considération de médiocres ou d'imbéciles et il ne méprise point une satisfaction de cet ordre ; enfin, si vulgaire soit-elle, cette compagnie est encore préférable à celle de l'hôte et du boucher.

A voir pourtant ce qui se passe chez ce candidat patenté, on pourrait croire que sa boutique tient de la maison mal famée : Donato, Mécène de beuveries, riche et régalant les gens de festins et de filles. Mais Ricci dit formellement le contraire : Donato était un homme plaisant et riche et dans sa boutique se réunissait nombreuse compagnie, en particulier Nicolas Machiavel de qui il était fort ami [2]. — Ce petit neveu craint-il, par piété, de dire le vrai ? Question de mot en somme : on voyait ailleurs que chez Donato d'incomparables spectacles de débauche [3]. Mais dans

1. L. CXXXVIII, 19 décembre.
2. Cf. Villari, II, p. 220.
3. Cf. plus loin, lettre CXLIV.

ce conclave de commerçants, de fonctionnaires en folie, d'âmes en peine, pas plus que dans la ville même, Machiavel ne retrouve le calme de l'esprit, l'apaisement du cœur. Les charlatans, ermites, hérauts de calamités fondent sur cette cité malade et ce ne sont point des Savonaroles. « Un frate de saint François [1] à moitié ermite, qui pour donner plus de crédit à ses prédications fait métier de prophète, a, hier matin à Santa-Croce, raconté monts et merveilles : avant peu, — ceux qui ont aujourd'hui quatre-vingt-dix ans pourront le voir, — viendra un pape injuste, créé contre un pape juste, qui aura ses faux prophètes, fera des cardinaux, divisera l'Eglise. Item, le roi de France sera annihilé, et un prince de la maison d'Aragon dominera l'Italie. Notre ville ira à feu et à sang, les églises seront abandonnées, détruites, les prêtres dispersés, trois ans sans office divin. Peste et famine terribles ; dans la ville il ne restera que dix hommes, dans la campagne deux seulement. Un diable a depuis dix-huit ans habité un corps humain et dit la messe. Deux millions de diables au moins sont déchaînés pour servir de ministres à ces calamités, entrent dans le corps de ceux qui meurent, ne le laissent point pourrir, afin que les faux prophètes et religieux puissent ressusciter les morts et (par là) être crus [2]. » Florence a toujours eu le goût des récits tragiques : elle frémit et se délecte

1. Fra Francesco da Montepulciano.
2. L. CXXXVIII.

à la voix du moine en délire ; ce peuple de badauds aime à être battu, fouaillé des hommes de Dieu ; l'annonce des désastres qui l'attendent est pour lui comme un écho des temps républicains. « Florence, dit Vettori, est sous une telle étoile, que de pareils individus y courent et sont écoutés volontiers [1]. » Ces prophéties terribles et enfantines — justes cependant en ce qui concerne le roi de France — tombent sur un homme lassé de déboires, à qui la constance du malheur donne une facile croyance aux malheurs à venir. Machiavel se défend d'y ajouter foi : « Je n'use point de ces choses-là », mais il ne peut s'empêcher d'y réfléchir : celui dont on a fait le premier des grands réalistes est touché de l'esprit de superstition [2].

Où Vettori pose un problème.

Vettori, au contraire, est peu sensible à ces propos en l'air ; la question des principats, encore qu'il doive s'y intéresser [3], ne le trouble point, les consultations politiques le fatiguent et ce sont d'autres problèmes qu'il soumet à la sagacité de son ami. Cet ambassadeur de quarante ans, — qui a

1. 1. CXXXIX, 24 décembre.

2. L. CXLII. « D'ici rien à vous raconter sinon prophéties, pronostics de malheurs. Si ce sont mensonges, Dieu confonde les menteurs ; si ce sont vérités, Dieu les convertisse en bien. »

3. L. CXXXIX. Il dit à M. de lui envoyer *le Prince.* « Il est bon que je le connaisse ; là où feront défaut la capacité et le jugement, suppléeront l'amour et la fidélité. Quand je l'aurai lu, je vous dirai si je juge bon que vous le présentiez, ou non, au Magnifique Julien. »

femme, filles mariées et à marier, ne l'oublions pas [1], — voit la belle ordonnance de sa vie de célibataire troublée par ses intimes, ses coadjuteurs : Filippo Casavecchia, ex-commissaire des milices qui a échappé à la révocation, cuistre rhétoricien à la faconde intarissable, ami ancien de Machiavel, fort décrié à Florence [2] et maladroit, semble-t-il, dans ses dérèglements [3] ; Brancaccio, l'ami des femmes, souvent en désaccord avec Casavecchia [4], et dont la renommée paraît n'avoir pas été pure de toute tache [5].

Et voici le problème : de la difficulté de contenter tout le monde. Vettori est florentin et partant, excellent conteur : « Si j'ai tardé à répondre à votre lettre, mon compère, Casavecchia et Brancaccio en sont cause : chaque jour ils me trou-

1. V. L. CXLIII.

2. V. L CXIX de M. « Dites à Filippo que Niccoló degli Agli le « trompette » par tout Florence, je ne sais pourquoi, mais sans égard et sans rémission il le charge de telle sorte qu'il n'est personne qui ne s'en étonne. Ainsi avertissez Filippo de médicamenter cette inimitié s'il en sait la cause. Hier, il me rencontra, il avait un papier à la main où étaient notées toutes les cigales (bavards) de Florence et me dit qu'il les soudoyait pour dire du mal de Filippo et se venger ainsi. »

3. V. L. CXXXVIII de M. « Saluez Casa de ma part et dites-lui que s'il ne change de façons, il perdra tout crédit auprès des garçons de là-bas, comme il l'a perdu ici. »

4. V. L. CXXXIX de Vettori. « Casa et Brancaccio ont souvent différends entre eux, et il faut que je m'interpose pour les réconcilier. »

5. V. L. CXXII de M. « Pier Filippo di Bastiano est rentré à Florence et se plaint terriblement de Brancaccino mais en général ; jusqu'ici il n'en est pas venu au particulier. »

blent la cervelle à me rappeler la dignité de
ville et les convenances de mon emploi. Vou
savez que j'aime un peu le commerce des fen
mes, plus pour le bavardage que pour aut
chose, car j'ai à présent dépassé l'âge et ne pu
guère faire autre chose que parler ; vous sav
encore combien le goût de Filippo leur est étra
ger [1]. Avant qu'il n'arrivât, comme mon logis e
un peu écarté, je recevais souvent la visite (
quelques courtisanes qui venaient voir l'église
le jardin accolés à ma maison : je ne m'avisai pa
quand Filippo fut arrivé, de leur faire signifi(
de ne plus être si hardies que de mettre les pie(
ici ; en sorte que, deux jours après son arrivé
juste à l'heure du dîner, il en tombe une da
ma chambre ; les domestiques, selon l'habitud
l'avaient laissée entrer librement. La voilà q
s'asseoit comme si elle était chez elle et je r
puis ni la renvoyer ni arranger la chose av
Filippo qui accrochait sur elle une paire d'yeu
étonnés et dédaigneux. On se met à table, elle
sa place ; on dîne, on cause ; après le dîner, comm
d'habitude, elle va faire un tour au jardin. Nou
restons, Filippo et moi ; lui entame alors un di
cours en trois points qui commençait ainsi : « Vou
ne trouverez pas mauvais, magnifique orateu
qu'étant depuis l'enfance... » mais moi, prévoyar
que le discours menaçait d'être infiniment lor
et sachant où il voulait en venir, je l'interromp

1. Nous suivons ici le texte donné par Villari (II, p. 570).

disant que ces quelques mots suffisaient à dévoiler son intention, que je ne voulais ni me justifier ni écouter sa mercuriale, car j'avais vécu jusque-là libre et sans entrave aucune et entendais continuer de même le temps qui me restait à vivre ; en sorte qu'il a fini, mais à contre-cœur, par consentir que les femmes vinssent ici à leur gré.

« Mais maintenant il faut vous conter quel tintouin m'a donné Brancaccio. Vous savez, je crois, combien Jacopo Gianfigliazzi est mon ami : pour beaucoup de raisons j'ai lieu non seulement de l'aimer mais de le respecter ; lors de son ambassade ici, il me confia certaine affaire à lui qu'il est inutile de vous dire, et, pensant peut-être que j'avais plus d'occupations que je n'en ai, pria ser Sano de me la rappeler. Celui-ci est donc venu presque chaque semaine me parler de cette histoire et parfois dîner avec moi. Giuliano, l'ayant vu venir une fois, puis deux, puis trois, commence à me dire que ser Sano est un homme infâme, qu'aux Banchi un marchand de bonne renommée lui a demandé quel commerce j'avais avec lui, enfin que je me devrais garder de pareilles relations : si bien qu'il m'a fallu, pour me disculper, raconter point par point toute l'histoire entre J. Gianfigliazzi et lui. Ainsi, mon compère, vous voyez où j'en suis : je dois rendre compte de tout ce que je dis, de chaque visite que je reçois. Dites-moi votre avis, je vous prie : de Filippo ou de Giuliano, lequel me fait les reproches les plus jus-

tifiés ? Je leur garde néanmoins mon amit
mais avec tous leurs monitoires et réprimand
ils ne m'empêcheront pas d'en faire à ma tête [1]

Où Machiavel consulte son expérience et morali

La philosophie de Machiavel s'exerce volonti
sur ce beau thème de morale: le choix d'une règ
de vie est un problème qui l'a toujours préoccu
et qui, si médiocre que soit la façon dont il
pose, vaut encore d'être examiné. A ce momer
il traîne une existence misérable, triste et nul
dépensant « les pauvres revenus qui lui reste
à sec d'affaires et de gain ». On a parlé, il est vr
de l'attacher au cardinal de Médicis qui va êt
envoyé en France avec le titre de légat, —
l'expérience qu'a l'ancien secrétaire du pays et
la cour semble le désigner, — mais la chose n'
rien moins que sûre et Vettori a beau déclar
que « si cela ne réussit pas, rien n'est perdu
l'avenir reste obscur.

Philosopher, mais sans métaphysique, sur d
sujets faciles, tirer d'une anecdote plaisante d
conséquences d'une gravité inattendue, est enco
un moyen de soulager, de *sfogare* sa peine ;
surplus il n'y a pas d'exemple qu'un Florentin
résisté au charme d'une histoire bien contée : c'
son vice et c'est sa gloire. Machiavel n'a pas beso
semble-t-il, de faire effort sur lui-même, de vai
cre une répugnance imaginaire, pour obéir a

1. L. CXXXIX, 24 décembre.

« excitations[1] » de Vettori. Le milieu d'ailleurs, les acteurs, les « protagonistes » pour parler à l'italienne, ne lui sont pas inconnus : Brancaccio, Casavecchia sont ses amis, il les a vus à l'œuvre. Quant aux filles, il a assez trompé chez elles son ennui et son oisiveté, assez couru le monde pour que son opinion soit fondée sur l'expérience. — Quartiers confinés, exilés, asile des infidèles, refuge des déshérités, mais aussi salon du fonctionnaire pauvre qui, après avoir blêmi dans l'obscurité d'un bureau, croit retrouver la lumière ; ce n'est point là seulement que se forme la jeunesse, le subalterne dédaigné y perd un temps le sentiment de sa dépendance, prend le ton de maître, discute magnifiquement des affaires publiques et, grandi à ses propres yeux par cette illusion de liberté, optimiste, imagine un avenir de claires félicités : le lupanar italien est resté un centre de réunion[2]. Et pour un esprit errant, exactement dévoyé, qui n'a plus la foi et tâche en vain à la remplacer par un culte livresque, menacé dans sa vie même et jamais sûr du lendemain, quel plus efficace recours ! De là l'espèce de domination qu'ont exercée les filles, particulièrement au temps de la Renaissance. Méprisées, c'est possible, mais leur maison reste le rendez-vous des malheureux, hommes de lettres ou fonctionnaires, qui croient

---

1. *Stuzzicato* : c'est le mot de Villari, II, p. 222.
2. Et le nom vulgaire employé même dans la *letteratura séria*.

encore en la puissance consolatrice de la femm
et ne trouvent point dans la famille remède à leu
infortune. Il ne s'agit pas ici, bien entendu, de
hautes courtisanes tenant cercle de politique et d
littérature où fréquentent aristocrates, banquier
et cardinaux, mais de la fille indigente, rouée
souvent tragique [1], qui a clientèle populaire o
maigrement bourgeoise, celle dont les écrivain
d'alors, nouvellistes ou chroniqueurs, ont cont
les merveilleux artifices, les mensonges incom
parables, et dont le mode d'existence fournir
plus tard à cet étonnant Ferrante Pallavicino
plus philosophe que l'Arétin en ses *Ragionamenti*
la matière d'un ouvrage parfaitement dogmatique [2]
Bureau, restaurant, maison publique : trilogi
éternellement nécessaire dans la vie du peti
employé : Bouvard et ses frères d'autrefois. Pou
les gens de cette sorte, une ville est aussi remar
quable par ses quartiers honteux que par ses gloi
res religieuses ou civiles et l'on ne s'étonne poin
de rencontrer dans les lettres de Machiavel un
allusion à ce « postribolo » (*sic*) de Valence qu
faisait l'admiration du voyageur Roberto Rophia [3]

1. V. p. ex. Infessura, p. 217-218.
2. *La Rettorica delle Puttane composta conforme li precett
di Cipriano.* In Villafranca, 1673. Pour la courtisane politique
cf. *Il Puttanismo Romano* (attrib. à Leti), Colonia, 1668. Comp
Corn. Agrippa. *De l'incertitude, vanité et abus des sciences*
trad. de Louys de Mayerne, Turquet, 1630, p. 267 ; éd. latine
1537, ch. LXII (non paginé).
3. « C'est un lieu entouré de murailles comme un château
il n'y a qu'une seule porte, des rues bien droites, de nombreu

La consultation commence sur le mode grandiloquent : « Magnifique orateur, c'est en vérité une chose d'importance que de considérer combien les hommes sont aveugles sur les fautes qu'ils commettent, et combien ils sont acerbissimes persécuteurs des vices qu'ils n'ont pas. Je vous pourrais alléguer autorités grecques, latines, hébraïques et chaldéennes, aller jusqu'au pays du Sofi et du Prêtre Janni et vous les amener, si les seuls exemples domestiques et récents ne suffisaient. Je crois que ser Sano aurait pu venir chez vous d'un Jubilé à l'autre sans que jamais Filippo eût pensé qu'il vous fît du tort. Au contraire il lui aurait paru que vous aviez dessein d'en user avec lui, que c'était là proprement le commerce convenable à un ambassadeur qui, obligé à d'infinis ménagements, doit cependant s'accorder quelques plaisirs et divertissements ; et celui que vous donnerait ser Sano aurait, à son avis, cadré (*quadrasse*) merveilleusement : partout il eût loué votre prudence et porté jusqu'aux nues l'excellence de votre choix. D'autre part, je crois que si le bordel de

ses maisons blanchies au dehors et au dedans, ornées d'étoffes et de lits... Chaque rue a sa taverne et l'on y voit quelques beaux jardinets. Quand arrive dans cette ville un seigneur à qui l'on veut faire honneur, on fait, dit-on, garnir toutes ces maisons des courtisanes de la ville, on les orne fort bien, et le soir à la lumière des torches on l'y mène : c'est, dit-on, un très beau spectacle. » (Cf. Alvisi, *Lettere di M.*, préface, p. XII.) Ce n'est point une exception que ce « postribolo » de Valence glorifié au xv⁰ siècle en Espagne dans les *Coplas del Provincial* : Perpignan pouvait offrir pareil spectacle aux visiteurs de marque.

Valence tout entier avait fait irruption chez vou
Brancaccio n'aurait pu vous en reprendre : a
contraire il vous en aurait plus félicité que s'
vous avait entendu discourir devant le Pape mien
que Démosthène. » Et, scientifiquement, Machiav
indique la contre-épreuve : « La porte fermée au
putains, ser Sano chassé, confinez-vous dans
sérieux, restez sur vous en cogitation ; quatre jour
ne se seront pas écoulés que Filippo commencer
à dire : « Que devient ser Sano ? D'où vient qu'
ne met plus les pieds ici ? C'est pourtant dommag
de ne plus le voir. A mon avis, il est homme d
bien et je ne sais ce que raconte cette bande d
bavards ; il a fort bien le ton de cette cour
c'est, à mon goût, une utile babiole : vous devrie
ambassadeur, envoyer après lui. » Quant à Bra
caccio, je vous laisse à penser s'il se serait plain
étonné de l'absence des dames ; et s'il ne vo
l'avait dit pendant qu'il avait le cul au feu
comme aurait fait Filippo, — il vous l'eût dit dan
votre chambre, de vous à lui. Et pour vous mieu
éclaircir, il aurait fallu qu'au milieu de vos au
tères dispositions je fusse débarqué chez vou
moi qui en tiens pour les femmes : aussitôt, je n
serais aperçu de la chose et j'aurais dit : « Amba
sadeur, vous tomberez malade : il me semble qu
vous ne vous divertissez guère ; ici, pas de ga
çons, ici pas de femmes, quelle maison de caz
est-ce là ? » — Suit la morale : « Il n'y a ici-b
que des fous : rares sont ceux qui connaissent d
monde et savent que si l'on veut se modeler su

autrui on ne fera jamais rien de bon, car il n'y a
pas deux hommes du même avis. Ces gens-là ne
savent pas que qui est tenu pour sage le jour, ne
sera jamais tenu pour fou la nuit : soyez estimé
homme de bien et de mérite, tout ce que vous
ferez pour vous réjouir l'esprit et vivre joyeux
vous vaudra honneur et non reproche ; au lieu
d'être appelé bougre ou putassier, on vous dira
universel, affable, bon compagnon. »

*Que les supériorités véritables ne sauraient être
contaminées.*

Il ne s'agit donc plus, comme au temps de
l'éthique à Soderini, de mettre sa conduite d'accord avec le temps. Depuis ses revers, Machiavel
a évolué : la fidélité, l'habileté, ou ce qu'il croyait
être l'habileté, lui ayant été également dommage-
ables, il semble douter maintenant que l'art de s'a-
dapter aux circonstances soit la condition première du bonheur ; sa conception nouvelle de la
meilleure règle d'existence est celle d'un fonctionnaire désabusé, toujours démenti par les événements, sans renommée profitable, mais qui garde
intact le sentiment de sa supériorité, dont l'orgueil
même grandit dans l'isolement. Il faut donner du
sien et ne rien prendre des autres, « faire comme
le moût lorsqu'il fermente, qui donne de sa saveur
au baquet qui sent le moisi, et ne prend pas le
moisi du baquet ». « Adonc, seigneur orateur,
n'ayez peur ni de la moisissure de ser Sano,
ni de la pourriture de Mona Smeria et suivez

votre manière de vivre ; laissez dire Brancaccio
qui ressemble, sans qu'il s'en aperçoive, à un d
ces roitelets qui sont les premiers à piauler et
crier et qui, quand arrive la chouette, sont le
premiers pris. Quant à votre Filippo, il sembl
un vautour, qui, ne trouvant point de charo
gne dans le pays, vole cent milles pour en trou
ver une ; la panse remplie, il se perche sur u
pin et se moque des aigles, autours, faucons e
autres semblables volatiles qui, pour se nourri
de viandes délicates, crèvent de faim la moitié d
l'année. Ainsi, magnifique orateur, laissez piaule
l'un et l'autre se goufler le jabot, et occupez-vou
de vos affaires à votre manière[1]. » Un homme vra
ment supérieur n'a rien à redouter du commerc
des filles, des médiocres ou des sots : c'est un
expérience que fait journellement Machiavel (e
pourtant le ton de sa lettre, la qualité de ses méta
phores apportent comme un relent de la bou
tique de Donato ou de la taverne de Percussina
Mais si agir à sa guise, avec le soin constar
de son intégrité, est un précepte de vie prat
que fort recommandable à un ambassadeur sar
responsabilité, sans inquiétudes essentielles,
n'en va pas de même pour un homme en marge d
la société qui n'a point de quoi vivre : sûreté d
soi, exaltation de la personnalité, mais aussi me
pris volontaire de l'occasion, abandon de l'util
renoncement à un avenir meilleur.

1. L. CXL, 5 janvier 1513 (1514).

De la méthode expérimentale et de ses résultats.

Vettori qui fait grand cas du jugement de Machiavel « dans les petites comme dans les grandes choses » et peut librement se divertir à ces épreuves domestiques, suit aussitôt le conseil qu'on lui donne. Il laisse délicatement entendre au compromettant ser Sano que ses visites sont trop fréquentes, et, avec moins de ménagements, donne aux femmes l'ordre de ne plus se présenter chez lui à moins d'en être priées, un sien parent qu'il respecte venant d'arriver. Puis, durant huit jours, cet homme, fort ami des conversations plaisantes, ne se permet d'autre compagnie que celle d'un certain Donato Bossi « qui fait profession de grammairien, figure austère et bizarre », s'entretient avec lui exclusivement de l'origine des vocables, de la formation du nom, de la place qu'il convient de donner au verbe dans une proposition, toutes choses de minime importance et particulièrement ennuyeuses. « Cette vie ne me plaisait guère ; mais je la supportais de mon mieux pour que Filippo et Giuliano reconnussent leur erreur. Cela ne tarda pas : un soir, assis auprès du feu, Giuliano commence à dire que je devrais inviter ma voisine, que ne la point prier un soir à souper dénotait une sauvagerie que l'on interprète communément en mauvaise part ; les hommes qui vivent tant en leur privé sont tenus pour originaux. »

Alors finit le temps de probation : par un heureux concours de circonstances, chacun trouve auprès de lui un objet propre à le satisfaire et les problèmes moraux ne sont plus de saison. Tandis que Vettori peine à rédiger une dépêche diplomatique qui sache plaire aux Seigneurs Dix sans trop pourtant s'éloigner de la vérité, la dame romaine et sa suite arrivent : elle, veuve de bon lieu, mais ayant déjà dépassé l'âge, — sa fille Costanza, belle par excellence, — son jeune fils, poli, gentil, de bonnes mœurs, honnête ainsi qu'il convient à ses quatorze ans, — et comme d'eux-mêmes les rôles se répartissent. Vettori ayant reçu la matrone avec l'air le plus gracieux que lui ait octroyé la nature, « car, dit-il, pareils accueils joyeux et paroles adulatoires ne sont pas mon fait », entre en propos de diplomate, d'homme en place. Giuliano se met à bavarder avec la fille : « les plus suaves paroles du monde : louanges à sa noblesse, à sa beauté, à sa voix, à tout ce qu'on peut louer en une femme » ; et cependant « Filippo ne s'en tient point avec le garçon à certaines petites paroles apprêtées, demande s'il étudie, s'il a un maître, et pour plus de précision, s'il couche avec lui, en sorte que souvent le timide enfant baisse la tête sans répondre ». Un instant, on peut croire qu'un importun troublera la fête, mais devant l'accueil qu'il reçoit, il bat en retraite. C'est qu'en effet le tableau est complet et il n'y faut point de comparse : le voici tel que Machiavel l'imagine : « Brancaccio ramassé sur une chaise basse pour mieux contempler le visage de la Costanza, en paroles, signes, gestes, rires, démènements de bou-

che, d'yeux, crachements, se fond tout entier, se
consume tout entier, pantelant aux paroles, au
souffle, au regard, à l'odeur, aux suaves manières
et féminines mignardises de la Costanza. » Puis
sur le mode dantesque : « Je me tournai à droite
et vis, à côté de l'enfant, Casa qui approchait du
but, la joue gonflée et la tête rase... Je le vois
gesticuler, se trémousser sur une fesse, puis sur
l'autre, parfois secouer la tête aux réponses entre-
coupées, timides du garçon ; je le vois soliloquant,
ou jouant le rôle de père, de précepteur ou d'amoureux, et ce pauvre jouvenceau ne sachant où il
veut en venir, tour à tour craint pour son honneur, se fie à la gravité de l'homme, prend en
respect sa gracieuse présence et son expérience. »
Quant au seigneur orateur, un œil sur le garçon,
l'autre sur la fille, une oreille à la veuve, l'autre
à Casa et à Brancaccio, il ne répond qu'en généralités et aux derniers mots, comme Echo : « Je
vous vois... couper la conversation, courir au feu
à petits pas, prestes et longs, un peu penché sur
les reins. Quand vous survenez, Filippo, Brancaccio, le garçon et la fille se lèvent, et vous dites :
« Asseyez-vous, restez, ne vous dérangez pas,
continuez votre conversation », et après force cérémonies, un peu familières et grassouillettes, chacun se rasseoit et entre en quelque agréable
devis. »

Des dignités dans leur maturité et de l'amour.
Machiavel n'oublie pas le final : « Je vous vois

12.

à table, je vois le pain, les verres, la table, le
tréteaux gesticuler, chacun engendrer ou plutô
distiller la joie, et à la fin tous trébucher dans ur
déluge d'allégresse. » Puis dominant cette ripaille
apparaît la dignité esclave de l'ambassadeur : « J
vois enfin Jupiter enchaîné au devant du char, j
vous vois amoureux ; et comme le feu est plus puis
sant quand il prend aux bois verts, ainsi la flamm
chez vous est plus forte, car elle a trouvé plu
forte résistance. » Ainsi qu'en une fable, le philo
sophe expérimental est le premier pris au piège
lui qui jusqu'alors s'est soigneusement gardé d
toute passion — « une femme par-ci, une femm
par-là ; sans leur donner d'affection, je passai
avec elles mes fantaisies » — devient quasi prison
nier des vingt ans de la Costanza. Il voudrai
remonter à la mythologie, se muer en or pou
qu'elle l'emporte en sa poche, en cygne pour fair
un œuf à cette nouvelle Léda, ou en tel autre an
mal fortuné pour ne se point détacher d'elle. « J
fais, dit-il, la plus belle défense que je puis en c
commencement (d'amour), mais ne sais si je ser
assez fort : je crains que non. » Diplomate et pèr
de famille, il veut se persuader que céder à
volupté serait d'un lâche, outre qu'il y perdra
biens et tranquillité. « Elle est belle, jeune, galant
et si elle me plaît à moi, je dois craindre qu'el
ne plaise à d'autres et d'autre condition que
mienne, en sorte que je n'en pourrai jouir que pe
et serai en continuelle jalousie ; ainsi ratiocinan
j'ai pris la résolution de la bannir entièrement d

mon esprit. Cette fantaisie dura deux jours et déjà je me croyais assez sûr de moi pour ne plus changer d'avis, quand le troisième jour la mère arrive pour me parler, le soir, amenant sa fille avec elle; et moi qui aurais juré de me défendre en homme bardé de fer, ses paroles, ses gestes m'ont fait prisonnier. La mère parla de ses affaires, puis sortit de la chambre, me la laissa seule au coin du feu ; alors je n'ai pu m'empêcher de lui parler, de lui toucher les mains et le cou: elle me parut si belle, si agréable que tous mes beaux projets s'évanouirent, que je décidai de me donner en proie, de me laisser gouverner, guider à sa fantaisie. Je ne vous veux pas dire ce qui en est résulté : sachez seulement que les ennuis, la jalousie m'accablent plus encore que je ne croyais. Jusqu'ici la dépense a été mince, mais j'ai l'esprit sans cesse angoissé. Plus je lui parle, plus je voudrais lui parler ; plus je la vois, plus je la voudrais voir... Niccoló, vos yeux n'ont jamais vu si belle chose: grande, bien proportionnée, plutôt grasse que maigre, le teint vif, un visage je ne sais si effilé ou rond, — suffit qu'il me plaît, — gracieuse, charmante, aimant la plaisanterie, toujours riante, peu artificieuse en sa personne, sans eaux ni fards sur le visage : du reste je ne veux rien dire, car je ne l'ai pas éprouvé autant que je le désirerais. [1] » Dans ce nouveau labyrinthe, non plus de Dante mais de Boccace, où l'a perdu l'ironique Fortune,

1. L. CXLIII, 9 février 1514.

Vettori n'a point su profiter de l'exemple de Ma
chiavel. Pourtant il lui écrivait : « Je vous ai vu
quelquefois amoureux et sais quelle passion vous
y portez » ; mais, quand il s'abandonne aux déli
ces de la Costanza, ce perpétuel disciple obéi
encore aux conseils du philosophe consultant de
San Casciano : « Vous vous souvenez, disait celui
ci, des blessures que m'ont faites les flèches d'Amou
et je veux vous dire comment je me suis gouvern
avec lui : réellement je l'ai laissé faire, je l'ai suiv
par vallons, bois, rochers et campagnes et l'a
trouvé beaucoup plus caressant que si je l'eusse
maltraité. Jetez donc le bât, enlevez-lui le frein
fermez les yeux et dites : « Fais ce que tu vou-
dras, Amour, sois mon guide, conduis-moi : si je
tombe bien, los à toi ; si je tombe mal, la faute
t'en revienne : je suis ton esclave : tu ne peux rien
gagner en me déchirant, tu ne saurais qu'y perdre, déchirant ta propre chose. » Et avec telles
et semblables paroles, capables de percer un mur,
vous pourrez toucher son cœur. Donc, mon maître, vivez joyeux : ne vous frappez point, regardez
en face la Fortune, suivez le chemin que vous
proposent les révolutions du ciel, la qualité des
temps et des hommes et ne doutez point que vous
romprez toute entrave et surmonterez toute difficulté. Si vous voulez lui donner une sérénade, je
m'offre à venir là-bas avec quelque belle invention qui la rende amoureuse [1]. »

1. L. CXLII.

Où l'on aborde le thème ingrat de la vie de Machiavel et de ses malheureuses amours.

C'est qu'en effet les femmes semblent plus que jamais le grand souci de Machiavel : nous avons entr'aperçu la Janna et la blanchisseuse de Vérone, mais ce n'étaient que les rapides divertissements d'un fonctionnaire gyrovague, cavaliers, sans lendemain ; depuis, le sort lui a fait des loisirs, et faute de mieux, il parle de ses maîtresses. Villari, cependant, met en doute la réalité de ses amours : quand il a voulu les suivre, les saisir, il n'a trouvé qu'une ombre [1]. Mais outre que cet excellent biographe n'aborde qu'avec une réserve toute particulière « ce thème ingrat [2] » de la vie de son héros, — scrupule éminemment respectable, mais dont l'histoire ne s'accommode point, — il est fort malaisé de préciser, de fixer les amours passagères d'un homme peu sentimental et qui a tout le temps de varier sa débauche. Les écrivains de ce temps ont d'ailleurs une manière de pudeur qui leur défend de découvrir leur vie passionnelle : il faut qu'ils soient de loisir, dépourvus de *sujets*, pour nous en faire part. Nous sommes admirablement renseignés sur les conquêtes et aventures d'un Lauzun, — lui, ses amis ou ennemis ne nous laissent presque rien à désirer, — mais pareil étalage d'intimités est bien rare à l'époque de la Renaissance : alors les fureurs amoureuses ne sont

1. « Quasi sfumare », *op. cit.*, II, 218.
2. *Ib.*, p. 223.

que par exception matière épistolaire, et quand
elles le sont, la période chère aux humanistes, le
vocabulaire noble les recouvre ; encore ne sont-
elles souvent qu'un exercice à la façon des anciens.
Il a fallu les patientes et indiscrètes recherches
de M. de Nolhac pour découvrir chez Pétrarque
l'indice de défaillances charnelles [1].

Les lettres de Machiavel nous semblent, au contraire, marquées d'un tel signe de vérité que nous
n'avons point le droit d'en faire abstraction : si
peu qu'il nous renseigne, nous ne pouvons supposer qu'il ait créé de toutes pièces les objets de sa
passion. Aurait-il considéré comme une nouvelle
infériorité vis-à-vis de son ami l'ambassadeur,
qui lui décrit complaisamment le désordre de son
âme, de n'avoir point de maîtresse ? Aurait-il
refusé ce comble de disgrâce : le mépris populaire qui s'attache à l'homme sans amour ? Rien
ne permet de lui prêter une pareille vulgarité de
sentiment. D'ailleurs, si cela était, il se fût probablement posé en vainqueur : or le voici tel qu'il
se montre : « Quand je suis à Florence, ma vie se
partage entre la boutique de Donato del Corno et
la Riccia et il me semble que je commence à les
ennuyer tous deux : l'un m'appelle embarras-de-

---

1. C'est sur un manuscrit des œuvres d'Abailard — fait digne
de remarque — que Pétrarque note les jours où il succombe.
Cf. de Nolhac, *Pétrarque et l'humanisme*, 2ᵉ édit., p. 287 sqq.
Son amour pour Laure est beaucoup de littérature et pour ce
Byron détestait fort ce « vieux radoteur métaphysicien et
pleurard ».

boutique [1], et l'autre embarras-de-maison. Pourtant avec l'un et l'autre je me fais valoir comme homme de (bon) conseil et jusqu'ici cette réputation m'a tant servi que Donato m'a laissé prendre de la chaleur à son foyer et l'autre parfois prendre un baiser, mais à la dérobée. Je crois que cette faveur ne durera guère, car je leur ai donné à tous deux certains conseils qui sont mal tombés : aussi, aujourd'hui même, la Riccia m'a dit, tout en faisant mine de parler avec sa servante : « Ces gens sages, ces gens sages, je ne sais où ils ont la tête ; à moi, il me semble qu'ils prennent toute chose à rebours. « Vous voyez, magnifique orateur, dans quelle diable de situation je me trouve ; je voudrais pourtant garder ma place auprès d'eux... [2] »

Ainsi, toujours malheureux en ses tentatives, grand dispensateur de conseils et remarquablement brouillon, inutile, on ne croit plus en lui. Donato voit avorter ses ambitions politiques : bien qu'il offre cent ducats à qui assurera son élection, il n'est plus question que de le faire *vedere* et non *sedere*, c'est-à-dire de substituer un honneur relatif à une réalité de conséquence [3] ; Machiavel ne lui sert de rien et il le lui laisse entendre. L'autre alors revient aux femmes : revanche-d'un oisif sur les

1. Empesche-boutique, dit Rabelais.
2. L. CXLII.
3. V. L. CXLIII, de Vettori. Cf. sur la signification de ces mots Villari, II, p. 579. Machiavel revient à la charge (L. CLXVI à L. Alamanni, 17 décembre 1517).

hommes d'action qui, à son sens, n'ont point l
temps de faire l'amour. Mais là encore il échoue
cette Riccia, à laquelle il ne préfère que les prê
ches fabuleux [1], le renvoie à la littérature. Séduire
comment l'eût-il pu? et que représente-t-il au
yeux d'une bourgeoise? Plus jeune, rien moin
que beau à ce qu'il paraît, et ne faisant pas d
dépense. Mais cela n'exclut pas la passion et ren
force le malheur : c'est en vain que Vettori tâch
à le consoler [2].

*Un petit monde d'autrefois qui n'est pas à l
mode de Fogazzaro.*

Sans cesse ramené aux limites de sa solitude
réduit, bien qu'il en ait, au rôle d'observateu
dilettante, le spectacle de la vie des autres fai
sa récréation : avec cet admirable sens du déta
presque inconnu dans la littérature italienne, —
parce que net, dépouillé, direct et non plus phra
seur, encroûté, en magma, pour la première foi
choisi, — il donne la vie aux pantins que montr
Vettori et invite lui-même à considérer ce rac
courci d'univers, ce microscome enfermé dans l

1. L. CXXXVIII.
2. « Je ne m'étonne pas que la Riccia, en sa colère, a
blâmé le conseil des sages ; mais je ne crois pas que pour ce
elle ne vous aime point ni qu'elle ne vous ouvre plus quan
vous voudrez, car je l'estimerais ingrate, quand jusqu'à ce jou
je l'ai jugée humaine et gentille... Mais si la Riccia vous ferm
la porte au nez, attachez-vous au Riccio de Donato, qui n
change pas avec la fortune, a du nerf et les reins solides, c
préfère ses amis humbles aux fortunés. » L. CXLIII.

quartier Saint-Pierre, « à deux pas de Sa Sainteté ». — « La fortune vous a été propice, elle a su si bien faire que Filippo et Brancaccio ne font plus désormais avec vous qu'une âme en deux corps ou plutôt deux âmes en un corps. Quand, du commencement à la fin, je pense à cette histoire, la vôtre et la leur, il me semble qu'en vérité, si je n'avais perdu mes fantaisies, j'aurais dû l'insérer dans les mémoires du temps présent, car elle est, à mon avis, aussi digne d'être racontée à un prince qu'autre histoire que j'aie entendue, cette année [1]. »

Le tableau de cette société romaine, petite bourgeoise mais teintée de littérature, est en effet un de ces rares documents qui découvrent, et avec une brutalité singulière, toute une vie secrète dont on a la naturelle pudeur : le vernis de la surface saute et la matière apparaît en dessous, rugueuse et sans artifices. Stendhal l'eût fait figurer en bonne place au répertoire de ses anecdotes italiennes, dans ces in-folios où il avait réuni, avec un soin diligent, les récits « symptomatiques » ; il n'aurait trouvé sans doute à lui reprocher qu'une certaine indigence tragique. À la vérité, ces lettres ne nous présentent aucune de ces terrifiantes et admirables histoires telle, par exemple, que celle des exploits de Pierre-Louis Farnèse et de la mort du charmant évêque de Fano, rapportée par Varchi à la fin de sa chro-

1. L. CXLII.

nique ; mais cette terre élue du drame est auss[i]
celle des conteurs de « gayetés » et l'on n'y mé[-]
prisa jamais les aspects comiques ou simplemen[t]
bourgeois de la débauche.

De l'antiquité et formation de Filippo Casavec-[chia], non-conformiste.

Filippo Casavecchia est un type représentatif[,]
une de ces figures moyennes qui dénoncent un[e]
époque, et, à ce titre, sa formation mérite d'êtr[e]
suivie. Il a des aînés et quelques-uns glorieux[,]
sans parler des clercs qui s'adonnaient au péch[é]
monstrueux par respect des saintes ordonnance[s]
prohibant le concubinage, et sur lesquels l'élec[-]
tuaire « Diasatyrion » n'avait point l'influenc[e]
merveilleuse que lui prête l'excellent Gilles de Cor[-]
beil[1], faut-il rappeler ce personnage dont les vice[s]
étaient si notoires qu'on le connaissait sous le no[m]
de Flora et qu'on chantait dans les rues des ver[s]
amoureux à son adresse, — ce qui n'empêcha poin[t]
sa promotion à l'évêché d'Orléans[2] ? Ce sont là d[es]
trop lointains ancêtres, et toujours des clercs[.]
l'Italie du xve siècle offre de plus illustres fou[s]
entachés, comme dit Bayle, de non-conformisme[.]

1. Le diasatyrion tue la luxure par son abus même. Cf. Viei[l-]
ard. *Gilles de Corbeil*, p. 59 sqq. et les textes d'Alain d[e]
Lille, Jean de Salisbury sur le vice des clercs au moyen âg[e]
p. 432 sqq. On sait ce que Dante dit de Brunetto Latini.
2. Promotion explicable : il était le mignon de l'archevêqu[e]
de Tours (an 1100). Cf. Lea. *Histoire de l'Inquisition*, I, p. 1[..]

Sigismond Pandolphe Malatesta, tyran de Rimini, ce philosophe qui bafoue les choses saintes et remplit d'encre les bénitiers d'une église pour se réjouir de la mine des fidèles, rend mère sa propre fille, ne renonce à entreprendre son fils que par crainte du poignard [1]. A Milan, Galéas Marie Sforza, la victime de Jérôme Olgiati, juge insuffisant l'amusement qu'il prend des femmes et laisse une réputation bien établie de bougrerie [2]. Mais ce sont là jeux de princes ; insensiblement ils deviennent populaires. A Naples, à Florence, les autorités doivent prendre des mesures pour remédier à l'abus du célibat, forcer les hommes à se marier, ainsi qu'on l'avait fait autrefois à Rome ; de même à Lucques, à Venise où en 1455 le Conseil des Dix prend un arrêté ordonnant d'élire deux notables par quartier chargés de poursuivre les adep-

1. Cf. Pastor, III, p. 109. Burckardt, II, p. 218. Dans sa folie, il y avait une part de superstition astrologique.

2. Et ses amusements sont de dilettante : « Il manda la femme d'un de ses amis courtisans et secrètement la fit mettre en une chambre et dit au mari : « J'ai là une femme à laquelle je veux en faire donner par trente hommes. » Le mari dit : « Cela se peut faire, mais fiez-vous-en à moi, que j'en trouve quelques-uns qui aient des rapports avec l'âne. » Le duc : « Fais ce que tu veux ». Finalement le mari en trouva jusqu'à trente-deux qui étaient trop bien fournis d'armes de justesse et adéquates à telle guerre. Et, à la fin, comme il n'y avait pas de lumière dans la chambre, le pauvre mari, sans savoir que sa femme fût là, se fit faire, un à un, par ces trente-deux bougres, une monstrueuse paire de cornes. Plein de bonté, Galéas faisait porter collations et confitures à cette pauvre chrétienne, pour ses fatigues. » (Allegretto-Allegretti. *Diarii Sanesi*, anno 1476. Ap. Muratori.)

tes de l'amour grec [1]. Saint Bernardin de Sienne, ascète et réformateur, dénonce à l'Italie cette plaie renouvelée de l'Ancien Testament « *peccato Gomorrhœorum* [2] » et, en 1494, la République moraliste de Savonarole s'efforce de sévir à Florence contre *el vizio inominabile* [3]. Mais c'est en vain et Savonarole lui-même doit demander, l'année suivante, qu'il soit procédé contre les coupables conformément à la loi. Le vice, noble jusqu'alors, s'est démocratisé ; partout on le rencontre : à Rome comme dans les provinces, au Vatican, dans les palais comme chez les bourgeois ou les humanistes. Sixte IV, si l'on en croit Infessura eut les enfants en dilection toute spéciale [4] et Jules II força, dit-on, deux jeunes gens

1. Cf. Pastor, I, p. 33 et notes.

2. Vespasiano Bisticci constate l'étendue du mal mais il exagère le panégyrique de saint Bernardin, disant que celui-ci purgea l'Italie d'iniquité. (*Vite di nomini illustri*, éd. Bartoli, Florence, 1859 — *Vita di S. Bernardino*, p. 187.)

3. «... Chi fussi trovato la prima volta stessi in gogna (carcan), la seconda fussi suggiellato alla colonna, la terza fussi arso. » (V. *Diario di L. Landucci*, éd. del Lungo, p. 94). Comp. Nicolo Franco (*Dialogi piacevoli*, Venise, 1559, dialogue VII) qui avoue que de son temps les juges ne songeaient plus à punir le non-conformisme : « Anzi é venuto in uso che da tutti si faccia impune, e che i Prencipi con i rettori sieno dei primi a farlo. » (P. 200.)

4. «... Ce qu'il fit pour les enfants qui le servaient dans son lit, l'expérience l'apprend. A ceux-ci il donna non seulement de l'argent, mais même le cardinalat ou de gros évêchés. Il aima Jérôme, Pierre (Riario) et le cardinal de Saint Sixte par sodomie. Que dire du fils de son barbier ? Enfant de douze ans qui était sans cesse avec lui, et qu'il couvrit de richesses, e

que la très noble, dévote et traîtresse (à la France)
Anne de Bretagne avait envoyés au cardinal de Nantes pour les instruire [1].

Mais ces propos de républicains ou de libres-
penseurs peuvent paraître suspects, quand des
prêtres sont en cause [2] : il vaut mieux s'en rapporter aux conteurs, aux intéressés eux-mêmes.
Or, parmi les héros de *novelle piacevoli*, le non-
conformiste a place fort honorable : Morlini, Bandello, d'autres encore n'ont point dédaigné sa spécialité, et même lorsqu'il est Florentin, il apparaît,
comme chez Molza, extrêmement passionné et
profondément philosophe [3]. Sans doute, s'il n'y
met de la prudence, il peut craindre un accès de

même, dit-on, d'un épiscopat, qu'il voulut même élever au
cardinalat, malgré sa jeunesse et contre toute justice, mais
Dieu empêcha qu'il réalisât son désir. » (Infessura, p. 155 sqq.)

1. V. Bayle, *Dict.*, art. *Jules II.*

2. Néanmoins la réputation leur reste. L'Arétin appelle le
non-conformisme : « cibo di prelato » Comp. *le Capitolo del
Finocchio al Bronzino dipintore*, de Varchi (*Opere Burlesche*, I,
p. 170). V. aussi Sonnet de Berni (*ib.* p. 109) sur les prêtres :
  « Credete voi però, Sardanapali.
  Potervi farc or femmine, or mariti. »
Berni est le contemporain de Machiavél. Comp. du même :
« Sopra un garzone » (p. 35). Alli signori abbati (p. 59) le Ca-
pitolo in lodo delle Pesche (p. 19). Berni accuse formellement
l'Arétin de non-conformisme :
  « E quei tuoi lecca-piatti,
  Bardassonacci, Paggi di taverna,
  Ti canteranno il Requiem eterna... » (p. 112).

3. Morlini, nov. 21. Molza, *La nouvelle de Ridolfo de Florence.* Sur les conteurs : l'excellente édition des *Œuvres galan-
tes des Conteurs italiens*, 2 vol. Mercure de France.

vertu populaire qui se traduirait pour lui par le bûcher, mais la compagnie des courtisanes est un brevet d'honnêteté dans les goûts et sauve la façade ; s'est-il, en homme prévoyant, ménagé ses entrées chez un fonctionnaire haut placé ou un cardinal, ce commerce répondra de la pureté de ses mœurs. C'est du moins ce que nous apprend Agostino Vespucci, parlant de ce poète romain qui se divertit avec les muses, « toujours au milieu de quatre puttane », et aurait la quasi-certitude d'être couronné de l'Académie, n'étaient ses craintes « circa pedicationem, car on voit ici Pacifico (Massimi), Phèdre et autres poètes qui, s'ils n'avaient refuge chez tel ou tel cardinal, seraient déjà rôtis [1] ».

Mais il en est d'opiniâtres, si enfoncés dans leur vice que la menace des derniers châtiments, des peines infernales ne saurait les en distraire. Le duc Francesco Sforza ne parvient point à corriger le poète Porcellio de son goût pour le péché abominable ; mariage, religion, rien n'y fait ; au confesseur qui le reprend d' « être plus chargé du vice contre nature que, s'il avait sur le dos la masse du Temple majeur de Milan, plus curieux mille fois d'enfants que chèvre de sel », Porcellio répond avec une parfaite tranquillité d'âme : « Le divertissement des enfants m'est plus naturel que ne l'est à l'homme le boire ou le manger. Et vous me demandez si je pèche contre nature. Allez,

1. L. XVII de Rome, 16 juillet 1501.

allez, Messer, vous ne savez ce que c'est qu'un
bon morceau [1]. »

*De l'étonnante union de l'humanisme et du non-
conformisme et à ce propos de quelques non-
conformistes plus remarquables.*

On raconte qu'autrefois un consciencieux érudit allemand, désireux de mieux comprendre la
Grèce, mit toute son application à surmonter certaines répugnances et à violenter la nature. La
Renaissance n'a point connu ces victimes de la
science : l'exemple de Porcellio montre que les
hommes de ce temps se sont parfois si admirablement assimilé la conception antique de l'amour
que le non-conformisme leur est divertissement
naturel ; c'est bien là une manifestation de ce
fameux atticisme italien, tant vanté des esthètes
et des historiens d'art.

Les moralistes du moyen âge avaient coutume
de comparer le non-conformiste à un grammairien : celui-ci travaille à accorder ensemble des
mots de même genre ; défiant la nature qui se fonde
sur l'intervention de genres différents, le non-conformiste n'agit pas autrement [2]. Jeu d'esprit, fan-

---

1. Bandello. Parte I *Novella* VI : « Il Porcellio romano si prende
trastullo di beffar il frate confessandosi » (éd. de Lucca, 1554,
réimp. Londres, 1740, p. 53, verso). Ce qui tendrait à prouver
l'envahissement du non-conformisme, ce sont les nombreuses
expressions qui le désignent : « carne di capretto » « andar mal
volentieri in nave per il piovoso ».

2. Cf. Vieillard, *op cit*, p. 137.

taisie de l'École qu'a rééditée de nos jours un pamphlétaire catholique, lorsqu'il range ces spécialistes parmi les « verbes déponents ». Mais, à l'époque qui nous occupe, les gens cultivés ne s'en tiennent point aux spéculations de cet ordre, à l'établissement de catégories : ils sont exactement devenus philosophes expérimentaux. Sur ce point, les témoignages concordent merveilleusement. Au xv⁰ siècle, l'accusation de non-conformisme est la monnaie courante des polémiques littéraires ; inlassablement les humanistes se la renvoient : le Pogge à Valla, Valla au Pogge, Beccadelli au grammairien siennois Matteo Lupi ; Filelfe accuse formellement Porcello d'apprendre aux enfants *pœdicandi leges* [1]. Parmi ces figures douteuses, certaines sortent avec un relief saisissant : à Rome, on voyait dès l'aube descendre de l'Esquilin un petit homme vêtu singulièrement tenant à la main une lanterne : celui-ci, bâtard de la maison de Sanseverino, est Pomponius Lœtus, grand collectionneur d'antiquailles, savant humaniste, maître renommé ; la salle où il professe ne peut contenir les auditeurs et dès minuit on retient sa place. Orgueilleux, fort délicat sur le chapitre de l'honneur, ne consentant à se découvrir que devant le cardinal Carvajal, — érudit et honnête homme, — ce philosophe cynique ne dissimule point son penchant au non-conformisme et s'en

---

1. Et encore: « furis in pueros », « pœdico unus ». Cf. Voigt. *Il Risorgimento dell' antichità classica* (trad. Valbusa), II, p. 457.

excuse, au besoin, sur l'exemple de Socrate ; à la
même époque c'est de Platon que se réclame l'humaniste Cosmico [1]. Ange Politien poète [2], Sanuto
historien, Antonio Loredano ambassadeur et excellent épistolier, sont les adeptes fervents de l'amour
antique et l'on pourrait en dire autant de leurs
disciples, tout au moins des écoliers de Bologne [3].

> « ...Senza
> Quel vizio son pochi umanisti,
> Che fe' a Dio forza... »

dit l'Arioste [4] ; Giraldi, plus décisif, affirme que
tous les littérateurs en sont atteints [5]. Pieux élè-

---

1. Cf. Burckardt, I, p. 349 sqque. Pastor, t. IV, p. 123, t. V,
p. 132. Voigt, *loc. cit.*

2. Et longtemps on lui attribua des vers à la louange de sa
« brunettina »

> La brunettina mia
> Con l'acqua della fonte
> Si lava il di la fronte
> Et il serén petto.
>   (Cf. Villari, I, p. 209.)

3. Bandello, *nov. XXX.* Symonds cite dans la littérature non-
conformiste de l'époque un roman intitulé *Alcibiade fanciuollo
a scuola* (trad. fr. Poulet-Malassis, 1866). Cf. Havelock Ellis,
t. II. *Inversion sexuelle.* Mercure de France, 1909, p. 39.

4. Satire VI, à Bembo.

5. « Pudet me... id de literatis afferre quod omnium tamen
est in ore nullos omnium vitiorum, etiam nefandissimorum ge-
nere inquinatos magis, tum iis præcipue, quæ præter naturam
dicuntur ». (*Progymnasma adversus literas et literatos*, cité
par Gregorovius *St. di Roma*, t. IV, p. 609.) Cardan fut également suspect de non-conformisme (cf. Rivari, *Girolamo Cardano*, p, 75-78). De même, en France, Muret et les malheurs
que lui valut la spécialité de ses goûts.

13.

ves d'humanités, ils suivent jusque dans leurs vices les glorieux maîtres retrouvés [1] : c'est le côté rhétoricien du non-conformisme. Casavecchia en est l'exemple le plus bas.

Faut-il encore, moralisant, alléguer la beauté des jeunes gens que les peintres d'alors nous ont conservée, beauté équivoque d'éphèbes graciles, aux yeux troubles, beauté d'un seul temps, baignée d'une incomparable lumière, qui transporta d'amour les critiques d'Angleterre, mais que les préraphaélites brumeux ne surent faire revivre ? Ces jeunes gens, ceux de Botticelli, plus tard ceux de Soddoma, sont les contemporains de Machiavel et de Casavecchia [2].

De la suprématie de la courtisane et du non-conformiste.

Ainsi d'étranges maîtres s'imposent peu à peu à l'Italie : ce lent énervement, cette déformation du caractère, cette façon molle, hésitante, le goût

1. « Dimanderó a Virgilio, se si chiamava vergine, perchè andava dietro a putti » (Franco, *op. cit.*, dial. II, p. 98).

2. « Il était, dit Vasari de Soddoma, homme joyeux, paillard, tenait les autres en joie et passait sa vie peu honnêtement : il avait autour de lui enfants et éphèbes imberbes, lesquels outre mesure il aimait, et de là acquit le nom de Soddoma. Il ne prenait de cela ni ennui ni dépit, il s'en glorifiait, faisant dessus stances et chansons à chanter sur le luth facilement. » — Et encore : « Etant jeune et bien vu, il prit femme à Sienne... mais celle-ci lui étant venue à poids et ennui, parce qu'il était une bête brute, ne voulut plus jamais la voir. » Vasari. *Vita del Soddoma.* On sait que Léonard de Vinci, jeune encore, fut compromis dans une affaire de non-conformisme.

du rare et le dégoût de la forte règle commune,
préparent un étonnant triomphe. Le temps des
femmes de guerre semble passé ; Catherine Sforza
n'a que de pâles descendantes : ce peuple amoin-
dri, déprimé, voit disparaître peu à peu les guerrières sensuelles dont l'énergie passe celle des
hommes ; à leur place, le troupeau des courtisanes. Sans doute on citera quelques grandes dames dont la vertu n'a jamais prêté au soupçon,
mais plus souvent ce sont de douteuses Egéries,
Madeleines tard repenties, comme Julia Gonzague,
duchesse de Trajetto, comtesse de Fondi, qui tient
à Naples salon de théologie et fait délirer l'austère
Juan de Valdès : concurrence déloyale aux courtisanes de littérature [1]. Alors la mère de famille
est une figure presque inconnue : on ne voit en
elle qu'un animal nécessaire, un instrument de
perpétuité. Plus tard, dans le poème de Rabelais,
elle n'apparaîtra qu'en comparse, ne représentera
ni une idée, ni un idéal, ni même une influence :
ainsi la Marietta de Machiavel.

De même pour la jeune fille : rouée, intrigante,
criminelle si son désir l'exige, on la confond presque, chez les nouvellistes, avec sa sœur la cour-

---

1. Elle était si belle qu'en 1535 le sultan Soliman voulut la
faire enlever de sa maison de Tierra de Labor et transporter
en son harem : elle dut fuir, demi-nue, dans la campagne. Maîtresse d'Hippolyte de Médicis, le futur cardinal, B. Tasso lui
dit :

> « Virtu, senno, valore et gentilezza
> Vanno con voi, come col giorno il sole. ».
> (Cf. Pelayo, *Heterodoxos*, II, p. 181-82.)

tisane [1] mais elle n'en exerce pas la domination.
Les historiens ont, il est vrai, conservé les noms
de certaines vierges incomparablement vertueu-
ses et savantes, les protestants par exemple celui
d'Olympia Morata, qui fit l'étonnement de la cour
de Ferrare par son universelle sapience, corres-
pondante habituelle — en grec et en latin — des
plus notoires exégètes de l'époque, mais qui plus
tard ne sut aimer que d'un livresque amour l'austère docteur allemand qu'on lui donna pour
mari [2] : figure peu attachante, ennuyeux prodige
femelle ; — la Costanza et sa complaisante mère
ont une autre valeur de représentation.

La courtisane et le non-conformiste dominent
pour un temps la société de la Renaissance [3]. Singulier avènement, mais voici le tableau que nous
fait Vettori de l'éducation d'un jeune Italien :
« Un père a un fils, et dit qu'il veut l'élever dans
l'honnêteté ; néanmoins il commence par lui donner un maître qui reste tout le jour en sa compagnie, avec commodité d'en agir à sa guise, et lui

1. Devenue femme, elle ne change point. Dans la première
partie seulement des nouvelles de Bandello, v. les *Nov*. III,
IX. XVI, XIX, XXXV. Cf., Burckardt, II, p. 148 et 358.

2. Cf. Bonnet. *Olympia Morata*. A l'heure de sa mort, elle
eut cependant un propos agréable : « Je ne vous vois presque
plus, mes bien-aimés, mais ce qui m'environne me semble paré
des plus belles fleurs. » Elle avait alors 29 ans. V. ses œuvres
publiées à Bâle, apud Petrum Pernam, 1562.

3. Cf. H. Corn Agrippa. *De l'incertitude, vanité et abus des
sciences*, p. 269. Pour Valla, le crime contre nature c'est la
virginité : les courtisanes sont plus utiles au genre humain que
les nonnes (cf. Villari, I, p. 150).

laisse lire des choses à faire ressusciter un mort. La mère le pomponne, l'habille bien pour qu'il soit plus plaisant : quand il commence à grandir, elle lui donne une chambre au rez-de-chaussée avec cheminée et toutes les autres commodités, afin qu'il puisse faire bombance à son aise, y mener et conduire qui bon lui semble. Et tous nous faisons ainsi.... Il ne faut donc pas s'étonner que nos jeunes gens soient aussi paillards qu'ils le sont ; cela vient de cette déplorable éducation [1]. » Mais Vettori ne se répand pas en regrets superflus : il voit clairement cette décomposition sociale, cette corruption de « toute fleur de jeunesse » et en accepte sans peine les conséquences : que sert de lutter contre l'inévitable ?

Du non-conformiste personnage de société.

Il ne faut pas s'y méprendre, en effet. Le non-conformiste, bien que la loi écrite le condamne, n'est point déprécié dans l'opinion commune : c'est un personnage parfois bizarre, souvent spirituel, et pour ce admis en la compagnie des princes et princesses. Ecoutez Bandello. — « La fiancée de l'Empereur Maximilien traversant le lac de Côme, advient qu'une grande tempête éclate : tout le monde tremble, seigneurs et cavaliers ; l'Impératrice et les dames pleurent et demandent à Dieu merci. Seul, un gentilhomme de Milan, Messer

1. L. CLVIII.

Giasone, reste impassible. La tempête cesse et la compagnie aborde à Bellano ; la jeune impératrice demande alors à Giasone comment il a fait pour ne point avoir peur en si périlleuse fortune : « Sérénissime madame, répond Giasone souriant, j'étais bien sûr de ne pas périr : car je sais que le cuisinier du Christ n'est point assez saoûl pour mettre au jus la viande qu'on doit rôtir. » Et tous de rire, car on savait bien que Giasone n'était point fort curieux des femmes [1]. » — Parfois le non-conformiste joue le rôle de bouffon : on s'amuse à ses dépens et il y trouve quelque bénéfice. Un archidiacre de cette espèce, surnommé l'Arcifanfalo (le vantard), fait les délices de la Cour de Mantoue ; le matin il arrive « rasé de frais tel un melon, en veste de camelot et le rochet par-dessus », dans la chambre du marquis de Gonzague et celui-ci l'attaque de questions équivoques que l'autre encaisse imperturbablement : dans cette confrérie, les plus merveilleux encaisseurs. L'Arcifanfalo est une figure fameuse et Jules II, lors de son expédition à la Mirandole, daigne s'amuser de ses bizarreries [2]. — Avec le temps, le vice

1. Parte I, *Nov. XXXI.*

2. Le précepteur de la marquise de Gonzague, Equicola, fut pourtant sans pitié pour cet étonnant archidiacre. Un matin l'Arcifanfalo bâillait — car il avait peu dormi — et chaque fois qu'il bâillait, il faisait sur sa bouche quatre à six signes de croix. « Monseigneur, lui dit Equicola, que veut dire ce signe ? As-tu peur par hasard que le diable qui est si souvent entré chez toi par la porte de derrière ne sorte par la porte de devant ? N'aie crainte : il ne connaît d'autre voie que sa voie accoutumée. » (Bandello, Parte I, *Nov. XXX.*)

s'affirme, acquiert peu à peu droit de cité, devient passion reconnue. Parfois seulement une velléité d'indignation chez les vieillards : à Florence, Soddoma put craindre un jour que son nom ne lui valût le sort malheureux de saint Étienne [1]. Mais ces éclairs de vertu sont rares et bientôt le non-conformisme est chanté des poètes. Trouvant sans doute ignoble et triste le sujet que choisit Fracastor, Giovanni della Casa consacre à l'amour grec le « Capitolo del Forno [2] ». Dans l'avenir, quelques figures fameuses marquent les étapes du vice : Pierre-Louis Farnèse, peut-être Jules III [3] ; l'avè-

1. « Pendant qu'il était à Florence, il avait emmené avec lui un cheval barbe et courut avec lui le palio de S. Barnaba, et, le sort le voulant, il courut tant mieux que les autres qu'il le gagna. Donc enfants de clamer, comme est accoutumé, derrière le palio et les trompettes le nom et surnom du patron du cheval qui a vaincu. Adonc demanda-t-on à G. Antonio comment se nommait et répondit : « Soddòma, Soddoma » ; et ainsi clamaient enfants. Mais ayant entendu un nom si sale, certains vieillards commencèrent de faire rumeur et dirent : « Quelle cochonnerie ! quelle ribauderie est-ce là ? qu'il se crie par notre ville si honteuses appellations ? », de manière qu'il s'en fallut de peu que, la rumeur s'élevant, ne fût de par les enfants et la plèbe lapidé le pauvre Soddoma. » (Vasari, *loc. cit.*)

2. V. *Opere Burlesche del Berni, del Casa.* In Usecht al Reno (Rome), 1771, I, p. 136. Dolce. *Capitolo d'un ragazzo, ib.*, p. 375. Le non-conformiste menace l'existence même de la courtisane. Dans le dial. IV de Franco (*op. cit.*, p. 133), une courtisane se présente aux enfers sans un quattrino. Alors Charon : « Sans doute le monde a tourné son rut ailleurs ; jusqu'alors il avait aimé les femmes, maintenant on les laisse de côté et à leur place les hommes s'aiment ». Et la courtisane répond : « Il n'est pas douteux que pour cette raison nous perdons beaucoup. »

3. Si l'on en croit Bayle.

nement d'Alexandre Chigi sera celui des non-conformistes notoires.

Où l'on indique en passant un nouveau sujet de thèse.

Vettori et Machiavel n'ont pour cette anomalie exactement artistique et littéraire aucune parole de blâme ; ce serait même une question de savoir s'ils n'en ont point été touchés : chez eux apparaît vive encore l'empreinte de l'éducation reçue[1]. Vettori y voit un dérivatif, mieux encore, un remède à l'amour des femmes ; dans les tourments de sa passion pour la Costanza il écrit : « J'ai jugé à propos de faire revenir ici Piero mon neveu : auparavant il venait à la maison quand cela lui plaisait, maintenant il ne vient plus ; pourtant le feu n'est pas si bien pris, je crois, que cette eau ne le puisse éteindre... [2] » Biagio, l'honnête Biagio a peut-être subi les atteintes du mal[3]. Quant à Machiavel, bien qu'il affirme en 1514 qu'il en tient pour les femmes — « tocco et attendo a femmine »[4], — sa façon de comprendre le vice grec,

---

1. « Vous et moi, encore que nous soyons vieux, gardons par quelque endroit ces coutumes de notre jeunesse : et il n'y a pas de remède ». L. CLVIII, de Vettori.

2. L. CXLIII, *sup. cit.*

3. « Quanquam suum sibi palumbulum tenellulum Ant. Vallensis vocitat, obque hoc et quod nunquam jacit venerem, non luxuriam. se amplius cum eodem Antonio vovit, ni ludant ad primeriam »...(L. XVI de Vespucci) Biagio use volontiers, — mais disons que ce n'est point une raison suffisante pour incriminer ses mœurs, — du « cazovi'n culo ».

4. L. CXL, *sup. cit.*

spéculation ou expérience, pourrait donner matière
à une belle thèse à l'allemande : « Von Machiavel
als unconformist ». Nous n'avons point le goût
de cette recherche et il suffira de signaler un
passage d'une lettre de Vespucci où le secrétaire
d'ambassade est formellement accusé de pratiques
inavouables ; mais ce ne sont là que plaisante-
ries obscènes de fonctionnaires débridés [1]. Une
chose seule est certaine : l'histoire de Vettori et
de ses amis, cette partie que Gautier eût appelée
cubique, n'inspire à Machiavel aucune répugnance.
Prêcher en moraliste sur de pareils sujets n'est
point du tout son fait : il n'est ni frate, ni ascète. Le non-conformisme d'ailleurs est depuis le
xvᵉ siècle un vice plus spécialement florentin et il
y aurait ingénuité à s'étonner d'un divertissement aussi ordinaire. Ce qui le ravit dans cette
anecdote romaine, c'est un ensemble particulièrement heureux de circonstances, le parallélisme
dans l'action, élément caractéristique d'un beau
conte : ceci, pour un Italien, est aussi essentiel

---

1. « Nous parlions de toi pour réjouir et reposer nos esprits,
et disions combien tu abondes en urbanité et mots d'esprit
tellement qu'en ta présence il nous faut être joyeux, rire même à
gorge déployée, et voilà que Ripa illud addidit non posse te
ullo pacto in Gallia, nisi magno cum discrimine, diversari,
propterea quod isthic pedicones et pathici vexantur lege acri-
ter. Nobis autem, quibus optimi et candidissimi mores tui
innotescunt, subdubitantibus, quibusve id sibi vellet queritan-
tibus, mussitando respondit pedicasse te equum anumque tibi
et clunes, (proh facinus) diffregisse (L. XVI, 20 octobre 1500).
V. également, dans cette lettre, l'allusion à « notre Fedinus le
plus impur des bipèdes et quadrupèdes ».

que les conditions d'une belle vengeance. Bandello a donné une fois la parole à Machiavel et dans la très plaisante histoire de la femme rouée que raconte celui-ci, apparaît en bonne place une bizarre figure de non-conformiste [1] : présenté d'agréable façon, plus souvent bafoué qu'heureux, le personnage intéresse toujours, et Vettori, qui sait fort bien à quoi s'en tenir, n'abandonne pas volontiers le récit des fantasques amours de Casavecchia. « Voilà que Filippo s'est laissé prendre à ce qu'il me reprochait ; mais son erreur à lui est un apprenti-orfèvre, la plus belle chose qu'on ait jamais vue, dit-il, mais sacro-saint pour l'hôte, c'est-à-dire pour le maître de la boutique. Filippo n'en tourne pas moins autour du trou et tâtonne le gué. Moi qui connais ces Romains, j'ai fait mon possible pour le tirer de là avant qu'il ne s'enlize, mais en vain : il a fallu que le patron le menace, et il lui aurait fait un mauvais parti si Filippo, effrayé, n'avait renoncé à regarder l'enfant : c'est à peine s'il ose maintenant passer aux Banchi où se trouve la boutique... Il lui faudra donc assiéger une forteresse plus faible ou moins gardée : aussi est-il sans cesse aux prises avec Ser Sano ; et Giuliano, que ce genre-là dégoûte, se garde de l'accompagner dans ses promenades : quand ils sont à la maison, ils discutent sans trêve et élisent pour juge un mien

---

1. « Inganno usato da una scaltrita donna al marito con una subita astutia. » Parte I, *Nov.* *XL.*

chancelier, grand comme Piero Ardinghelli, mais peu versé en semblables pratiques, parce que plus attentif à s'exercer la main qu'autre chose, premier devoir d'un secrétaire [1]. »

D'une manière bien nouvelle de chasser les oiseaux à Florence.

Or, la fortune voulut qu'en ce temps-là une agréable histoire courût par tout Florence : Machiavel l'apprit sans doute chez Donato, et lorsqu'il en eut, consciencieux historien, recueilli les moindres circonstances, il l'envoya, toute fraîche et vivante, à son ami l'ambassadeur.

« Il est arrivé une gentille aventure, ou plutôt, pour l'appeler par son vrai nom, une ridicule métamorphose, digne d'être notée dans les antiques chartes. Et comme je ne veux pas que personne se puisse plaindre de moi, je vous la raconterai en paraboles cachées. — Giuliano Brancacci, par supposition, désireux d'aller en chasse, un soir d'entre ces derniers soirs, l'*Ave Maria* nocturne ayant sonné, comme le ciel était obscur, que le vent soufflait et qu'il bruinait un peu — un vrai temps pour les oiseaux, — rentré chez lui, se fourre aux pieds une paire de gros souliers, ceint une carnassière, prend une lanterne, une clochette au bras et une bonne raquette. Passé le pont alla Carraia, par la rue du Canto de' Mozzi, il arrive à Santa Trinita, entre dans le Borgo Santo

1. L. CXLII.

Appostolo et va rôdant un moment au milieu
ces ruelles ; n'ayant point trouvé d'oiseaux q
l'attendissent, il tourne le dos à votre batte
d'or, traverse le Marché sous la Parte Guelfa,
par Calimala Francesca vient s'abriter sous
Toit des Pisans. Là, scrutant tous les recoins,
trouve un mâle de grive ₁ ; avec raquette, lumiè
clochette il vous l'arrête et avec art vous le co
duit au fond de la ravine, au-dessous de l'ant
de Panzano ; et tout en l'entretenant, trovato
la vena larga et più volte baciatogliene, lui er
deux plumes de la queue et enfin, selon la v
sion la plus commune, vous le met dans sa ca
nassière.

« Mais le temps me force à quitter mon abri,
paraboles deviennent insuffisantes, la métaphc
inutile : Brancaccio voulut savoir qui était s
oiseau, l'autre lui répond (par supposition): « N
chele, neveu de Consiglio Costi ». Brancac
alors : « Sois le bienvenu, tu es fils d'homme
bien ; et si tu es sage tu as trouvé la fortun
sache que je suis Filippo di Casavecchia et tie
boutique de tel côté ; comme je n'ai pas d'arg
sur moi, viens ou envoie quelqu'un demain m
tin à la boutique et tu seras satisfait. » Le ma
venu, Michele, qui était plutôt méchant que bê
envoie un certain Zanni à Filippo avec un bil
réclamant son dû et lui rappelant la prome

---

1. Tordellino signifie exactement petite grive. Mais il é
nécessaire que le masculin l'emportât ici sur le féminin.

faite ; Filippo alors, avec une méchante figure, s'écrie : « Qui est celui-là ? que veut-il ? je n'ai que faire avec lui ; dis-lui qu'il vienne lui-même. » Le Zanni retourne chez Michele et lui raconte la chose : l'enfant ne s'étonne pas pour si peu et bravement va trouver Filippo, lui reproche les bienfaits reçus et en conclusion lui dit que s'il ne s'est pas gêné pour le tromper, lui ne se gênera pas pour le diffamer. Filippo, bien embarrassé, l'emmène alors dans sa boutique et lui dit : « Michele, on s'est moqué de toi : je suis homme de bonnes mœurs et ne donne point dans ces méchancetés ; il vaut mieux chercher à découvrir la tromperie, trouver qui a pris de toi son plaisir et te faire indemniser qu'entrer dans cette voie de diffamation, sans profit pour toi. Tu vas suivre mes conseils, rentrer chez toi ; reviens demain et je te dirai ce que j'aurai imaginé ». L'enfant s'en va tout confus ; mais pensant qu'il reviendra, prend patience. Resté seul, Filippo, dans l'angoisse de cette nouvelle aventure et pauvre de résolutions, s'agitait comme la mer de Pise quand le vent du sud-ouest souffle dans le golfe : « Si je me tiens coi, pensait-il, et apaise Michele avec un florin, je deviens sa vache à lait, je me fais son débiteur ; en confessant le péché, d'innocent je deviens coupable ; si je nie sans découvrir la vérité, il faut me mesurer avec un enfant, me justifier devant lui, justifier les autres : tous les torts seront de mon côté. Si je cherche à trouver la vérité, il faut que j'accuse quelqu'un, et

comme je peux me tromper, je me ferai un en
nemi et en tout cas je ne serai pas justifié. » Dar
cette anxiété, comme pis-aller il prend le derni
parti ; et la fortune lui est si favorable que d
premier coup il touche en plein dans le but
« Brancaccio, pense-t-il, m'a fait cette vilenie; c'e
un braconnier qui déjà m'a joué de mauva
tours, comme par exemple lorsqu'il m'a voué ai
Servi. » Là-dessus, il va trouver Alberto Lotti, —
supposons, — lui raconte l'affaire, dit ce qu'il e
pense et le prie de faire venir Michele, qui éta
son parent, pour voir si l'on pourrait élucider l
chose. Alberto, homme de sagesse et d'expérienc
juge que Filippo a eu l'œil et le bon, et lui pro
met son concours franchement. Il envoie cher
cher Michele, et après l'avoir travaillé un momer
dit en manière de conclusion : « Aurais-tu l'es
prit, si tu entendais parler celui qui a dit êtr
Filippo, de le reconnaître à la voix ? » L'autr
ayant répondu oui, il l'emmène à San Hilario, o
il savait que Brancaccio prenait ses repas, cach
l'enfant derrière lui, puis ayant aperçu Branca
cio assis au milieu d'une foule de gens et débi
tant des histoires, il s'arrange de façon que l'er
fant s'approche assez près pour l'entendre par
ler. Il se met alors à tourner autour, Brancacci
l'aperçoit, sa figure change, il décampe ; la vérit
alors éclate à tous les yeux : Filippo reste blan
comme neige, Brancaccio honteux. Et à Florenc
pendant ce carnaval on n'entendait que : « Es-t
Brancaccio ? ou es-tu Casa ? » L'histoire en tou

le ciel est archi-connue. Je suppose que vous l'aurez apprise par ailleurs, mais je vous l'ai voulu conter dans ses particularités, parce que j'ai cru que c'était de mon devoir [1]. »

Où Machiavel vainement s'exerce à la joie.

Machiavel ne considère plus : il prend plaisir, peut-être par une sorte d'orgueil provincial, à montrer que Florence ne le cède pas à Rome en scandaleuses aventures, et oubliant volontairement l'inquiétude présente, met en ces douteux sujets toute sa complaisance. Un rayon de gaieté traverse un instant la pauvreté obscure de sa vie : une sorte de rebondissement de jeunesse, de confiance. Fervent disciple de Valla en son *De voluptate*, il proclame que le plaisir est chose sainte et que celui-là est criminel envers la nature qui le laisse échapper. « Suivez l'amour à toute bride, le plaisir que vous prendrez aujourd'hui, vous ne l'aurez pas à prendre demain... Suivez, je vous prie, votre étoile et n'en lâchez pas un iota pour chose du monde, car je crois, ai cru, et croirai toujours que Boccace a raison de dire : « Il vaut mieux faire et s'en repentir, que ne pas faire et s'en repentir [2]. » — Mais sur lui l'emprise du malheur est trop forte et cette invitation à la joie n'est, dans sa bouche, qu'un aphorisme de taverne et qui sonne faux. Bien que ne

1. L. CXLIV, 25 juillet 1514.
2. L. CXLIV, *ib.*

faisant plus figure dans la cité, il est encore citoyen, contribuable, et doit passer par les mains des officiers du Monte pour neuf florins de dîme et quatre et demi d'arbitrio. « Je me remue du mieux que je peux, écrit-il à Vettori. Si vous jugez à propos d'écrire à l'un de ces officiers pour attester l'impossibilité où je suis (de payer), je m'en remets à vous [1]. » Et devant une pareille détresse, la nonchalance de l'ambassadeur est vaincue : il écrit aux gens du fisc, se porte garant de la pauvreté, de la bonté de son ami : « Il n'a pas un quattrino vaillant mais en revanche une nombreuse famille [2]. »

Au mois de juin, Machiavel est retourné à Percussina et le thème des lamentations reprend : « Je resterai donc ainsi dans ma vermine, sans trouver personne qui se souvienne de ma servitude ou qui croie que je puisse être bon à quelque chose. Mais il est impossible que je demeure longtemps dans cet état : je me consume et prévois, si Dieu ne se montre plus favorable, que je serai forcé un jour de sortir de chez moi et de me placer comme adjoint ou greffier d'un connétable, si je ne puis trouver autre chose, ou de me fourrer dans quelque terre déserte pour apprendre à lire aux enfants, laissant là ma bande qui me comptera pour mort. Elle s'en trouvera bien mieux, car je lui suis à charge, étant bon pour

1. L. CXLV, 16 avril 1514.
2. Cf. Villari, II, p. 223.

dépenser et ne pouvant rien faire sans dépenser. » Et cet homme, chez qui la misère n'a point tout à fait aboli la fierté, s'excuse de laisser percer son désespoir : « Si je vous écris tout cela, ce n'est pas que je veuille vous causer ennui ni embarras, mais seulement pour me soulager et ne plus vous entretenir de cette matière aussi odieuse que possible [1]. »

S'il se fût enfoncé toujours plus avant dans sa détresse solitaire, peut-être Machiavel eût-il à la longue perdu le sentiment qu'il portait en lui, vivace encore, de sa supériorité : nous l'aurions vu lâché dans le médiocre, triste petit employé de recrutement ou miteux magister de village, et dans ses œuvres, à la place des *Discours sur Tite-Live*, aurait figuré quelque traité sur la meilleure manière de pratiquer l'enrôlement, ou bien l'un de ces recueils d'expressions choisies, « jardins d'élégances » à la manière des jésuites.

D'un intermède en pastorale.

Il n'en fut pas ainsi : rendons-en grâce à une petite fille de Percussina qui sut plaire au philosophe, « créature si gentille, délicate, noble — et par nature et par accident — que je ne pourrais, dit-il, lui donner assez de louanges, qu'elle n'en méritât plus ». La genèse de cet amour semble prise d'une pastorale : « Ce furent filets d'or,

1. L. CXLVIII, 10 juin 1514.

tendus parmi les fleurs et tissés de Vénus, si suaves et gentils que, bien qu'un cœur de rustre les pût facilement rompre, je ne l'ai pas voulu et sens telle joie en cette prison que les fils délicats sont devenus de fer, et chevillés de nœuds indissolubles. Ne croyez pas qu'à me saisir Amour ait usé de moyens ordinaires : il savait bien qu'ils n'auraient pas suffi ; il prit des voies extraordinaires dont je ne sus ni voulus me garder. Sachez seulement que ni ma quasi-cinquantaine ne me gêne, ni l'âpre chemin ne me lasse, ni l'obscurité des nuits ne m'effraye. Toute chose me paraît simple, et à tout désir, même étranger, contraire à celui que je devrais éprouver, je m'accommode. J'entrerai sans doute en grand travail, mais il est en moi une douceur non pareille que je dois à ce visage si rare et suave, et à l'oubli de tous mes maux : pour chose du monde, je ne voudrais me rendre libre, même si je le pouvais. » Lassé, désabusé, il goûte la fraîcheur saine de cet amour campagnard : « Ceux-là sont déchirés d'Amour, disait-il à Vettori, qui veulent lui couper les ailes ou l'enchaîner ; ne veuillez pas fixer un enfant volage [1] ». Suivez-le ; tout le reste est littérature : « J'ai délaissé les pensées grandes et graves, ne me délecte plus à lire les histoires d'autrefois ni à palabrer des modernes : tout cela s'est tourné en douces conversations, de quoi je remercie Vénus et Cypris tout entière. » Il ne

---

1. L. CXLVIII.

veut plus désormais que parler galanteries ; pour
la politique, c'est affaire aux gens de métier.
« Celle-ci ne m'a valu que peine ; celles-là toujours bonheur et plaisir [1] ».

*D'un morceau de politique et d'une nouvelle désil-
lusion.*

Mais la phase est rhétoricienne et menteuse :
tandis qu'en apparence il ressuscite Ovide, les
Tristes et les *Amours*, la situation du roi d'Espagne en Italie ne cesse de le préoccuper ; il a, dès
le mois d'avril, prié Vettori de « lui débrouiller
un écheveau qu'il a dans la tête » [2], et l'autre a
copieusement répondu par un examen méthodique de la politique papale, suisse, française et
espagnole [3]. Or, après avoir proclamé son dégoût
des choses grandes et graves, Machiavel, une fois
encore, redevient politique consultant. L'ambassadeur un jour lui pose la question suivante :
« Quelle doit être la règle de conduite du Pape
dans les circonstances présentes ? » et il ajoute :
« Je suis certain que ma demande est difficile...
je voudrais que vous me développiez cette matière de façon que votre réponse pût être mise
sous les yeux du Pape ; ne croyez pas que je
m'en veuille réserver l'honneur ; je vous promets de la montrer comme vôtre, quand je le juge-

1. L. CL, 3 août 1514.
2. L. CXLV, 16 avril.
3. L. CXLVII, 16 mai.

rai à propos. Jamais je ne me suis amusé à enlever honneur ni bien à personne, surtout à vous que j'aime comme moi-même... Examinez tout : je vous sais de tel esprit que, bien qu'ayant quitté depuis deux ans la boutique, je ne crois pas que vous ayez oublié l'art [1]. » L'occasion est favorable, Machiavel la saisit. Peut-être le moment est-il venu où l'on sera forcé de rendre justice à cet ancien serviteur : les maîtres s'aviseront-ils qu'il est honteux de laisser un homme de cette sorte moisir dans une vie sordide et sans gloire, un homme ainsi crucifié « au milieu des innombrables félicités de la Maison Magnifique ? »

« A moi seul Pergame reste [2] », écrivait-il, mais en ce mois de décembre 1514, un nouveau diplomate apparaît, un diplomate qui a écrit le *Prince*. Ainsi que Figaro, il taille encore sa plume et condensant en quelques pages la somme de son expérience, se déclare en faveur de l'alliance française comme la moins périlleuse. Consultation en bonne et due forme, où ne manquent ni l'exorde en style de basoche [3], ni les réminiscences d'antique [4], ni

---

1. L. CLI, 3 décembre 1514.

2. L. CLII, 4 décembre.

3. « Jamais depuis vingt ans l'on ne vit, je crois, plus grave affaire que celle-ci ; je ne sais rien du passé qui soit si difficile à comprendre, si douteux à apprécier, si périlleux à résoudre... »

4. « Jamais je n'ai trouvé dans les histoires anciennes qu'il ait réussi à quelqu'un de défendre un passage... » V. la minute publiée ap. Alvisi, p. 367-381, 20 décembre.

non plus les formes oratoires [1]; en elle il a mis toutes ses espérances, sur elle il fonde l'avenir. Et pour mieux affirmer le caractère purement réaliste de ce morceau quasi officiel, ne pas donner prise au soupçon, il se défend d'être conduit par aucun motif sentimental : « Il me déplairait qu'on crût que je porte là une passion quelconque, car je me suis toujours efforcé de garder mon jugement sain, surtout en ces sortes de choses, et de ne le point laisser corrompre par une vaine émulation comme tant d'autres : si j'ai penché pour la France, je crois avoir eu raison [2]. » Le même jour enfin, pour ne rien négliger en aussi rare circonstance, il donne le dernier coup, stimule Vettori, tâche à secouer sa paresse d'homme heureux : « Si la fortune avait voulu que les Médicis m'eussent un jour employé à Florence ou ailleurs, dans leurs affaires publiques ou privées, cela m'aurait suffi... [3] » Toutes précautions prises, l'entourage stylé, le plat est prêt. Il l'envoie.

Dix jours après, Vettori écrit : « Vos lettres ont passé sous les yeux du Pape et des cardinaux Bibbiena et Médicis ; tous en ont admiré l'esprit et loué le jugement. L'on n'en a, il est vrai, tiré encore que des paroles ; vous connais-

1. « Si les Suisses sont vainqueurs, actum erit de libertate Italiæ. »

2. L. CLV, 20 décembre. Dans cette lettre, un passage remarquable : « Notre Saint-Père a deux maisons : l'une en Italie, l'autre en France... »

3. L. CLVI, 20 décembre.

sez ma malchance, je ne suis pas un homme
qui sache aider les amis, mais être en bonne opinion auprès des grands pourrait un jour vous
être utile [1]. » Nouvelle désillusion pour Machiavel; le jour n'est pas venu qui verra son rétablissement sur la liste des fonctionnaires : l'ombre de Boscoli le poursuit encore.

*Du retour à la Nature, de la Littérature et de la
confusion finale de cette correspondance.*

Mais cet homme qui touche à la cinquantaine
a appris la patience et n'a pas désappris l'amour.
En attendant qu'il plaise à Sa Sainteté de mani-
fester sa reconnaissance par des marques sensibles, il revient à sa maîtresse. « Ah ! Coridon,
Coridon, quelle démence t'a pris ? [2] » Vettori
qui, malade, avait cru s'émanciper et rentrer en
grâce auprès de la littérature [3], retombe en même
temps sous le joug de la Costanza [4] et c'est entre
eux un échange singulièrement confus de propos de paillardise et de philosophie. On vient
de publier — 1512 — le traité de Pontanus sur
la Fortune et ces aphorismes antiques, accommo-
dés au goût du jour pour la gloire du grand Gon-

1. L. CLVII, 30 décembre 1514.
2. L. CLVIII, de Vettori (16 janvier 1515).
3. Il souffrait d'une tumeur dans le cou « strumma in collo »
« Ab amore emancippatus sum : in gratiam cum libris redii et
cum lusoriis cartis. » L. CLIII, 15 décembre 1514.
4. Ou peut-être d'une autre femme ; v. L. CLVII (30 décembre) et CLVIII (16 janvier).

zalve [1], sont une facile matière à réflexions sim-
plistes. L'homme ne peut rien sans la fortune : où
elle manque, l'esprit, la sagesse, la force d'âme
deviennent inutiles. « A Rome, nous expérimen-
tons cela tous les jours, nous en connaissons
sans noblesse, sans lettres ni esprit et qui sont
des puissances [2]. » Ainsi, semble dire l'heureux
Vettori, ne vous mettez pas en peine ; si la fortune vous est contraire, tous vos efforts vers le
bonheur seront vains ; jouissez de la volupté présente : c'est ma conduite et la raison de ma félicité : « Je ne puis guère lire, à cause de ma vue
diminuée par l'âge ; je ne puis aller m'amuser
qu'en compagnie, et ce n'est pas toujours possible ; je n'ai ni assez d'autorité, ni assez de pouvoir pour exiger qu'on me divertisse [3] ; si je me
plonge dans mes pensées, la plupart ne m'apportent que mélancolie, et cela, j'en ai horreur ;
force est donc de se résigner à ne songer qu'à
d'agréables choses, et je ne sais chose plus délec-
table à penser et à faire que *il fottere*. Philosophe
chacun tant qu'il voudra : ceci est la pure vérité ;
beaucoup le savent, mais peu le disent. » — Et
puisque la Riccia s'humanise, qu'à la différence
de ses pareilles elle ne change pas avec la for-

1. Gonzalve de Cordoue. On sait que Pontanus vécut à
Naples.
2. L. CLIII.
3. « Le traitement qui m'est concédé légalement, je le dépense, et le mois fini il ne m'en reste rien. »

tune, profitez-en : « Ce monde n'est qu'amour ou plus exactement que rut [1]. »

Le malheur a rendu ces idées familières à Machiavel, il prend plaisir à les retrouver, rehaussées du nom d'un écrivain fameux, chez cet ambassadeur devenu son disciple [2] et accepte fort aisément cette admirable justification de la lâcheté et de la bassesse. Il va dès lors habillant ses amours de vers latins ou italiens, chante, mais sans talent car il n'est aucunement poète, le jeune archer et ses sagettes :

> Havea tentato il giovinetto Arciere
> Già molte volte vulnerarmi il petto...

et, sur le mode classique, invoque sa nymphe, tâche d'attendrir son cœur :

Nympha, precor, Penei, mane : non insequor hostis...

Jeu littéraire dont il ne se fatigue point, air connu : « chaînes lourdes ou légères, douce prison... », pauvretés. — « Je regrette, dit-il à Vettori, que vous ne soyez pas là pour rire, ore de mes pleurs, ore de ma gaieté. Tout le plaisir que vous y prendriez, c'est Donato qui s'en charge :

---

1. L. CLVIII, 16 janvier 1515. Cf. L. CLVII du même. « Veramente che Ovidio dixe bene che l'amore procedeva da otio... »

2. « Et conosco ogni di, che gli è vero quello che voi dite, che scrive il Pontano. » L. CLVI. Comp. son *Capitolo della Fortuna*.

lui et l'amie dont je vous parlai l'autre jour sont l'unique port et refuge de mon bateau que la continuelle tempête a laissé sans timon et sans voiles. » Mais, si déprimé qu'il soit par la misère, — je crains, a-t-il dit, qu'elle ne me rende méprisable, — Machiavel est cependant d'une autre qualité morale que Vettori : soucieux de la postérité, il s'avise de cette confusion des genres et s'en excuse sur la toute puissante nature : « Qui verrait nos lettres, honorable compère, et leur diversité, s'émerveillerait fort : il lui semblerait tantôt que nous fûmes gens graves, tout voués aux grandes choses, que dans nos cœurs ne pouvait tomber aucune pensée qui n'eût en soi honnêteté et grandeur. Mais ensuite, tournant la page, ces mêmes gens lui apparaîtraient légers, inconstants, paillards, tout voués aux vanités. Et si quelqu'un juge indigne cette façon de procéder, moi je la trouve louable, car nous imitons la nature, qui est diverse ; et qui imite la nature ne peut être blâmé. Bien que nous ne manifestions d'ordinaire cette variété que dans des lettres différentes, je la veux montrer cette fois en une seule, comme vous le verrez, si vous lisez l'autre page. Purgez-vous... [1] »

Alors commencent les hautes considérations sur les Etats nouveaux et les destinées de l'Italie : voici qu'apparaît le Prince. La figure de Borgia

---

1. *Spurgatevi* : crachez. (L. CLIX, 31 janvier 1515, de Florence.)

jette comme une lueur d'héroïsme au milieu de ces ratiocinations amoureuses, de ces exercices rhétoriciens : grandie par la médiocrité environnante, c'est elle qui sert d'épilogue à la correspondance de Vettori et de Machiavel.

Excuse de l'auteur au sujet de Filippo Casavecchia (en admettant qu'il en soit besoin).

« Et bien que je sache que ces choses, et d'autres semblables, par moi dites libéralement, puissent être un jour cause, par la grandeur de ceux qu'elles touchent, que la lecture de ces histoires soit sous de très graves censures prohibée, je sais aussi, outre ce qu'écrit C. Tacite en deux endroits, que le devoir d'un historien est, sans acception aucune de personne, de dire la vérité sur toute chose, en devrait-il résulter dommage et honte pour lui. ». — (VARCHI, à la fin de ses *Histoires Florentines*.)

LIVRE IV

LA RECHERCHE DE LA PLACE

*Qu'il est des parallèles auxquels on n'échappe
point.*

Michel-Ange a vécu seul, son nom céleste ré-
sonne dans le vide, à peine et tard dans sa vie,
une figure de femme : ainsi, mais à un degré moindre de noblesse, son aîné de six ans, Machiavel
(1469-1475). La tradition historique a enchaîné
des hommes qui furent grands amis ou grands
ennemis : leurs noms s'évoquent perpétuellement
l'un l'autre. Celui de Machiavel n'appelle que
Borgia, mais c'est un accouplement tout de litté-

rature. Michel-Ange donc, Machiavel autant que Michel-Ange, héros d'histoire par essence solitaires ; en vain ils s'efforcent vers la sociabilité, en vain ils ont des amitiés, des passions ; immanquablement et comme si personne ne pouvait équilibrer leur supériorité, ils retombent dans l'isolement : leur nom n'appelle que leur nom.

Machiavel a toujours ignoré l'amitié véritable, l'amitié diligente, active, prévenante, présente, celle qu'on met sans cesse à l'épreuve et qui jamais ne s'use. La Fortune le voulait ainsi. Jusqu'en cette année 1515, il a cru avoir deux amis : Biagio, frère inférieur, pauvre être qu'il entraîna dans sa ruine ; Vettori, haut fonctionnaire qui remplit fort convenablement sa charge, disent les historiens, mais aussi grand prometteur de félicités, grand plasmateur d'Eldorados, optimiste en dépit de tout lorsqu'il s'agit des autres[1]. Celui-ci a beau assurer Machiavel qu'« il n'y a charge, fatigue ou incommodité qu'il ne prenne pour lui[2] », jamais amitié ne fut aussi peu efficace. « Vous pourriez dire, écrit-il un jour, que depuis quelque temps je ne vous ai régalé que de paroles auxquelles l'effet n'a pas correspondu ; à cela j'ai une excuse facile : n'ayant pu être utile à moi-même, vous ne pouvez raisonnablement trouver étrange que je ne vous aie été bon à rien : vous savez, je pense, que

---

1. « *Rapicheró questo filo* », je renouerai ce fil, dit-il au sujet de l'affaire Donato qui n'aboutit pas.
2. L. CXLIX.

la bonne volonté ne m'a pas manqué[1] ». Cette observation simple qu'il est moins malaisé de solliciter pour autrui que pour soi-même, Vettori ne l'a jamais faite : rendre de menus services domestiques[2], introduire même un plaignant à la cour papale[3], il y consent, mais l'exécution d'un dessein suivi, pour le bien fût-ce d'un ami, est incompatible avec son égoïsme et le soin de sa tranquillité. Il montre à Léon X la consultation de Machiavel, mais c'est tout. Sacrifice, constance dans l'effort sont lettres mortes pour lui : du Pape on n'eut jamais que des paroles et l'autre attend, toujours plus rongé de misère.

Des sombres années de Machiavel et du souci qu'il eut de sa progéniture.

A la fin pourtant, las de courir après les déceptions, vaincu, berné du sort; il rompt cette amitié, — sans heurts, semble-t-il, — mais Vettori ne réapparaîtra que bien tard, au crépuscule.

Pendant près de deux ans, à la lueur de cette fausse amitié, nous avons pu suivre pas à pas, pieusement, la figure de Machiavel : mais l'amitié morte, la voici qui s'efface, s'enfonce dans l'ombre et le silence; — de rares échappées où parfois le désespoir et là douleur éclatent.

1. L. CLI.
2. « Acheter de l'étamine bleue pour une paire de chausses » (v. L. CLII).
3. *Ib.*, et la lettre de M. (L. CLII) relative à cette affaire.

Il a repris sa vie tantôt de campagnard, tantôt de citadin. La taverne, l'hôte, le boucher, le meunier, les bûcherons, ou bien à Florence la boutique de Donato et ses palabres ; cet horizon étroit, peut-il espérer le dépasser jamais ? Sera-t-il donc toujours indigne de « toucher les doigts de la Fortune » ? Poème douloureux, toujours recommencé, d'une Italie misérable, perdue, presque tarie. Pourtant il trouve un refuge, et inattendu : Machiavel semble avoir pour Giovanni Vernacci, son neveu, une affection sincère, — chose nouvelle chez lui. Il n'a eu pour Biagio qu'une amitié condescendante, presque dédaigneuse, pour Vettori une amitié littéraire autant que politique, craintive et pour ainsi dire de subalterne ; à Vernacci il parle en père et dans ce cœur séché par le malheur, fermé à tout ce qui n'est pas Rome ou la Patrie, apparaît comme une étincelle de bonté [1] : dans sa solitude nouvelle, il a Vernacci pour unique confident. « Si je ne t'ai pas écrit jusqu'à présent, lui dit-il, n'en accuse ni moi, ni les autres, mais les temps qui ont été et sont tels encore qu'ils m'ont fait perdre jusqu'au souvenir de moi-même. Ne crois pas, pour cela, que je t'aie oublié, car je te regarderai toujours comme mon fils ; moi, tout mon bien seront tou-

---

1. V. p. ex. la lettre où il propose à Vernacci un mariage (L. CXLVI). Le même sujet revient L. CLXVII-CLXVIII. « Je te conseillerais de prendre femme, mais d'en prendre une qui accroîtrait ta parenté avec moi ».

jours à ton service [1]. » Mais ce qu'offre cet amour quasi-paternel est peu de chose : « La Fortune ne m'a laissé que parents et amis ; je compte sur eux et particulièrement sur ceux qui me touchent de plus près, comme toi. »

Alors apparaît en Machiavel un nouveau personnage : le père de famille ; aspect trop rare pour qu'on ne s'y arrête point. Il a alors au moins [2] cinq enfants, une fille et quatre fils : le dernier Pietro est né il y a un an à peine. Quel avenir se prépare pour ces fils d'un politicien disgracié ? — Le sentiment de son insuffisance sociale, de son unique, exclusive capacité, est chez lui toujours plus vivace et chaque année qui s'écoule dans cette solitude inutile d'où il ne voit rien venir, dans le perpétuel ressassement de la même infortune, grandit encore le poids de sa responsabilité : la politique ne lui a rien laissé, et il ne peut exister que pour elle. Vernacci, plus sage, a suivi la tradition florentine : il s'est fait marchand et trafique à Pera ; peut-être cet homme, honnête autant qu'il y paraisse [3], pourra-t-il dans l'avenir aider les fils de Machiavel. « Si la Fortune t'offre quelque honorable entreprise, j'espère que tu tiendras compte à mes fils de la conduite que j'ai eue envers toi [4]. » Mais c'est un

1. L. CLX (18 août 1515).

2. « Recommandez-moi à Berna (Bernardo), Lodovico, Ghuido et aux autres dont je ne sais pas le nom. » L. CLXV de Vernacci.

3. *Ib*. L. CLXV.

4. L. CLXI, 19 nov. 1515.

trop lointain recours et ses sombres plaintes n'atteignent pas jusqu'à l'Orient doré : « Lorsque tu me dis que tu n'as pas reçu mes lettres, c'est comme si tu me donnais d'un couteau... depuis un an je t'ai écrit six fois [1]... » Que lui restera-t-il si l'autre l'abandonne ? « Je suis devenu inutile à moi-même, à mes parents, à mes amis : ainsi l'a voulu mon douloureux sort. Et je ne puis rien dire de mieux que ceci : il n'est resté de bon que la santé à moi et à tous les miens. Je vais temporisant pour être prêt à saisir la bonne fortune si par hasard elle vient, et si elle ne vient pas, prendre patience [2]. » Et, plus tard, rappelant à Vernacci les bienfaits passés : « Tu as fait tes preuves d'homme bon et courageux, je dois donc t'aimer plus encore qu'autrefois, avec même un sentiment de vanité, car je t'ai élevé et ma maison a été le berceau du bonheur que tu as et de celui qui t'attend. Mais contraint par l'adversité passée et présente de me retirer à la campagne, je reste parfois un mois sans me souvenir de moi-même... Quand tu reviendras, ma maison sera toujours à ta disposition, comme par le passé, encore que pauvre et disgraciée [3]. »

---

1. L. CLXII, 15 février 1516. Cf. L. CLXVII (5 janv. 1518) CLXVIII (25 janvier 1518).

2. L. CLXII.

3. L. 8 juin 1517 (Cf. L. 25 janv. 1518). Comp. la misère de Michel-Ange à Bologne. Il écrit à un de ses frères : « Je suis ici dans une mauvaise chambre et j'ai acheté un seul lit où nous sommes quatre personnes et je n'aurais pas le moyen de te loger. » (Capponi, *op. cit.*, II, p. 376.)

Cette hospitalité misérable, c'est tout ce que sa misère, la maladie qui ne pardonne point, peut promettre en récompense ; il ne connaîtra plus désormais que l'affection désintéressée. Ses fils grandissent, « deviennent des hommes » : Bernardo va avoir quatorze ans, Lodovico treize : qu'en fera-t-il ? Il semble qu'une douloureuse expérience lui ait enseigné à ne point les former pour la politique et c'est en Vernacci, marchand, qu'il espère pour les « caser » (*dar recapito*) [1].

Pauvres lettres, brodées sur un thème de désespoir, que n'éclairent aucune noblesse, aucune idée : toutes de larmes et de petites affaires domestiques [2]. « Depuis ton départ j'ai eu des peines infinies et telles que j'en suis arrivé à ne pouvoir que peu de chose pour les autres, et encore moins pour moi-même [3]. » Peu à peu la résistance faiblit, il paraît s'abandonner au malheur qui l'étreint ; las de se révolter ou de se plaindre, il accepte de tourner ainsi sans but dans ce cercle fermé à la joie, ce néant. La misère de Machiavel, ce n'est plus celle de M. Ange :

Miseria, di speranza piena [4].

1. Il fait écrire par ses enfants à Vernacci (25 janv. 1518).
2. « Marietta voudrait que tu lui rapportes une pièce de camelot tanné et du damas. » (L. CLXIV.) Vernacci envoie du caviar. « Vous l'accepterez et vous en réjouirez pour l'amour de moi en ce carême » (L. CLXV de Vernacci). Et M. « Grand merci du caviar ; Marietta demande qu'à ton retour tu lui apportes une pièce de camelot. » (L. CLXVIII.)
3. L. CLXVII. Phrase identique : L. CLXVIII.
4. Sonnet 109.

« Le sort m'a fait tout le mal possible... Si je suis négligent à t'écrire, sache que je suis devenu tel en toute chose. » Et pourtant, dans ces silences mêmes, à ces moments où l'on n'entend plus sa présence, où l'homme semble disparaître, une plume grince : Machiavel travaille.

Ce que l'histoire littéraire doit à la révocation de Machiavel.

L'action lui étant interdite, il s'est fait écrivain et son œuvre presque entière tient en ces étroites limites : 1513-1521, le temps d'exil. Lui confie-t-on une mission, fût-ce la plus médiocre, il abandonne aussitôt et sans regrets ses livres, ses papiers, s'élance sur les routes, à l'air libre, loin de toute littérature [1]. Le *Prince*, les *Discours*, la plupart de ses œuvres mineures, sont les fils de son oisiveté, ils ne sont point nés de son cœur, mais le sort ne lui ayant rien laissé où reposer sa passion, il fallut bien qu'il les aimât. Et le premier d'entre eux, celui qui fit sa gloire, porte au front comme un signe d'ennui : sa cruauté froide, son impassibilité dans le meurtre dissimulent mal son découragement, sa tristesse, non point tristesse d'un romantique à la recherche d'un idéal, maladie du siècle, malaise littéraire, mais tristesse

---

1. Il a fait, en 1516, un séjour à Livourne (L. CLXIII à Paolo Vettori, capitaine des trirèmes pontificales, frère de l'ambassadeur) et en 1518 à Gênes pour le compte de marchands florentins (v. Villari, III, p. 44 et appendice. Document V).

d'un homme qui voit la mort toute proche et « n'y trouve pas de remède [1] ». Puis, — et insensiblement, — cette âme que ne soutient plus la croyance au divin, égarée, dévoyée par une culture qui n'est pas faite pour elle, trop forte pour elle, sans accord avec le temps, se forge une règle de conduite atroce mais nécessaire : la bonté, l'amour deviennent vertus de lâches quand la vie même est en jeu; l'inspiration ne suffit plus au prophète : il faut qu'il soit armé [2]. — On raconte qu'en 1451, lors d'une guerre contre Sienne, un soldat mit le feu à un crucifix et, goguenardant, dit au Christ : « Si çà te brûle, retire tes pieds. » Par miracle, les pieds se retirèrent [3]. Aujourd'hui, le miracle ne se produit plus. Les hommes ne doivent plus compter sur une intervention particulière de la divinité; les dieux sont morts: un seul culte doit être rendu, et c'est à la Force.

De la transformation du Prince et de l'universelle incompréhension.

Nous avons montré comment, à l'heure où il fut conçu, le *Prince* était une œuvre de trahison. Il avait alors une visée pratique très nette et ferme : la création d'un Etat ; mais ceux qui auraient pu profiter de ses enseignements ne surent pas le comprendre. Les années passent et Machia-

1. Expression qui revient sans cesse dans ses lettres.
2. Cf. *Il Principe*. Ch. VI.
3. Allegretto-Allegretti, *Diarii sanesi*. Anno 1451, 27 avril.

vel, toujours oublié, sent plus vivement que tout autre les malheurs de la Patrie, il les résume en lui : seul, sans ami, sans guide, menacé, il est vraiment l'image de l'Italie et le *Prince* prend alors une nouvelle signification. Pour la première fois, le droit à la vie est affirmé en dehors de toute préoccupation métaphysique, la légitimité du crime pour sauver l'homme, et ce qui pour lui est la raison d'être de l'homme, l'Etat [1]. Le *Prince*, c'est le rêve de Machiavel et beaucoup plus que ne le croyait Amelot de la Houssaie « une creuse méditation de cabinet » [2], œuvre italienne, provinciale même, où les souvenirs de petit fonctionnaire ne manquent pas [3], — le roman de l'Italie mourante.

Et nous ne faisons point ici de reconstitution factice : tout d'abord compilation illustrée de commentaires, rhétoricienne, passe-temps d'humaniste, l'œuvre de Machiavel va peu à peu se dépouillant, rejetant ses entraves anciennes ; la figure du héros se précise, surgit plus vivante, plus proche, mais aussi plus rude, hostile, agressive : elle n'a plus ce voile littéraire qui adoucissait sa barbarie. Le *De Principatibus* est devenu le *Prince*. Julien de Médicis, auquel il était destiné, meurt en 1516 et c'est à Laurent, au duc d'Urbin — celui dont

1. « Il faut caresser les gens ou les tuer. »
2. Dans sa préface à la traduction du *Prince*.
3. « Je parlai de cela à Nantes avec l'archevêque de Rouen... » (*Il Principe*. Ch. III, *in fine*). « Il (Borgia) me dit le soir que Jules II fut élu... » (*Ib.*, chap. VII).

Machiavel vantait naguère, mais sans profit, les éclatantes vertus — qu'il sera dédié : le temps, les hommes ont changé, et le *Prince* avec eux. Il y a en lui une passion patriotique toute nouvelle et ce fameux chapitre XVIII, toujours réprouvé, — « En quelle façon les Princes doivent garder leur foi », — qui fut sans doute écrit par Machiavel en ces jours sombres où l'Italie, lui-même, semblaient à jamais perdus, trouve sa naturelle explication, sa glorification même dans l'admirable : « Libérez l'Italie des Barbares ».

Le *Prince*, les *Discours* : œuvres de solitude ; il ne faut point s'étonner que les contemporains ne les aient pas comprises. Pour les humanistes, les gens de la classe de Machiavel, c'étaient de nouveaux traités, remarquables parmi tant d'autres dont Rome était toute l'âme, mais rien de plus [1]. Le vulgaire ne pouvait atteindre à leur hauteur et l'on s'explique que Biagio, envoyant à Pandolfo Bellacci une copie du *Prince* après la mort de Machiavel, le priât de défendre le livre contre ceux qui « par malice ou envie le voudraient, selon les us de ce temps, mordre et déchirer ». Bernardo di Giunta en 1532 fit de même [2], et ce n'était pas là une pure formule d'introduction, formule de style, requête en bon accueil : la plupart de ces lâches Italiens n'ont pas compris l'en-

---

1. Plus tard ils comprirent et se vengèrent. V. ci-après Livre V : *la Ruine.*

2. Cf. Villari, II, p. 423-426.

seignement que Machiavel leur laissait. — L'incompréhension a été plus générale encore : le xvie siècle n'a point su démêler la signification morale, sociale du *Prince* [1] ; il n'en a retenu que les maximes impitoyables, l'illustration des exemples qu'il avait sous les yeux, ou, pour employer ces vocables abstraits dont, par respect de la *kultur* allemande, certains critiques font une merveilleuse consommation, la systématisation de la Férocité.

De la grande invention de Machiavel et qu'elle ne lui fut pas profitable.

Pourtant, il y a plus et mieux : débarrassés de la croûte latine qui les masque, les deux livres de Machiavel proclament l'indépendance de l'Etat vis-à-vis de la religion ; ils marquent, et d'un sceau génial, dans l'histoire des idées, le point sinon de divorce, tout au moins de discrimination de l'un et de l'autre, annoncent dans les relations sociales la mort de la gentillesse, de cette admirable vertu de courtoisie, et l'avènement, — mais en maître, car d'un coup ils vont droit au fond, — de la politique, de « l'exploitation du contin-

1. Il est remarquable qu'au xviie siècle une femme ait compris la pensée de Machiavel : Christine de Suède annote la traduction du *Prince* par Amelot de la Houssaie et en face du passage où il est dit que le difficile n'est pas de faire croire quelque chose aux gens mais de les faire persévérer dans cette croyance (ch. VI), elle écrit : « On ne peut faire croire les gens par force mais on peut les forcer de faire le semblant et c'est assé... C'est là le grand miracle de la religion chrétienne. » (V. les annotations publiées par Villari, II, p. 617.)

gent ». Saint Thomas enseignait que le rôle de l'Etat est de permettre à l'homme d'aborder la vie future dans les meilleures conditions possibles ; la préoccupation de Machiavel est tout autre, et c'est le biais par lequel il apparaît le plus nettement antiscolastique [1]. L'Etat, dit-il, est d'un autre ordre que la Religion, d'un ordre éminent, distinct de la Religion : celle-ci n'est qu'un adjuvant, un moyen de discipline, accessoire bon à maintenir le peuple ; l'art politique, lui, a sa fin en soi. Le temps est fini de la mystique de gouvernement ; il n'y a plus de place dans le monde que pour la politique de gouvernement [2]. Et c'est là vraiment la grande invention de Machiavel, inaccessible à ses contemporains, par quoi il est toujours vivant, actuel [3].

1. Car soutenir, comme le fait Villari, que la personne même du Prince est née de la Réalité, sans aucun rapport avec le « Souverain Bien scolastique », nous paraît exagéré : le mode de raisonnement est encore de l'Ecole.

2. Comp. Ch. Péguy. *Notre jeunesse* (*Cahiers de la Quinzaine* XIe série, cahier 12).

3. «... E paja a vederlo (il principe) e udirlo tutto pietà, tutto fede, tutto umanità, tutto integrità, tutto religione. E non è cosa più necessaria a parere d'avere che quest'ultima qualità...» (*Principe*, ch. XVIII.) Cf. Dans les *Discorsi*. Liv. I, ch. XII qui pourrait être intitulé : « De la supériorité comme moyen de gouvernement de la religion païenne sur la chrétienne. » Il y remarque « quanto serviva la religione a comandare agli eserciti, a riunire la plebe ». Dans l'*Art de la guerre* (Liv. IV, *in fine*): «Charles VII disait prendre les conseils d'une fille envoyée de Dieu « la quale si chiamò per tutto la Pulzella di Francia », ce qui fut cause de la victoire. » La religion, la foi apparaissent comme moyens, et seulement comme moyens.

Notre objet n'est point ici d'étudier les applications de son idée dans le monde moderne ; on la retrouve, sinon formellement avouée, tout au moins impliquée dans le programme de plus d'un politique, — (faut-il rappeler son élève Cavour ?) — mais ce que nous voulons dès maintenant retenir et du point de vue de Machiavel lui-même, c'est qu'en décapitant la religion [1], en ne la considérant plus que comme moyen et non comme fin, — « religio ancilla reipublicæ » auraient dit les scolastiques, — il faisait œuvre de sincérité. Commines, son contemporain, qu'il a peut-être connu et dont le nom est prononcé dans l'une de ses lettres [2], ce grand partisan des Médicis (car il est leur créancier), invoquait encore, au milieu de ses dissertations de ruses, de « trufferies » politiques, Dieu et la Vierge par habitude : c'était presque une dérision. Machiavel méprise cette hypocrisie, cesse ce jeu, rejette Dieu et s'adresse à l'homme.

Mais chaque fois qu'il tente quelque chose, il échoue. Dans la dédicace du *Prince*, il demandait à Laurent de prendre garde à sa misère et de lui rendre justice : « Si Votre Magnificence, du faîte de sa hauteur, jette parfois les yeux sur la bassesse de ces lieux, elle connaîtra avec quelle injustice je supporte une grande et continuelle malignité

1. Proprement pour lui une « deminutio capitis ».
2. L. LXXII à Ridolfi. « Manda (il re di Francia) M^r d'Argentone con quattro gentili huomini.... » (12 juin 1506).

de fortune. » Or cela ne servit de rien. On raconte qu'au moment même où il présentait son livre, quelqu'un offrait à Laurent un couple de chiens, « et Laurent fit plus reconnaissante mine et plus aimables réponses à celui qui lui avait donné les chiens qu'à Machiavel [1] ». Il avait donc trop raison quand il observait, dans cette même dédicace, que les grands sont d'ordinaire plus curieux d'amusements que de savoir ; lui, ne pouvait offrir que le résultat de son expérience, l'œuvre de ses méditations : il apprit le cas que l'on en faisait. La tradition rapporte qu'il eut alors un mouvement de colère et dit à ses amis : « Mon livre sera ma vengeance [2]. » Si le fait est vrai, sa perpétuelle défaveur n'est plus un problème.

Où Machiavel cherche un public.

Il est dit, dans le *Prince*, qu'un maître doit savoir faire à propos la bête et l'homme [3]. La Fortune ne lui ayant point permis de faire la bête, d'user de la force, il faut bien que Machiavel se résigne à faire l'homme. Dégoûté de la sottise

---

1. Extrait d'un manuscrit de la Biblioteca Riccardiana, cité par Alvisi, p. XIV.

2. « ...Il partit indigné et alla dire à ses amis que lui n'était pas homme à faire conjurations contre les princes, mais que s'ils s'en tenaient aux conseils qu'il leur donnait, ils en verraient s'ensuivre de telles (conjurations), comme s'il eût voulu dire que son livre se chargerait de sa vengeance (farebbe per lui la vendetta). » (*Loc. cit.*)

3. Chap. XVIII.

des grands, il revient à la satire, genre facile, profitable, que ne dédaigne pas l'Arioste, — genre médiocre cependant, trop aimé des petits écrivains du temps ou des courtisans ; — la France ne l'a pas encore renouvelé, anobli. Mais le *Décennal* lui avait valu autrefois une manière de gloire populaire, et, puisque ses patrons ne veulent point comprendre qu'il est écrivain politique, homme d'Etat, il redescend au peuple, lui donne des chansons, des sérénades, des fantaisies, toute cette aimable joie italienne, si foncière qu'elle résiste aux pires calamités. Installé au milieu des badauds, il devient facile, gracieux, plaisantin, fait de la barre fixe sur une idée, attend l'applaudissement... Mais le peuple même, la place publique ne veut plus de lui et malgré ses efforts, il ne compte pas au nombre des poètes d'Italie. Il en souffre et l'écrit à Alamanni : « J'ai lu ces jours-ci l'*Orlando Furioso* de l'Arioste : vraiment le poème est beau tout entier, en beaucoup d'endroits admirable. S'il se trouve là-bas (à Rome), recommandez-moi à lui : dites-lui aussi que je ne me plains que d'une chose : c'est qu'au milieu de tant de poètes qu'il rappelle, il m'ait laissé derrière comme un chien : il m'a traité dans son *Orlando* comme je ne le traiterai pas dans mon *Asino* [1]. »

Dans cette unique épopée, toute rutilante, emportée d'un élan d'héroïsme jeune et joyeux, il n'y a point de place pour cette figure sombre

[1]. L. CLXVI, 17 décembre 1517.

qui ne sait pas encore être comique. L'*Ane d'or* —
cette satire sur laquelle il comptait pour établir
sa renommée et juger à son tour les hommes de
son temps — est inachevé : tel qu'il nous reste,
c'est une mauvaise imitation de Dante, un pauvre
tableau mal venu où des relents de porcherie se
mêlent aux grandiloquences latines, trivial, dénué
d'esprit, vers fatigués, usés, forcés.

*Comment il trouve enfin à qui parler et de la
renaissance des conversations florentines.*

Pourtant Machiavel a un public. Avec la restauration des Médicis, la mode était revenue de
ces « convents » littéraires qu'avaient tant prisés
les Florentins du siècle précédent ; le Pape était
encore jeune, l'avenir semblait plus clair, — du
moins on voulait le croire tel, — les espoirs républicains paraissaient abandonnés, l'austérité du
Grand Moine ne comprimait plus les esprits. Alors,
comme au temps du Magnifique, on vit, dans d'aimables jardins dessinés à l'antique, se réunir des
hommes qu'animait encore une foi sincère en la
gloire du Dieu païen : profanes conversations où
de naïfs humanistes croyaient renouveler les doctes palabres des maîtres d'autrefois [1]. Tout ce travail de résurrection, ingrat et comme marqué de
stérilité — car il fut sans bienfait pour la Patrie

1. Les peintres de Ferrare, le pays par excellence du *bel
vivere*, nous les ont conservées ; le temps des saintes est presque passé.

— est un instant vivifié par l'atmosphère où il fut entrepris : la théologie platonicienne de Marsile Ficin [1] si alourdie de commentaires, traînant après soi tout un cortège de scolies mal comprises, en apparence si dépouillée de poésie, terrestre, devient presque souriante, plaisante, se transfigure lorsqu'on la replace dans la vibrante lumière de Florence, ce reflet du ciel de la Grèce qui la vit naître : là seulement elle retrouve une beauté. On visitait encore, il y a quelques années, dans la via della Scala, non loin de Sainte-Marie Nouvelle et de son moyen âge triomphant, les jardins Oricellari. Les arbres étrangers y dressaient leur voûte sombre, et lorsqu'on savait en distraire les souillures de décadence [2] qu'y apporta sans doute la prodigieuse aventurière Bianca Capello, revivait le milieu charmant où Machiavel enseigna un temps la jeunesse de Florence.

Lorsqu'il y vint, le maître était le jeune Cosimino Rucellai [3], le petit-fils du fondateur Bernardo qui fut poète satirique à ses heures, surtout riche citoyen et très fidèle aux Médicis. Cosimino, victime du mal napolitain, mal noble qu'anoblissaient encore des amis de Léon X, les cardinaux Cibo et Sigismond Gonzague, passait sa vie dans ses

1. *Theologia Platonica. De Immortalitate animarum duodeviginti libris...* Parisiis, apud Ægidium Gorbinum, 1559.

2. Car ce sont là en vérité des souillures : le Polyphème. Mais nous n'entendons pas englober tout l'art italien de la fin du xvi⁰ siècle dans cette réprobation.

3. Il avait 22 ans en 1517.

jardins ; là, cet « homme impotent qui se faisait
porter comme dans un berceau [1] » aimait à réunir,
pour son divertissement, les lettrés de sa ville :
on y voyait des professeurs comme Diacceto, des
historiens suspects de républicanisme mais assa-
gis en apparence, ralliés, comme Nardi, d'autres
encore Giovan Battista della Palla, qui fut lié
d'amitié avec Michel-Ange [2], Filippo de' Nerli,
partisan des Médicis, Zanobi Buondelmonti, Luigi
Alamanni, le poète de la vie des champs [3]. Dès
la fin de 1517, Machiavel est en relations suivies
avec ces hommes de goût, de bonne compagnie [4] ;
pour la première fois peut-être de sa vie, il a
trouvé un milieu digne de lui : là au moins on va
causer. Il ne pouvait d'ailleurs que gagner temporellement à un pareil commerce. Villari a fort
bien montré qu'au moment où Machiavel y fut
introduit, la société des Oricellari n'était nulle-
ment un centre révolutionnaire, hostile aux Médicis [5] : Cosimino leur était attaché, et par tradition, les autres, sans excepter Nardi, entretenaient
avec le cardinal des rapports d'affection. Et ce
qui suffit à prouver le caractère loyaliste de ces
réunions, c'est que Machiavel fut conduit en 1519

1. Pierre de Boissat, ap. Bayle (art. *Machiavel*, note C).
2. Cf. Rolland, *op. cit.*, I, p. 92.
3. Cf. Villari, III, p. 47. Capponi, II, p 338.
4. Cf. L. CLXVI (17 déc. 1517) à Alamanni, où il est question
d'un projet de voyage en France avec Buondelmonti, Battista
della Palla, et d'une fugue à Venise pour le carnaval.
5. Villari, III, p, 49-50.

à la casa Médicis par le frère de Filippo Strozzi, Lorenzo, ce riche banquier qui, dans son palais de Rome, régalait ses convives, cardinaux et courtisanes, de merveilleux festins agrémentés d'artifices et machines [1]. Ainsi, couvert d'un tel parrainage, Machiavel, après sept ans d'exil, rentre dans la place; c'est à lui maintenant de se faire valoir : sera-t-il, comme le dit son ami Filippo Strozzi, *persona per surgere*, homme à percer?

De sa petite popularité de chapelle et de quelques sourires de la Fortune.

Chez Rucellai, on fait déjà grand cas de sa science : il y a lu ses discours [2] et tous, Nardi en tête, les ont portés aux nues : l'œuvre solitaire de cet homme de cinquante ans est devenue fameuse dans ce petit cercle où l'on s'est mis à parler aussi bien politique, affaires que littérature : quelque chose de plus qu'un suffrage d'Académie. Machiavel eut alors comme une renaissance de joie : il s'adressait à ses pairs, les fils de Rome, et sûr d'être admiré, il s'imaginait être compris, lui qui n'avait eu longtemps pour auditeurs que les brutes de Percussina ou les gens de la boutique de Donato. C'est à cette époque que le cardinal de Médicis,— Laurent était mort en 1519, — voulant donner à Florence une constitution qui assurât le cours tranquille de la tyrannie, fit demander à Machia-

---

1. Villari, *ut. sup.* Pastor, VIII, p. 37-38.
2. Qu'il dédie à Cosimino et à Buondelmonti.

vel quelles réformes lui semblaient expédientes. Il répondit : « Faites de Florence un Etat républicain, mais gardez-vous de laisser au peuple le libre choix des magistrats. » Régime bâtard, absolutisme masqué d'un simulacre de liberté, politique de gouvernement qui se résume en : « Soyez le maître sans que l'on s'en avise », l'allégorie moyen-âgeuse de Faux-Semblant. Avec plus d'espoir qu'au temps où le Pape même sollicitait ses avis, Machiavel attend le bienfait de son habileté.

Il était toujours pauvre : le 15 avril 1520, il écrit à Vernacci, dont les affaires sont fort compromises, qu'il regrette de ne pouvoir lui être bon à rien [1], mais, par bonheur, ses amis ne l'oublient pas. Battista della Palla, qui se trouve à Rome fort occupé d'intrigues pour obtenir le chapeau [2], fait preuve d'une tout autre diligence que Vettori : « J'ai parlé de vos affaires au Pape en particulier, et vraiment, autant que j'ai pu voir, il m'a paru fort bien disposé pour vous ; j'ai même été sur le point de lui dire la part qui vous devait revenir dans l'affaire de Donato, pensant que pour cette raison il la ferait aboutir plus volontiers. » (Ainsi s'explique la ténacité de Machiavel à recommander son boutiquier : le désintéressement est une qualité de luxe qu'il ne peut se permettre.) Battista ajoute : « J'ai reçu commission de Sa Sain-

---

1. « Je te serais plutôt nuisible qu'utile, étant donné la condition où je me trouve. » L. CLXIX.
2. Villari, III, p. 48.

teté de dire, quand je serai là-bas, au cardinal de
Médicis qu'il lui serait fort reconnaissant que désormais la bonne volonté qu'a sa Seigneurie Révé-
rendissime de vous faire plaisir eût son effet...[1] »
Or, cette même année, le cardinal de Médicis et
les Seigneurs honorèrent Machiavel d'une marque
certaine de confiance : on le chargea, sans titre
officiel il est vrai[2], d'aller traiter à Lucques une
affaire de marchands, d'assurer le recouvrement
d'une créance de 1.600 florins. Mission secondaire,
sans doute, mais n'était-ce pas le commencement
d'une nouvelle fortune ? Le pardon semblait donné,
l'amnistie venue : allait-il enfin être employé ?

*D'un roman lapidaire, de la critique et de la fan-
taisie.*

Il séjourne à Lucques plusieurs mois et, comme
autrefois, trouve un plaisir de fonctionnaire à
noter les caractéristiques de l'administration et
du gouvernement : il en fait, selon sa coutume,
un résumé que peuvent consulter utilement les
historiens des institutions municipales, mais qui
pour tout autre est dénué d'intérêt, vide de pittoresque. Il a des loisirs et nombreux : dans cette
ville toute de pierres, qu'on aime à imaginer
toujours fortifiée, guerrière, avec ses boulevards,
humanisés aujourd'hui, encore hostiles pourtant

1. L. CLXX, 26 avril 1529.
2. Une lettre de Buondelmonti est adressée à « N. M. segre-
tario ». Les autres ne lui donnent aucun titre.

avec leurs longues lignes d'arbres sévères qui semblent veiller, il a composé le roman de Castruccio. Roman héroïque d'un bâtard qui reste célibataire, sorti de rien pour aboutir aux plus hautes destinées, statue, modèle antique qui n'a pas plus de rapport avec la réalité, moins peut-être, que l'élégant Castruccio au léopard créé par Gozzoli sur les murs du palais Riccardi. Et cela n'échappe pas à ses amis. Buondelmonti, auquel il l'avait dédié, lui écrit : « C'est une bonne chose, et une preuve que vous vous souvenez en tout lieu de vos amis : elle nous a donc été la plus chère du monde. Nous l'avons lue, examinée ensemble... et généralement on a conclu que c'était chose bonne et bien dite. On a bien noté quelques endroits qui, s'ils se tiennent bien, pourraient cependant être améliorés : comme cette dernière partie des propos, traits ingénieux et bons mots dudit Castruccio, qui n'en deviendrait que meilleure si on l'abrégeait, car outre que ses dits et finesses sont trop nombreux, il y en a une part qui a été attribuée aux sages anciens et modernes... » De fait, ce Castruccio est bâti de Diogène Laërce et de Diodore de Sicile [1].

La liberté d'allure, la désinvolture dans la cri-

---

1. V. L. CLXXIII, 6 sept. 1520. Ce roman a été fort discuté, comme il apparaît par cette même lettre : « Ciascuno si fermava o dubitava, et circha alla lingua et circha a l'historia, et alla explicatione de' sensi et concetti vostri. » Cf. Villari, III, p. 75 et notes.

tique sont en vérité remarquables chez les nouveaux amis de Machiavel : il reçoit à Lucques de Filippo de' Nerli la plus fantaisiste des lettres. « Je suis arrivé avec la femme de Lorenzo (?) tout près de Lucques à trois milles, avec l'intention de vous venir affronter, puis j'ai pensé, étant à Bagno, que pour revenir de Lucques et rentrer à Florence, cela allongeait la route de seize milles..., si bien que j'ai pensé que votre présence ne valait pas qu'on prît telle incommodité. » Puis, d'une verve d'étudiant débridé, il continue en coq-à-l'âne : « Zanobi (Buondelmonti) a un fils... Vous pourrez, en lui écrivant, vous en réjouir avec lui, car il en a pris un singulier plaisir : plus il nous naît de garçons, plus nous aurons de soldats contre le Turc. Vous ne pensez pas à ces choses-là ; elles sont plus importantes que vous ne croyez : rappelez-le et en avertissez ces MM. les Lucquois, qu'ils s'appliquent à *chiavare* beaucoup pour faire des fantassins qui leur seront aussi utiles que forts et forteresses. » Et non content d'attaquer de cette façon inattendue l'auteur de *l'Art de la Guerre*, il passe au *Dialogue de la Langue*, cette œuvre d'exil que Machiavel a probablement lue aux habitués des Oricellari et où il agite gravement la question de savoir si la langue qu'ils parlent, lui et ses contemporains, doit être dite italienne ou florentine : question nationale, question provinciale : « Avec les poètes et les muses on parla fort au long de la langue : on a pensé, pour vous rajuster le goût quand vous reviendrez, à vous donner quelque bon précepteur [1]. » Enfin, pour terminer, cette oraison funèbre d'un ami : « Dieu a rappelé à lui Piero degli Alberti qui s'en alla à Santa-Croce avec tant d'eau qu'il parut bien qu'il voulut donner son reste, mort comme il était, en infligeant tel désagrément à qui l'accompagna : et ce fut la veille de San-Jacopo [2]. »

Comment, de fonctionnaire révoqué, il devint historien officiel.

Mais, bien que rassuré sur le compte de sa famille par une toute bonne lettre de son fils [3], Machiavel désire rentrer à Florence. Filippo de' Nerli, au milieu de ses concetti, lui donnait un

1. Nous supposons qu'il y a dans cette lettre (antérieure à celle de Buondelmonti où il s'agit de la *vie de Castruccio*) une allusion au *Dialogue sur la langue* : c'est une nouvelle preuve qu'il est bien de Machiavel. Villari n'en parle point cependant (III, p. 84).

2. Il semble y avoir dans cette lettre de mauvais calembours : « cazzelleria » pour « cancelleria ». Cf. le passage : « Truovo che le donne possono con... più licentia esser puttane. » Sur Nerli, v. Varchi, liv. XII et XV.

3. « Très cher père, salut, recommandation, etc. Ceci pour vous dire que nous allons bien et nous espérons qu'il en est de même pour vous. Nous ne vous avons pas écrit avant, parce que le temps ne nous a pas permis de faire les récoltes... La Madeleine a fait une fille et on l'a appelée Oretta. Elle vous envoie cent saluts. Mona Marietta vous rappelle de revenir vite et de lui rapporter quelque chose. Et aussi moi et Lodovico et les autres de la maison. Pas d'autre chose à vous dire. Dieu vous garde du malheur. Fait en vitesse à lumière de lanterne. J'avais une plume qui ne marchait pas (*che non mi rendeva*). Votre Bernard Machiavel à Florence. 30 juillet 1520. »

avertissement : « Je crois que votre séjour là-bas
sera votre dernier plongeon. Vous savez le peu
de crédit que vous aviez, et maintenant que le
champ est resté libre à vos concurrents et rivaux,
je vous laisse à penser ce qu'il en est. Remédiez-y
à temps, car les remèdes se font plus rares que
le diable. Allez, allez [1]. » — Sans doute, il a reçu
du cardinal des protestations d'amitié dans une
lettre de service [2], mais l'expérience lui a enseigné qu'auprès des grands rien ne remplace la
présence réelle ; on lui rappelle que Donato se
plaint fort, on prononce le nom de la Riccia : il
revient. — Or, au mois de novembre 1520, une délibération des officiers du Studio confiait à Machiavel la charge d'écrire l'histoire de Florence : une
fois encore, ses amis s'étaient entremis pour lui.
N'ayant jamais été habile, les autres seuls font
valoir son talent : Battista della Palla avait parlé
de ce projet au Pape [3], et, vantant l'esprit et le
jugement de cet ex-fonctionnaire inutilisé, avait
presque obtenu l'assurance que le travail lui serait
confié. D'autre part, Buondelmonti lui persuade
qu'il est né historien : « Tous sont d'avis que vous
devriez vous mettre en toute diligence à écrire
cette histoire, et je le désire plus que tout autre...
votre modèle d'histoire me plaît... votre style

1. L. CLXXII, 1er août 1520.
2. Cf. Villari, III, p. 69.
3. « Pour ce qui est de vous faire donner « una provisione »
pour écrire ou autre chose, j'en parlai longuement au Pape. »
L. CLXX.

sait y être plus élevé que partout ailleurs, comme la matière l'exige. » Son parent Francesco del Nero, ministre du Studio, ayant fait les démarches nécessaires, Machiavel pose alors ses conditions : « L'engagement serait en substance celui-ci : qu'il soit engagé pour tant d'années avec un salaire de tant, avec obligation morale et réelle (che debba et sia tenuto) d'écrire les annales ou l'histoire des événements survenus dans l'état et cité de Florence, depuis le temps qu'il jugera le plus convenable, dans la langue qu'il préfère, latine ou toscane [1] ». Le 8 novembre, les officiers du Studio, dont le cardinal est le chef, l'engagent pour deux ans avec un salaire annuel de cent florins, en se réservant, le cas échéant, de lui commander d'autres travaux.

C'était la première consécration officielle de son œuvre. Machiavel continue la lignée de Pogge, de Léonardo Aretino ; l'exilé rentre dans une catégorie sociale : non point historiographe à la suite du Prince et de la Cour, homme de papiers transporté au milieu des armes et notant, du mieux qu'il peut, les prouesses guerrières [2], mais écrivain de cabinet, historien en chambre. Trop heureux d'avoir trouvé un métier, il se met sans peine à la solde de ses anciens persécuteurs ; après huit ans d'efforts, il est en position et se carre : les vieilles rancunes sont abolies.

---

1. A Francesco del Nero « cognato ». L. CLXXV.
2. V. par ex. *les lettres* de Racine à Boileau-sous-Namur.

Où le passé vient le tenter.

Un jour pourtant, un fantôme vient se rappeler à lui : Soderini, le fugitif de Raguse, conspire à Rome contre les Médicis, et, apprenant que son ancien secrétaire s'apprête à pactiser avec eux, tâche à le ramener en lui proposant un emploi profitable [1]. « Le seigneur Prospero (Colonna) me demande un homme capable de s'occuper de ses affaires ; connaissant votre fidélité et vos capacités, je vous ai proposé. Vous faites son affaire, car il a entendu parler de vous [2] : il m'a chargé de vous pressentir. Le traitement sera de 200 ducats d'or et les frais : réfléchissez, et si cela vous va, je vous conseillerais, sans en rien dire, d'être ici avant que là-bas on ne sache votre départ ; c'est, il me semble, le meilleur parti à prendre pour le moment, et qui vaut bien mieux, selon moi, que de rester là-bas à écrire des histoires à florins comptants [3]. » — Machiavel dut ressentir un certain orgueil à voir qu'on se disputait ainsi sa personne ; mais le nom de Soderini évoque une merveilleuse continuité de malheurs : à la naïve fidélité qu'il

1. Il avait déjà fait auparavant une tentative qui n'avait pas abouti (Cf. Villari, III, p. 124).

2. Une lettre de Filippo de'Nerli datée de Rome permet de supposer que Machiavel y était connu : on prise ses avis, et Nerli, qui lisait le soir les histoires anciennes à Lucrezia de Médicis, femme de Jacopo Salviati, envoie à M. un traité de la vie d'Alexandre, œuvre d'un cuistre romain, « pour qu'il le corrige, — en admettant qu'il ait la tête à cela ». V. L. CLXXIV, 15 nov. 1517.

3. L. CLXXVI, 13 av. 1521.

garda jusqu'au bout à ce piètre homme d'État sont dus sa déchéance, la geôle, la corde et les longs jours de misère qu'il a traînés. Aussi, revêtu de l'honorable titre d'historien officiel, redevenu fonctionnaire d'un régime qui paraît stable, il ne se soucie pas d'échanger la sécurité présente contre la vie hasardeuse d'un factotum de condottiere, d'un sous-ordre sans réputation. Soderini, homme riche, autrefois puissant, est dans son rôle lorsqu'il conspire contre ses vainqueurs ; lui ne commet plus de pareilles imprudences, l'expérience l'a assagi : il refuse, et consciencieusement se prépare à descendre des Goths jusqu'à la Magnifique Maison régnante.

De l'ironie florentine ou le mécréant chez les Frati.

Le « nuntius » semblait à jamais disparu : une fonction assise convenait à son âge, un paisible sommeil de bibliothèque. Le sort voulut pourtant que Machiavel jouât, une fois encore, comme la parodie de son ancienne existence.

Charger un anticlérical notoire de négocier une réforme chez des Frères, d'amener à Florence un prédicateur pour le prochain carême, c'est à croire que le cardinal de Médicis et les Seigneurs Consuls de l'Art de la laine sont d'agréables ironistes. Et pourtant, en mai 1521, Machiavel, envoyé des Huit, fait son entrée à Carpi dans la République des sandales — « la Repubblica de' Zoccoli » [1]. Il s'y amuse fort :

1. Comme dit Guichardin, V. L. CLXXXI.

lui qui n'a pour les religieux que haine ou mépris,
— c'est même le premier trait de son caractère qu'il
laisse voir [1], — qui rend Pape, prêtres et réguliers
responsables des malheurs de la Patrie, qui ne
fait même pas semblant de pratiquer [2], le voici
dans la place et noblement couvert d'un beau titre
officiel. Avec son ami Guichardin, dont l'anticléricalisme est au moins aussi âpre que le sien [3], et
qui, au nom du Saint-Père, gouverne une terre
papale toute proche de Carpi, c'est un échange
de lettres plaisantes, de farces ; cette incursion
chez les Frati, la meilleure rigolade de Machiavel.
« En vérité, écrit le gouverneur de Modène, bonne
fut l'inspiration de nos honorables Consuls de
l'Art de la laine, en s'en remettant à vous du soin
de choisir un prédicateur : tout de même que si
l'on avait chargé ser Sano [4] de trouver belle et
galante femme à un ami » [5]. La mission est d'importance et Machiavel en sent tout le poids :
« J'étais aux lieux quand arriva votre messager et
justement je réfléchissais aux extravagances de ce

1. V. L III, et les lettres à Vettori.
2. V. L. CXXXVI de Vettori : « Je vais à la messe, différent
en cela de vous qui souvent la passez au bleu ».
3. Cf. les *Ricordi* de Guichardin, n° 28. Il va jusqu'à dire :
« J'aurais aimé Martin Luther comme moi-même, non pas pour
m'affranchir des lois que la Chrétienté a, autant qu'on en peut
juger, le droit de nous imposer, mais pour voir cette troupe de
scélérats ramenés à de justes limites et renoncer à ses vices
ou bien à sa puissance. »
4. V. plus haut la correspondance avec Vettori.
5. L. CLXXVIII, 17 mai 1521.

monde, tout appliqué à me figurer pour Florence
un prédicateur qui sût me plaire, car je veux mettre en cette affaire autant d'opiniâtreté qu'en toute
autre. Je n'ai jamais manqué à mon devoir envers
la République; toutes les fois que j'ai pu l'aider,
je l'ai fait, sinon par les œuvres, du moins par la
parole, sinon par la parole, du moins par le geste:
ce n'est pas maintenant que j'y faillirai. Il est
vrai que sur ce point comme sur beaucoup d'autres, je ne suis pas de l'avis de mes concitoyens:
ils voudraient un prédicateur qui leur enseignât la
route du Paradis, et moi j'en voudrais trouver un
qui leur enseignât la route de la maison du diable; ils voudraient ensuite un homme sage, intègre, franc et j'en voudrais un plus fou que Ponzo,
plus rusé que fra Girolamo [1], plus hypocrite que
frate Alberto ; ce serait en effet une chose belle
et digne de l'excellence de notre temps, de voir
toute l'expérience que nous avons des frati résu-
mée en un seul : le vrai moyen d'aller en Paradis
n'est-il pas de connaître la route de l'enfer pour
l'éviter?» En attendant il rumine (*vo rigrumando*),
le moyen de mettre telle discorde parmi ces frati
« qu'ils en viennent ici et ailleurs aux coups de
sandales», et, comme il ne pourrait, en cette occur-
rence, recevoir meilleurs conseils que ceux d'un
fonctionnaire papal, il demande à Guichardin de
lui envoyer chaque jour un courrier, « afin de
l'éclairer sur ce qu'il est à propos de faire, et de

1. Savonarole.

le grandir dans l'estime des gens de cette maison. »

Des divertissements puérils de deux hommes d'Etat.
Facile besogne, car ces religieux sont des naïfs :
« A l'arrivée de votre courrier qui me présenta votre lettre avec un salut jusqu'à terre, disant qu'il avait été envoyé exprès et en hâte, chacun se leva avec un air si respectueux, cela fit une telle sensation que toute la maison fut sens dessus dessous. On vient me demander des nouvelles, et moi, pour grandir ma réputation, dis que l'Empereur est attendu à Trente... Tous restent bouche bée, le bonnet à la main : et pendant que j'écris, ils font cercle autour de moi ; me voyant écrire si longuement, ils s'émerveillent, me tiennent pour possédé ; moi, pour mettre le comble à leur émerveillement, je reste parfois suspendu au bout de ma plume, je me gonfle : alors ils en bavent [1] ; que serait-ce s'ils savaient ce que je vous écris ?... Envoyez-moi un de vos arbalétriers, mais courant à toute bride, et qu'il arrive bien suant afin que la bande s'ébahisse ; ce faisant, vous me ferez honneur et cela donnera un peu d'exercice à vos arbalétriers : vu la douceur de la température, c'est extrêmement sain pour les chevaux [2]. »
Le lendemain, en effet, Guichardin expédie un courrier, avec ordre d'arriver « la chemise ne lui

1. Sbavigliano. Exactement : ils ôtent le bâillon.
2. L. CLXXIX, 17 mai.

touchant pas les hanches » et, pour que le pavil-
lon couvre la marchandise (perchè la qualità del
pezzo grosso faccia fede a l'hoste), joint à ses
dépêches quelques nouvelles de Zurich « dont
Machiavel pourra se servir, en les montrant ou
en les tenant à la main, selon qu'il le jugera plus
expédient ». Ce gouverneur, qui émarge au budget
de Saint-Pierre, encourage son ami à « mettre la
discorde chez ces frati, ou au moins à y laisser
une semence qui puisse pulluler à un moment ou à
l'autre : ce serait, lui dit-il, l'œuvre la plus noble
que vous fîtes jamais ; je ne la crois pas d'ailleurs
très malaisée, étant donné leur caractère haineux
et leur malignité ». — Cependant Machiavel fait
ripaille chez Sigismond Santi, le secrétaire de
l'ambassadeur Alberto Pio [1] ; Guichardin l'a présenté à cet homme « tout rond, ami des bavardages ou gausseries à la lombarde [2] » comme un
« individu très rare », et, bien que l'autre ne sache
point au juste en quoi consiste cette prétendue
rareté, Machiavel vit, et fort bien, sur sa réputation : « Vous n'aurez pas toujours des pauvres avec
vous [3]. » L'arrivée journalière du messager ne
manque point son effet : « Il faut que je vous dise
que la fumée en est montée jusqu'au ciel ; l'es-
soufflement du courrier, le gros paquet de lettres :

1. Très en faveur auprès de Léon X et qui représente l'Empereur auprès de François Iᵉʳ. V. Pastor, VIII, p. 50.
2. L. CLXXXI, de Guichardin.
3. « Non semper pauperos haberitis vobiscum. » (L. CLXXX
de Guichardin.)

il n'y a personne dans cette maison et dans le voisinage qui ne soit possédé...» et tout irait fort bien, si l'hôte ne commençait à se méfier de « l'envoi de ces longues bibles en ces déserts d'Arabie, où l'on ne voit que des frati ». « Je crois que je ne lui apparais point comme cet homme rare que vous lui avez dépeint, car je reste à la maison, dors, lis et me tiens coi. » Pourtant, en le payant de nouvelles fantaisistes, *novelle da pancacce*, ragots de place publique, en amusant sa crédulité, Machiavel gagne du temps : procédure bienfaisante, que lui ont rendue familière ses expériences diplomatiques. Sigismond continue à faire bonne mine, sert de solides repas à son pensionnaire « qui s'empiffre comme six chiens et trois loups et dit au dîner : « Ce matin je gagne deux jules », au souper : « Ce soir j'en gagne quatre », goinfrerie de misérable qui n'est pas sûr du lendemain. L'ambassade traîne en longueur : le frate prêcheur « se fait tirer l'oreille », dit qu'à Florence on ne fait point de cas de ses avertissements : la dernière fois qu'il y vint, il fit décréter que les filles de joie ne devraient sortir dans la ville qu'avec le voile jaune ; or « il sait par lettres de sa sœur, qu'elles vont comme bon leur semble et remuent leurs tresses plus que jamais. » Le légat pense le gagner en lui remontrant qu'il n'y a point là de quoi s'étonner, « que c'est la coutume des grandes villes de ne pas persévérer longtemps dans leurs propos, de faire aujourd'hui une chose et de la défaire demain », allègue Rome,

Athènes [1]. Le frate mollit, paraît convaincu, mais le père ministre intervient, et Machiavel craint fort de s'en revenir sans personne qui porte la bonne parole aux marchands de son pays : ces sortes d'ambassade ne lui sont point favorables [2].

La comédie cesse enfin : bien que « tout rond », Sigismond est « rusé comme trente mille diables » ; il ne se laisse plus prendre à ces courriers d'importance et déclare un beau jour : « Je crois que le gouverneur se moque de vous et de moi » — en quoi il ne se trompe qu'à moitié. Machiavel tâche d'expliquer la chose, mais il a si peur « d'être avalé de travers (non pigli una granata) et renvoyé à l'auberge, que le cul lui fait lappe lappe ». « Faites trêve demain, dit-il à Guichardin, la plaisanterie pourrait devenir mauvaise », et l'expédition chez les hommes de Dieu terminée, il reprend à petites journées, — car sa maladie de vessie lui interdit les longues traites, — le chemin de Florence par Modène.

1. L. CLXXXII, 18 mai 1521.
2. « L'hiver passé, me trouvant avec Fr. Vettori et Filippo Strozzi un samedi à la villa de G. F. Ridolfi, on me donna le soin de trouver le prêtre pour la messe le lendemain matin : vous savez bien que la chose alla de telle sorte que ce benoît prêtre arriva quand ils avaient dîné ; tout s'en trouva bouleversé et l'on m'en sut mauvais gré : si cette fois-ci je fais le même coup, pensez quelle figure de possédés ils vont me faire. »

De l'importance historique de cette farce anticléricale.

Il a repiqué une jeunesse — c'est son mot — et toutes les puissances du monde ne pourraient lui tirer du corps tout le bien qu'il a pris : « repas solides et lits de gloire ». A Guichardin qui pompeusement lui disait : « Quand je lis vos titres d'orateur de la République et des frati, et que je considère la quantité de Rois, Ducs et Princes avec qui vous avez autrefois négocié, je me rappelle Lysandre qui après tant de victoires et trophées fut chargé de distribuer la viande à ces mêmes soldats qu'il avait glorieusement commandés », il répond en toute simplicité : « Je ne crois pas que ce séjour dans la République des sandales m'ait rien fait perdre : j'y ai appris nombreuses constitutions et règles qui ont du bon ; je pense même m'en servir à l'occasion, surtout dans les comparaisons ; quand il s'agira du silence, je pourrai dire : « Ils étaient plus cois que les frati quand ils mangent[1]. » Le métier même n'a point souffert.

Une histoire de l'anticléricalisme — et cette histoire est encore à faire — ne pourra négliger les lettres de Carpi. Sans doute, pour la période de la Renaissance, abondent les preuves, témoignages, pièces justificatives, bourrages d'appendices chers aux chartistes : Burckardt, Voigt, Pastor en ont signalé déjà un nombre respectable. Mais

1. L. CLXXXIII, 19 mai 1521.

si les écrivains protestants et non pas seulement
les théologiens du temps se distinguent par un
débordement verbal, une force d'invectives, un
capital de gueule, qui font qu'Estienne par exemple ou plus tard Duplessis-Mornay[2] supportent
encore la lecture, les critiques les plus graves, les
attaques les plus vives et les plus sensées, viennent d'écrivains formés par la culture catholique. Les lettres de Carpi offrent, à cet égard,
cette particularité remarquable de nous faire
connaître, et d'un seul tenant, le sentiment de
deux hommes élevés dans la religion romaine,
peut-être les plus grandes intelligences de leur
temps. Car il faut connaître Guichardin, la troisième des pseudo-amitiés de Machiavel.

D'un fonctionnaire des temps nouveaux.

Il est, lui aussi, d'une famille de magistrats,
mais où la débauche et le goût de la délectation
gastronomique sont héréditaires : son grand-on-

2. V. dans le *Mystère d'iniquité* (Genève, 1612, p. 1245),
ce qu'il dit de Sixte IV, invoquant le témoignage d'Agrippa :
« Entre les maquereaux de ces derniers temps fut remarquable Sixte IV qui construit à Rome un noble bordeau... Les
courtisanes de Rome paient par chaque sepmaine un Jule au
Pape, duquel le revenu annuel passe quelques fois 20.000 Ducats, et est tellement cest office affecté aux principaux de l'E-
glise, que le loier des maquerelages est conté avec les revenus
des Eglises... Il a 2 bénéfices, une cure de 20 ducats, un prieuré
de 40 et 3 putains au bordeau qui lui rendent chaque sepmaine
20 Jules. » Un chroniqueur contemporain de Léon X constate
que les Pontifes n'ont pas empêché « virginum multitudinem
lupanari infamia pollui ». (Tizio. ap. Pastor, t. VII, p. 330.)

cle, haut fonctionnaire, gonfalonier, courait dans les rues après les servantes, eut quatre femmes, mais un seul fils et illégitime, qui occupa l'évêché de Cortone ; luxurieux et goulu comme son père, cet ecclésiastique suivit dans les choses de la *góla* l'us des prêtres qui restent à Florence à *poltroneggiare*, « car penser à manger est une de leurs plus grandes affaires ». Mêmement, l'aïeul de Guichardin montre pour les femmes et les victuailles une inclination merveilleuse : fonctionnaire, il fit de son fils un fonctionnaire, mais celui-ci préféra être remarquable par sa prudence, sa réserve, et même une certaine honnêteté. — Voici donc d'où sort Francesco : après avoir fait de bonnes études qu'il termine à Padoue, il songe à se faire prêtre, non par vocation ou couardise, mais pour faire son chemin dans le monde et réussir un jour à devenir cardinal — les commencements de Fabrice ; — puis, trouvant la solution médiocre, cinq ans après il se marie avec une Salviati, mariage profitable, de lancement, riche de conséquences sociales [1]. Fidèle aux Médicis par tradition et par intérêt (ce qui ne l'empêche point de faire avant Ravenne un discours pour la conservation de l'Etat populaire), il est fonctionnaire papal, en dépit de son anticléricalisme foncier. A trente ans, il parfait en Espagne son éducation diplomatique, attache sa fortune à celle d'une famille, mais point de telle façon qu'il ne puisse, en

---

1. V. Villari, II, p. 47 sqque.

cas de besoin, trouver sa subsistance ailleurs. On ne peut parler de la pureté de ses mœurs [1], mais il fait convenablement son métier : son intégrité comme juge à Modène est attestée par Bandello [2] ; après la mort de Léon X, il défendit Parme avec un certain courage [3].

Masque de fourbe, intelligent et fin, jamais la moindre étincelle de bonté. De quatorze ans plus jeune que Machiavel, les temps l'ont fait singulièrement plus avisé, averti : il n'est point songe-creux — comme l'autre parfois, — ignore la théorie, ne croit guère aux idées, écarte délibérément toute réflexion qui n'a point un solide fondement d'intérêt. Il est pratique, dur, orgueilleux, on ne lui trouve point le cœur et il juge les autres à sa taille. Montaigne le dit : « J'ay aussi remarqué ceci que de tant d'âmes et effects qu'il juge... il n'en rapporte jamais un seul à la vertu, religion et conscience [4]. »

La fidélité de Machiavel à Soderini : une niaiserie. Lui a des opinions qui varient avec les événements, non des convictions, entraves de littérature et incommodes. Etre toujours *dove si vince*, où est le vainqueur, est sa devise et il ne

---

1. On a de lui une sorte de sermon religieux où il s'exhorte à réformer ses mœurs et à faire bon usage des dons de la providence. (Cf. Villari, II, p. 256.)

2. V. Parte Iᵉ. *Nov.* XLIII. « J'en parlai longuement avec Guichardin, dont vous savez combien il était rigide et très diligent inquisiteur dans les choses de la justice. »

3. Cf. Capponi, II, p. 335.

4. Liv. II, ch. X.

la fait point mentir : sans cesse préoccupé de
son particulier, *suo particolare,* sa visée est tout
utilitaire et ses soins vont à ce que rien ne trouble la belle ordonnance de cette œuvre d'art
qu'est sa vie. Cette figure sournoise et sèche, n'at-
tendez pas qu'elle se laisse prendre aux apparences ; elle se défie de l'enthousiasme. Quand il
parle librement, Machiavel semble avoir un goût
réel pour le régime républicain ; malgré ses
déboires, il persiste à garder une sorte de confiance, un peu livresque, dans le peuple. Guichardin, lui, est un aristocrate auquel on n'en conte
point. Dans ses Souvenirs, — l'examen de conscience le plus sincère d'un homme de la Renaissance, aussi le plus cynique, une manière de
Confessions mais amputées de toute sensibilité, —
il dit que le peuple n'est qu'un fou, un monstre
plein de confusion et d'erreurs, dont les vaines
opinions sont aussi loin de la vérité que l'Espagne
de l'Inde (selon Ptolémée) [1] ; et plus loin cette
magnifique application : « La chaux qui scelle les
murs des Etats tyranniques est le sang des citoyens. »
Il n'entend pas la liberté à la façon de ses contemporains : pour lui c'est la primauté des lois et
ordonnances publiques sur l'appétit des particu-
liers. Une telle conception de la vie sociale donne
à son observation une singulière acuité ; il sait
démêler les motifs bas, se meut à l'aise dans les
intrigues de cabinet, note d'un trait la tromperie

1. *Ricordi,* n° 346. Cf. Villari, II, p. 271.

fondamentale d'un régime [1] : c'est un parfait historien de décadence. Cavour, dont la parole a sans doute quelque poids lorsqu'il s'agit des destinées de l'Italie, voyait en Guichardin un politique bien plus sagace que Machiavel. Celui-là a mieux que l'autre possédé *l'Arte dello Stato*.

Où l'on doute de Saint Pierre.

Ces deux hommes, l'un maladroit et presque honnête, l'autre habile et peu scrupuleux, s'entendent merveilleusement à haïr le prêtre et c'est plus qu'une habitude de fabliaux. — « Oui, nous autres Italiens, nous sommes profondément irréligieux [2]... L'Italie est plus corrompue que tous les autres pays [3], car l'Eglise dans la personne de ses ministres donne l'exemple le plus funeste » : on a trop reproché cette franchise à Machiavel. Mais, d'autre part, Guichardin regrette que la fortune l'ait forcé à servir deux Papes, lui qui avait en horreur les vices des clercs [4].

1. « Ceux qui n'étaient pas écartés absolument des affaires se trouvaient mêlés dans le Conseil des Cent, dans les élections et dans l'administration des impôts, à une quantité d'hommes de rien avec lesquels Laurent s'entendait et qui étaient les maîtres du jeu. »

2. *Discorsi*, I, XII.

3. Après viennent, selon Machiavel, la France et l'Espagne. A en croire les pamphlets, le clergé d'Allemagne ne donnait pas meilleur exemple : « Leurs corps sont vêtus d'or, leurs âmes d'ordures », dit l'*Onus ecclesiæ* des évêques de ce pays. Cf. Pastor, VII, p. 231.

4. Sur ce qui précède, v. Villari, II, p. 252 sqque. Capponi, II, p. 369. Burckardt, II, p. 189.

La discipline catholique n'a plus d'efficace, le troupeau déserte : les hommes de culture d'abord. Ceux-ci ne songent plus, en mourant, à se mettre en règle avec le ciel : Firenzuola, le nouvelliste, le théoricien de la beauté féminine, celui qui, le premier, définit le rire : « un rayonnement de l'âme », meurt en stoïque ; ses souffrances, sa fièvre ne lui apparaissent pas un moment comme une expiation [1]. Le plus grand encyclopédiste de la Renaissance, Pomponace, est aussi le plus grand incroyant : le récit de sa mort semble pris d'une histoire antique [2]. Et peu à peu s'étend la contagion d'impiété : ces Italiens, qui, de tout temps, ont si facilement divinisé les humains, — on vit un jour un fanatique enlever impunément les cierges d'un autel et les porter au tombeau du Dante, disant : « Prends-les, tu en es plus digne que l'autre, le crucifié [3] », — fuient l'ombre du

1. Cf. Burckardt, II, p. 345.

2. « En proie à d'atroces douleurs qui lui faisaient souffrir mille morts, le philosophe résolut de mourir une bonne fois. Méprisant la mort, en véritable philosophe, il arrêta de refuser toute nourriture. Les menaces, la force même échouèrent devant son invincible volonté. Au cours de la septième nuit, la dernière, il rompit le silence pour la première fois et dit : Je m'en vais content. — Où veux-tu donc aller? lui demanda quelqu'un. — Là où vont les mortels, répondit-il, — et comme on lui demandait encore : Où vont donc les mortels ? il dit : Là où moi et les autres allons. Les assistants firent une dernière tentative pour le décider à accepter quelque nourriture. Peine inutile. Le stoïcien furieux s'écria: « Laissez-moi la paix, je veux mourir » et sur ces mots il rendit le dernier soupir. — Récit d'un témoin cité par Pastor, V, p. 155.

3. Sachetti, *Nov*. CXXI. On raconte qu'un jour les habitants d'une ville ne sachant comment remercier un condottiere qu

Vatican. La Rome catholique est en vérité devenue pour eux le refuge des « desloïaux hommes »; comme le moine d'autrefois, ils diraient volontiers :

> Roumains a la langue sèce et dure
> Ne puet parler sans oignement
> Et ses huis si et tant sècement
> Qu'il ne puet ouvrir sans ointure... [1]

La ville du Pape n'est qu'un centre d'affaires : dans l'enfer de Juan de Valdès, apparaît un évêque qui a fait naufrage en allant à Rome pour ses procès [2].

Léon X, qui eut encore une popularité, faillit la perdre lors de la grande promotion de 1517 : il fit cardinaux les généraux de divers ordres et ces vers coururent alors :

> Mal augurio a veder tra cardinali tanti
> Tre capi d'un million di medicanti... [3]

les avait défendus, décidèrent « de le tuer pour ensuite le révérer comme un saint patron ».

1. Vers du moine Le Reclus, cités par Ducange. *Observ. sur Joinville*, p. 100.

2. *Dialogue de Charon*. Lieu commun populaire que n'ont pas négligé les protestants. V. Menéndez y Pelayo. *Heterodoxos*, II, p. 156. V. dans le même dialogue la définition d'un évêque : « Etre évêque, c'est porter un rochet blanc, dire la messe avec la mitre en tête, des gants et des bagues aux mains, commander aux clercs de l'évêché, défendre les revenus d'icelui et les dépenser à sa volonté, avoir beaucoup de domestiques... donner des bénéfices, aller à la chasse avec de bons chiens lévriers et faucons... »

3. V. Pastor, VII, p. 158.

Mauvais augure de voir parmi tant de cardinaux trois chefs d'un million de mendiants.

*De la disparition d'un civilisé et de l'apparition
d'un barbare dans le Temple du Goût.*

Mais si saint Pierre voit ses troupes mutinées,
il garde pour lui la gloire de la culture. Quoi
qu'ils disent, les lettrés savent bien que là seulement est le refuge des bonnes lettres, du beau
langage, des belles formes ; le meilleur latin,
c'est encore dans l'entourage du Pape qu'on
l'écrit : Bembo et Sadolet sont de sa maison.

Cette couronne d'art et de littérature, Léon X
sut la préserver ; mais, en novembre 1522, on
apprit à Rome la défaite des Français. Les Suisses en conçurent une joie extraordinaire et passèrent la nuit du 24 en divertissements ; le Pape,
lui, ne pouvait se tenir d'allégresse et la saoûlerie
des mercenaires le tint debout toute la nuit. La
lendemain 25, étant déjà malade, il alla à sa
chasse de Magliana[1] ; en revenant à Rome, il prit
un refroidissement dont il mourut. Peu avant, il
avait eu l'intention de faire dire une messe d'actions de grâces pour la prise de Milan et n'y avait
renoncé que sur les instances de son majordome
qui lui représenta l'inconvenance qu'il y aurait à

1. Il était grand chasseur. P. de Grâssis raconte avec terreur
que le Pape partit un jour pour la chasse sans étole ni rochet
et même avec des bottes : « Cela n'est pas admissible, car personne ne lui peut baiser les pieds ». Cf. Pastor, VIII, p.67-68.

célébrer une victoire sur des chrétiens : cette pensée impie fut la dernière de ce banquier gras, et malin qui vécut en royal mécène [1]. Or, au moment même où l'institution divine voit déchoir son crédit, un sort déplorable veut qu'un Barbare monte sur le trône.

La Renaissance italienne est née de la mort des Allemands ; le jour où « les innocentes victimes », les derniers des Souabes, sont passés, a marqué une ère nouvelle ; réciproquement, si Adrien VI eût plus longtemps présidé aux destinées de l'Eglise, il eût sans doute précipité la mort de la Renaissance. Ce pédagogue allemand, austère et brumeux, est comme une tache au milieu du ciel italien ; l'éclat de la robe pontificale ne suffit point à illuminer sa face pauvre de cuistre canoniste, magister de Princes : son élévation est, à Rome, un non-sens, une absurdité [2]. On raconte qu'à la fin du xvᵉ siècle, des maçons mirent au jour, sur la voie Appienne, un sarcophage contenant le corps embaumé d'une jeune

---

1. Cf. Pastor, VII, p. 390-396. On réédite pour lui le vers latin appliqué à Boniface VIII :

« Intravit ut vulpes, vixit ut leo, mortuus est ut canis. »

Pastor est d'avis que le poison ne fut pour rien dans sa mort. Lors du complot du cardinal Petrucci, on avait pensé « à user de sa fistule » pour l'empoisonner. *Ib.*, p. 132-134.

2. « C'est surtout dans l'élection des Papes que Dieu se moque de la prudence humaine », disait Christine de Suède, et Berni :

Oltre canaglia brutta, oltre al bordello,
Che Cristo mostro ben d'avervi a noia,
Quando in conclave vi tolsi il cervello.

(*Nel tempo che fu fatto Papa Adriano. Op. cit*, p. 73 sqque.)

Romaine ; ce fut chez les humanistes, dans le peuple, un délire d'enthousiasme : la foule se précipita au palais des Conservateurs où le corps avait été déposé, si nombreuse qu'on eût cru à une vente d'indulgences. Le Vatican craignant une explosion de paganisme fit enlever le corps pendant la nuit [1]. — Que peut penser ce peuple artiste d'un maître qui se détourne avec horreur des admirables statues païennes exhumées fraîchement du sol de la ville éternelle, « simulacres d'impiété », sinon qu'il est infirme ou imbécile ? Comment ce curé du septentrion, tout couvert d'une crasse d'école, peut-il prétendre « signoreggiare il bel nome latino » ? Le beau chant italien sera-t-il assourdi de gutturales allemandes ?

> O Poveri infelici Cortigiani
> Usciti delle man dei Fiorentini
> E dati in preda a Tedeschi e Marrani... [2]

Jamais Pasquin, Berni, Firenzuola n'ont été aussi facilement spirituels et l'on vouera des sacrifices au médecin qui soigna si miraculeusement le Pape qu'il en mourut : « LIBERATORI PATRIÆ S.P.Q.R. [3] »

---

1. Avril 1485. Cf. Pastor, V, p. 321-323.
2. Berni. *ut. sup.* Comp. le sonnet « *Un papato composto di rispetti* » (p. 118).
3. Cf. Burckardt, I, p. 203-204. Gregorovius, IV, p. 637-651. P. Jove, *la Vita di Adriano VI*, p. 134. Les calomnies dont on a chargé ce pauvre homme se retrouvent dans Bayle (art. *Hadrien VI*).

Comment, de ses propres mains, Machiavel renversa son asile.

Avec Léon X, les gens de lettres perdaient leur roi, Rome se vide de littérature ; mais en même temps, à Florence, ville des convulsions, l'esprit républicain renaît, la jeune compagnie des Oricellari s'agite, de loin les Soderini travaillent à la révolution. En homme avisé, le cardinal-gouverneur tente d'enrayer le mouvement en se faisant lui-même le promoteur des réformes, consulte ces jeunes gens qui furent ses amis, le doyen Machiavel qui répond en discours et projets. Mais un jour l'équivoque cesse : l'arrestation d'un courrier découvre la conjuration ; ceux qui ne peuvent s'enfuir, Jacopo da Diacceto, Luigi di Tommaso Alamanni sont décapités (7 juin 1522). Conjuration à l'antique, mais salie d'une fausse amitié, moins belle et noble que celle de Boscoli ; pourtant Diacceto dit franchement : « Je veux m'enlever ce melon du corps : nous avons voulu assassiner le cardinal [1].» D'un juvénile enthousiasme ils voulaient « mettre la République en liberté » et leur maître Machiavel est en partie responsable de leur mort [2].

---

1. Cf. Villari, III, p. 134-139. Battista della Palla, l'ami de Machiavel, était à Rome l'intermédiaire des conjurés. V. Capponi, II, p. 338-339.

2. V. Bayle (*loc. cit*). La conjuration n'eut pour but « aucune mal vueillance, mais pour mettre, comme ils disaient, la République en liberté ».

Il les avait enseignés, enflammés par ses dissertations de cabinet, il les faisait parler dans l'*Art de la Guerre* (paru en 1521), leur montrait une Florence nouvelle, confiante en la force d'une armée nationale, riche de toute l'expérience des anciens, libre ; et ces ingénus purent se figurer qu'une seule poussée détacherait tout un bloc d'événements, que par la mort d'un homme le rêve s'accomplirait : solution simpliste d'élèves qui croient, et vont droit à l'action. La responsabilité morale de Machiavel, — responsabilité en quelque façon glorieuse car il faisait appel à la nation, — est ici beaucoup plus nette que dans le complot de Boscoli ; mais l'âge l'a fait prudent, il ne figure plus sur des listes compromettantes, s'attache à n'être pas suspect, à jouer le rôle de théoricien politique, d'historien, et toujours gouvernemental. Les Soderini ont été déclarés rebelles ; peu après, meurt son ancien maître le gonfalonier ; avec lui tout ce passé dangereux de fonctionnaire républicain disparaît : il a vieilli, compte moins. On ne l'inquiète pas ; la faveur du cardinal lui reste, mais la tourmente a dispersé ses amis, il n'a plus chaire ni école ; une fois encore, retombe dans la solitude [1].

---

1. De mai 1521 au mois d'août 1524, deux lettres : l'une très amicale de Roberto Pucci (8 juin 1522) relative à Totto Machiavelli, l'autre de Machiavel à son beau-frère (26 sept. 1523).

De son travail solitaire et de ses sollicitations à Rome.

A la campagne, à Florence, barricadé de textes : Léonard Aretin, Pogge, Biondo [1], Villani, Capponi..., il se remet aux Histoires. Mais, abandonné à lui-même, obligé par profession de décrire ce qu'il n'a pas vu, parfois la lettre ne suffit pas : il erre, doute de l'excellence du système qu'il applique à toute cette antiquaille pour tâcher à la remettre debout, doute de son jugement et sa conscience d'écrivain souffre. « Je donnerais dix sous, pour ne pas dire plus, écrit-il à Guichardin, pour que vous fussiez à côté de moi et vous montrer où j'en suis ; j'en arrive à certains détails et aurais besoin de savoir de vous si je pèche en exaltant ou en rabaissant trop les événements [2]. » Tant bien que mal cependant, il avance. En septembre 1523, cette malheureuse épave constituée en dignité, le Pape allemand, a disparu et fait place au Médicis : le cardinal protecteur s'appelle Clément VII et l'office de Machiavel s'en trouve rehaussé. Il songe à en tirer profit : son salaire étant mince, ne serait-il pas expédient qu'il se présentât à Rome dans la posture révérente de l'historien royal offrant à son seigneur le livre de sa gloire ? Le travail est déjà couronné de l'éloge de Laurent le Magnifique et c'est là, semble-

---

1. Qu'il copie presque servilement. V. les rapprochements faits par Villari, III, p. 223.
2. L. CLXXXVI à Guichardin, 30 août 1524.

t-il, une conclusion provisoire profitable, en attendant l'éloge des vivants. Mais son ancien ami Vettori, auquel il s'est adressé, comme autrefois, ne l'y encourage pas : « Les temps sont peu propices à la lecture et aux dons... » Sans doute le Pape s'est de lui-même enquis de Machiavel, a déclaré qu'« il devait venir, que certainement ses livres sauraient plaire », mais ce sont paroles de cour : « Je ne voudrais pas que là-dessus vous prissiez confiance à venir, pour vous trouver ensuite les mains vides : ce qui, étant donné l'état d'esprit du Pape en ce moment, vous pourrait arriver [1]. » Machiavel hésite : il sait l'incroyable mollesse de Vettori, d'autre part il lui faut de l'argent. Sadolet, le latiniste, s'applique très amicalement à lui obtenir une charge ou un subside, mais en ceci comme en toute chose, Clément VII ne se décide pas [2]. Alors Machiavel arrive à Rome, trouve le Pape, son entourage bien disposés... mais s'en retourne sans aucune satisfaction positive. Plus tard seulement, par l'intermédiaire de Filippo Strozzi, — l'une de ses rares relations qui eut un esprit d'entreprise appuyé sur la richesse [3], — il obtient un nouveau subside pour continuer son histoire [4] : le seul de ses ouvrages proprement de métier, ouvrage salarié, de commande.

1. De Rome, 8 mars 1525.
2. L. CLXXXIX, de Sadolet. « Interrogée de nouveau, sa Béatitude ne s'est pas décidée, m'a répondu qu'elle y voulait encore penser. » (8 juillet 1525.)
3. V. Capponi, II, p. 347.
4. Cf. Villari, III, p. 326. V. L. de Fr. del Nero : « F. Strozzi m'é-

Des histoires de Machiavel et à ce propos de l'histoire humaniste.

Cette histoire d'un humaniste, d'un des derniers et des plus grands ouvriers de l'humanisme, est comme un couronnement : vers elle convergent les sillons laborieusement tracés par plusieurs générations d'écrivains nés de Rome ; elle résume l'effort de deux siècles. En tant que résultante, en tant que somme, elle occupe, parmi les autres histoires, une place éminente : sa genèse est celle de l'humanisme, par elle la valeur même de l'humanisme est en cause. — Les historiens scientifiques de nos jours, gens qui savent définir par définition, ont bronché, peiné devant cette manifestation littéraire de renaissance. Distinguant, sous-distinguant, ils ont abouti à ceci : humanisme, c'est découverte de l'homme (en ce qu'il a de permanent), homme retrouvé, et non pas humanité avec toutes les déformations qu'on apporte à ce mot. L'exergue de l'humanisme, c'est *l'homo sum*, on redevient homme ; apparemment on ne l'était plus depuis longtemps, et cependant les générations se succédaient[1].

La définition est de conséquence ; on en accep-

crit avoir parlé à S.S. sur le chapitre de votre provision et l'a trouvée très bien disposée... vos félicités multiplient » (allusion aux succès de M. au théâtre), 27 juillet 1525. L. CXCIX de M. à Guichardin : « J'ai eu 100 ducats d'augmentation pour l'histoire. »

1. L'admirable définition de Fromentin (rapportée par Brunetière. *Hist. de là litt. fr. classique*, I, p. 29) ne peut en vérité s'appliquer à l'humanisme du xvᵉ siècle.

tera ce que l'on pourra, mais il faudra tout au moins reconnaître à l'humanisme une gloire de l'ordre de celle de Christophe Colomb. Ces mêmes écrivains scientifiques ont exalté l'humanisme à la manière d'un Dieu nouveau. Ils avaient des prédécesseurs; c'était une tradition. Quarante-huit, l'âge Quarante-huit, notre bonne mère Quarante-huit n'avait pas marchandé son jugement sur ce point et Michelet — au temps qu'il était le Grand-Révoqué-du-Collège-de-France — a, dans une de ses préfaces guerrières, glorifié l'humanisme en démolissant la scolastique. « De la création du peuple des sots » : la scolastique, c'est le renversement de la nature, la confusion de l'esprit, la mécanique appliquée, la mort de la raison, antiphysie. (Antiphysie? est-ce bien sûr? les mœurs de la Renaissance répondent pour nous.) — Quinet, quelques années auparavant, s'était prononcé dans le même sens, avec plus d'abondance et plus d'apocalypse, mais moins de dureté : il sentait peut-être ce que les temps nouveaux avaient de sécheresse, d'aridité, combien ils étaient pauvres de cœur.

Que ces deux grands hommes, ces deux grands noms d'histoire inséparables, aient ainsi glorifié l'humanisme jeune et triomphant, en immolant cette vieille usée, édentée que paraissait la scolastique, cela est explicable et chacun sait combien expliqué ; mais ce n'en est pas moins un non-sens. Car au moment même où ils fulminaient contre elle, cette scolastique dédaignée renaissait au sein de la plus aimable compagnie de moralistes sociaux : il faut lire dans Fourier et plus encore dans Toussenel l'admirable rôle que jouent le Nombre, l'Harmonie dans le développement des relations cosmiques, sociales ; méprisant par principe toute base chrétienne, refaisant la création à leur usage, les doux sociétaires appliquent intégralement la méthode scolastique. Ce retour est touchant et Michelet qui ne fut pas si loin d'eux, — pouvait-il rejeter une science passionnelle ? — ne se doutait peut-être pas qu'il les anathématisait en anathématisant la scolastique, leur mère.

Que l'humanisme paraît bien avoir tué l'histoire.
Mais, du point de vue même de l'histoire, l'erreur paraît plus grave. Il y aurait une étude édifiante à faire sur « les conséquences de l'avènement de l'humanisme chez les peuples latins ». L'heure est arrivée où l'on commence à s'apercevoir que cette renaissance littéraire ne fut point complète, totale, qu'elle n'accomplit point une « novation » comme disent les juristes, mais qu'elle fut plutôt une invention — exactement une réinvention — souvent stérile, déprimante, desséchante, une doctrine d'avortement. Les catholiques allemands ont essayé de distinguer une vraie renaissance (la catholique) et une fausse (la païenne), mais ce système, que les conséquences morales de la Renaissance (au sens commun, populaire, manuel du mot) leur rendaient néces-

saire, n'a aucun fondement dans la réalité : il n'y a pas plus deux Renaissances qu'il n'y a deux Révolutions ; Brunetière — et il n'est pas suspect — le leur disait nettement[1]. Pour nous, cette influence déformante, décomposante, mortelle de l'humanisme sur l'histoire est manifeste, confirmée, souvent malgré eux, par les travaux d'une quantité de loyaux érudits allemands et d'un certain nombre d'excellents chartistes français. Il semble bien que l'humanisme ait tué l'histoire et Machiavel prend ici sa part de responsabilité.

Il est peu de lectures aussi décevantes que celles des historiens italiens du xv° siècle, Arétin, Pogge par exemple, et c'est en cet endroit qu'on voit à plein comment ces compilateurs, ouvriers de latin, tout gonflés d'une philosophie qui sent le cadavre romain, ont fait œuvre destructive. Leurs histoires n'ont aucun lien avec la réalité : la manie raisonnante, à l'antique, a chez eux anéanti le goût de la vie, du pittoresque et dans la confusion des abstractions mal digérées, des discours mal déduits, des détails désordonnés, ils pataugent superbement. A cette triste lecture, l'esprit se corrode, s'assèche : rien ne transparaît plus que le mot et une figure uniforme se plaque sur tous les hommes de tous les siècles. De même les épistoliers : l'idée chez eux est couverte d'une croûte de formules apprises et creuses, un fantôme ancien placé au-devant des faits croit les

1. *Loc. cit.*, p. 15.

expliquer et les masque. Ces hommes qui ont tant vu sont les plus pitoyables sources ; il faut être Allemand et patient pour les affronter et l'ennui que donne un livre comme celui de Voigt est mêlé d'admiration.

Si l'aristotélisme a stérilisé le moyen âge — et c'est devenu un lieu commun en Sorbonne [1], — la renaissance de Rome, sa réinvention a stérilisé en quelque façon les temps modernes [2] ; on ne peut aisément en littérature adapter le passé, le figé à l'actuel, au mouvant, faire d'un cadavre, même glorieux, un germe de vie : c'est une entreprise de pompes funèbres qui n'est pas toujours commode. Eux, il est vrai, vieux étudiants, goûtaient, dans leur poussière de bibliothèque, la joie de parler comme on ne parlait plus avant eux, comme leurs très anciens maîtres parlaient : c'était l'ivresse jeune de nouveaux rhétoriciens [3], mais un homme de la taille de Machiavel et de son âge n'a point droit à cette excuse.

De la responsabilité de Machiavel dans cet assassinat.

La vie offerte, la vie qu'ils avaient tous sous

1. V. la préface du récent livre de Ch.-V. Langlois sur la *Vie privée au moyen âge.*

2. Faut-il faire remarquer ce qu'a d'insuffisant la culture latine prise en soi ? Philosophie toute de seconde main, esthétique semblable.

3. C'est ce qu'explique parfaitement Burckardt, I, p. 301. La responsabilité de Pétrarque, de Colluccio Salutati l'épistolier, est indéniable dans cette déformation littéraire.

les yeux, la plus belle vie vivante d'un peuple de marchands vindicatifs et peureux, et artistes, toute la belle énergie qui transparaît chez les Villani, dans les *diarii* des plus humbles diables comme l'apothicaire Landucci — (on ne dira jamais assez ce que l'histoire des mœurs doit aux apothicaires : notre Guillaume Bouchet, si bavard et débordant, était de la confrérie [1]), — les portraits des libraires comme ceux du bon Vespasiano Bisticci, tous emportés encore, entraînés, soulevés dans le beau vol des passions florentines, tout cela meurt, tombe, crève à plat chez les ratiocinants de la Renaissance. Et Machiavel n'a pas réagi : ce fonctionnaire de génie, si net dans sa correspondance, ses légations, — que ne nous eût pas appris un *Diario* de Machiavel ? — cet humoriste aussi, n'a pas su s'élever au-dessus des médiocrités. Les *Histoires florentines* sont histoires par ordre, beaucoup moins méprisables (du point de vue de l'honnête, il faut bien s'expliquer) que celles de Guichardin, beaucoup plus ennuyeuses que celles de Varchi. Il oublie sa réputation d'« inventeur de choses nouvelles et insolites » [2], les « enchantements qu'il a appris en Romagne » [3], et suivant fidèlement la méthode de ses

1. Confrérie d'humoristes. Un apothicaire donna à César Borgia, le soir de ses noces avec Charlotte d'Albret, une drogue qui « le fit aller au retrait pendant toute la nuit » (si l'on en croit Estienne. *Apologie pour Hérodote*, I, p. 302 et notes).
2. L. CLXXXI, de Guichardin.
3. L. CXCVII.

prédécesseurs, « élève le style comme l'exige la matière [1] », veut la noblesse, l'impartialité, mais n'atteint qu'à l'uniformité [2]. Dans cette belle abondance rhétoricienne, ces beaux discours selon le canon de Quintilien, cette aridité noble et latinisante, on pense mourir d'ennui [3]. Parfois des hommes apparaissent, plutôt des simulacres, nous ne les voyons pas : le démagogue Giano della Bella porte même figure que le vénérable Fiorentinus ou quelque mythique fondateur. — Histoire individuelle, squelettique, où le peuple est une formule qui semble donner du corps, mais n'est que boursouflure ; ainsi des pieux identiques surgissent d'une terre morne, sans nom, sans personnalité. Car le peuple n'est ici qu'une matière administrative : élections, boules blanches ou noires, scrutins, tout un mécanisme de parlement où se complaît l'ancien fonctionnaire ; le renversement des ordonnances est son thème de prédilection.

Pour que le récit soit tragique, il faut que le sujet l'y contraigne [4] ; hors ces instants de pas-

---

1. V. lettre CLXXIII de Buondelmonti.

2. Il a revu son manuscrit pour le rendre plus noble.

3. Varillas lui-même disait des *Histoires* qu'elles ont un style « si fleuri et si châtié qu'on l'accuse de l'être trop... et c'est principalement en cela qu'on lui préfère la facilité et la douce liberté de Boccace ». (Bayle, *loc. cit.*) Bayle ajoute : « Il s'est trouvé un maître des comptes pour préférer cette histoire à celle des anciens. »

4. Par exemple le récit de la mort de Galeas Sforza (1476). — M. dit pourtant (L. CXCIX) qu'il veut « se venger dans son

sion nécessaire, tout se déroule dans une magnifique et nulle impassibilité[1] ; s'il loue, s'il blâme par hasard, c'est de rhétorique et cette opinion de Sainte-Beuve : « Machiavel philosophe plein de réalité » ne peut être née de la lecture des *Histoires* [2]. Une défroque ancienne les couvre : ces vêtements de cérémonie que Machiavel endossait après ses tumultueuses parties avec les intéressants petits commerçants de son village. Si encore il avait, trempé dans cette grossièreté primitive, abordé l'histoire de son temps d'un esprit brutal et franc [3], mais un trop grand respect le retenait dans sa prison latine. Notre Commines qui, par bonheur, ignorait le latin, sut éviter l'écueil et ses *Mémoires* grouillent encore [4]. Quant à Gui-

histoire des princes qui nous ont fait du mal ». Ses phrases patriotiques elles-mêmes sont souvent copiées du latin. Cf. *Discorsi,* liv. III, ch. 41.

1. Il étonne que Stendhal recommande cette lecture à sa sœur (Cf. *Corresp.,* I, p. 52 et 229). Lui-même a étudié l'histoire d'Italie dans Machiavel (t. II, p. 14) ; mais c'était alors un désir jeune de savoir, l'âge des « notions ».

2. Sainte-Beuve art. sur *La Rochefoucauld* (*Lundis,* t. XI, p. 411). Cf. *Portraits contemporains,* III, p. 481. « Cette véritable et j'ose dire unique philosophie de l'histoire comme Machiavel et Montesquieu l'entendaient, qui ne procède qu'appuyée sur l'observation humaine et sur les faits. »

3. Sainte-Beuve (*Lundis,* II, p. 44, art. sur *Pline l'Ancien*) citant l'exemple de M., dit : « Pour aborder convenablement les anciens, il faut des préparations singulières. » Il oublie les parties de cartes et le « baccáno » qu'on entend de San Casciano.

4. « Il eut moins à faire pour se débarrasser de la rhétorique pédantesque de son temps. » (Sainte-Beuve. *Lundis,* I, p. 243.) Mais on reproche trop au xv° siècle cette nullité rhétoricienne : il la partage avec le xvi°. Seuls les écrivains supérieurs du

chardin, moins professeur, moins *scolar* que Machiavel, il n'a pas plus la superstition du Romain que de tout autre : « Ils se trompent fort, dit-il, ceux qui allèguent toujours les Romains »[1]; aussi impassible que son aîné, plus effroyable même dans son absolue sécheresse, il se meut pourtant dans la vie — et raconte.

De l'histoire de macchabées et de l'histoire de cœur.

Si l'humanisme a retrouvé l'homme, c'est pour l'ensevelir à nouveau : ayant rappelé au jour « ce frère si longtemps perdu », il s'empresse d'en faire une momie à locutions[2], ne songe plus à regarder, à sentir, marche la main dans la main du mort qui lui apporte une matière toute prête. L'humanisme est le triomphe du « tout fait », l'apothéose de la confection[3]. Le sens de la fidélité, l'intuition du pittoresque, le goût de la couleur, les éléments les plus riches des chroniques semblent à jamais abolis. Lorsqu'on lit la préface de Machiavel à Clément VII, on se prend à pen-

xvie ont su s'affranchir de la tutelle antique, ou plutôt s'accommoder d'elle sans dommage pour la vie : Rabelais.

1. Cf. Villari, II, p. 269. Cela même donne une valeur aux considérations de Guichardin sur les *Discours* de M. (*ib.*, p. 365).

2. V. ce que dit Brunetière, d'après de Sanctis, de *l'indifférence au contenu* (*op. cit.*).

3. Les humanistes n'aiment point ceux qui recherchent le document proprement dit : le Français Longeil eut à subir une dure attaque des humanistes romains, parce qu'il copiait force manuscrits.

ser à la beauté d'âme d'un Joinville, ou (pour ne
pas prétendre immédiatement à un tel degré de
noblesse) à la candeur fidèle d'un Olivier de la
Marche disant à son jeune Seigneur : « Estant
comme honteux par ces défautes à moi avenues
d'estre personne inutile en si noble service que
le vôtre, et considérant aussi que vous êtes à
l'heure présente sous dix ans et en si jeune aage
que longuement nos jours ne peuvent voyager
ensemble, (pourtant) en augmentant le nombre
de mes ans et en diminuant de corps et de vie,
le cueur me croist et ravigoure en bon espoir que
votre maison remettrez sus... [1] » Sans doute, ces
guerriers conteurs se laissent prendre, perdre
aux longueurs scolastiques ; ils ont le naïf respect
du savoir des clercs [2], mais les érudits esprits
forts, avertis, sacrifient malgré eux à la vieille
divinité moyen-âgeuse : l'Homme de Machiavel
donnant une forme à la matière qui est le Peuple, est-ce point là une idée de l'École ?

L'humanisme nous a tué l'histoire, la vraie, la
seule histoire d'un peuple qui se puisse faire,
l'histoire de cœur et de vie et non l'histoire de
raisonnements. Il ne nous offre en échange qu'une
masse figée, décolorée, — un poids mort [3] — : ni

1. *Mémoires*, éd. 1566, p. 2, 4, 5.
2. « Hélas ! mon Prince, mon Seigneur et mon Maître, je
plains et regrette... que je suis Lay, non Clerc. » (Olivier de
la Marche, *ib.*)
3. Et les mœurs littéraires n'y ont point gagné : ces humanistes ont des polémiques singulièrement plus grossières que
celles des anciens docteurs. Pogge offre à Filelfe une couronne

pittoresque, ni variété, ni sensibilité (nous ne disons pas sensiblerie) dans ce qu'on appelle superbement de l'histoire et qui n'est plus que de la rhétorique... et songez qu'il y en a pour trois cents ans ou presque de ce désert.

De l'esprit d'amour et du chartisme.

Que pour des motifs de construction gouvernementale on monopolise Taine ou un autre, peu importe ; mais qu'on nous donne de la belle histoire comme celle que seul le grand Michelet a su faire : car lui seul, lui le premier au bout de trois cents ans, a su rattacher le fil interrompu (rapicheró questo filo), reprendre le vol, relever la fière bête moribonde, mordue de pédantisme. Ce grand prêtre de laïcité, qui par une singulière inconséquence dénonçait (mais sous l'Empire) la longue nuit du moyen âge, a, d'un esprit d'amour, recueilli l'âme des chroniqueurs ; cette âme, il la réchauffe de sa passion universelle, aime, souffre, pleure avec elle ; avec cette générosité que seul connaît le génie, nous redonne la vie d'autrefois: son éternel titre de gloire [1].

stercoraire : « Stercorea corona ornabuntur fœtentes crines priapei vati. » (V. un exemple des insultes échangées ap. Villari, I, p. 117-118, et Nisard, *Les gladiateurs de la Rép. des lettres*). Comp. les injures de Dolet et de Scaliger (Boulmier *Et. Dolet*). On s'y donne du « chancre des muses, abcès des muses ».

1. « Son *Histoire de France* est la seule que nous ayons », dit Brunetière (*Manuel de l'Hist. de la Litt. française*, p. 457).

Mais le chartisme veillait, le chartisme a toujours veillé : c'est une sentinelle chagrine. Il y a eu de grands, même de très grands et nobles chartistes, des agissants : Erasme, Budé, Estienne, plus près, cet incomparable Ducange, Vaissette, et nos maîtres ont connu le probe Quicherat, le consciencieux Siméon Luce. Il y a aussi le petit chartisme. Celui-ci, né malin, a le monopole des textes ; lui seul sait en tirer ce qu'il faut en tirer ; ils sont sa chose, il les domine, on ne lui en conte point : pour les leçons, il est inimitable. Le petit chartisme est objectif : assis sur son texte, le solide fondement du texte, il fait son histoire bien pleine de beaux documents bien alignés : belle ordonnance de brochures, coupures, rognures, râclures de pièces, dépouillements de pouillés, bel étalage de bouts d'archives, de brimborions paléographiques, digestions de diplomatique, morceaux d'écritures bien délayés selon la formule — et il sert. Le reste est littérature romantique. Pour l'objectif, il n'y a pas de beauté dans la simplicité du cœur, car l'objectif se défend de sentir : du haut de sa petite personnalité sèche, il croit dominer les temps anciens, et juge. — Le petit chartisme est né jaloux : il souffre mal qu'on empiète sur sa propriété, qu'on envahisse son rayon. Aussi quand ce grand Michelet vint en Gargantua secouer la quiétude poussiéreuse de ses stériles paperasses, il cria à la force, au vandalisme, en appela au jugement des savants : on massacrait l'histoire en la faisant passionnée. Et il a eu raison : la tare de l'histoire qu'on nous donne est la tare des humanistes, avec pourtant une différence : à l'histoire de considérations humanistes on a substitué l'histoire de bouts de papiers, sans humanité, sans humanités. — Mais la vérité, dira-t-on, il vous la faut donc prise du roman, des aventures romantisées ? Mauvaise querelle : nous avons, quelques-uns, autant le goût du vrai que les meilleurs chartistes. Mais cette vérité, la trouvons-nous chez ces historiens modernes dont il faut admirer le labeur à rendre illisible l'histoire ? Ces compilations de vérités particulières ne nous satisfont pas et ce serait ici le lieu d'examiner si la découverte du compte du cuisinier du duc de Bourgogne suffit à révolutionner l'histoire de la vie privée au moyen âge. Nous ne voulons plus en tout cas de cette érudition de papiers qu'on propose sans cesse à notre admiration : le poème est plus près de la vérité que ce désert de textes[1].

Fra Angelico entrait en oraison, pleurait avant de peindre la Mort du Christ : une semblable préparation n'est évidemment point à la portée de tous. Mais il n'est peut-être pas impossible, il est peut-être logique, il est consciencieux de

---

1. Cette conclusion s'impose, lorsqu'on lit d'une part la *Jeanne d'Arc* de Michelet ou celle de Charles Péguy, d'autre part celle d'Anatole France. Il semble d'ailleurs que nous assistions en ce moment à un renouveau, une vraie renaissance de l'histoire *cordiale* : la belle *Vie de Charles d'Orléans*, par P. Champion, montre ce que peut donner une science profonde animée par le cœur.

disposer son cœur afin d'entrer dans le cœur des morts.

A Machiavel, dernier des humanistes, premier des politiciens, remonte la responsabilité de cette façon sans cœur ; ses *Histoires florentines* ont eu un redoutable succès [1] : les peuples latins, pendant plus de deux cents ans, n'ont pas eu proprement d'histoire.

Des admirables ressources de l'esprit italien et du comique de Machiavel.

Mais il y a chez les Italiens du xv⁰, du xvi⁰ siècle un merveilleux dédoublement : déplorables historiens, ils sont souvent d'admirables conteurs, apportent leur contribution à l'histoire, sans qu'ils s'en avisent, pour le seul plaisir de conter [2]. Il y a chez eux plus de vérité historique que dans les histoires d'un Sabellico ou d'un P. Jove.

Par les conteurs seuls, conteurs d'occasion ou de métier, la Renaissance est pour nous réalité et non abstraction de pédagogue ; eux seuls sont véritablement la source, bavarde, bruyante si l'on veut, mais vivante [3]. Ouvrez le recueil de l'évê-

1. C'est par elles que commence le recueil de ses *Œuvres complètes* (Testina, 1550).

2. Pogge est plus historien dans ses *Facéties* que dans son *Histoire*.

3. Voyez le parti qu'en a tiré Burckardt. Il est inconcevable qu'un traducteur récent de Vasari ait retranché de l'œuvre de ce bavard toutes les anecdotes, la moelle même. Ce traducteur, capitaine de gendarmerie, a-t-il craint, en conservant ces naïves histoires, de se départir de la rigueur militaire ?

que Bandello : c'est la plus merveilleuse encyclopédie de la vie privée au xvi⁰ siècle. Il n'est point d'histoires tragiques ou comiques qui puissent être mieux contées ; d'où qu'elles viennent, Italie, France, Turquie, que l'auteur soit Machiavel ou un autre, qu'il s'agisse de rois, princes, artisans ou courtisanes, il les fait siennes, raconte sans la moindre déformation de littérature. Il est infiniment regrettable que l'on n'ait vu communément dans cette œuvre — faussée déjà en France au xvi⁰ siècle par Belleforest — qu'une mine où puiser pour enrichir la somme pornographique des siècles passés [1].

Machiavel comme les autres est conteur, frondeur : l'ingrate besogne quittée, il rentre dans la vie. Ses amis vantent l'abondance de sa fantaisie, son imagination qui se plaît aux choses insolites (en cela même il a de Vinci) : dans les compagnies de gentilshommes et de belles dames, il est en réputation [2]. « Messer Niccolò est un des beaux et faconds conteurs et fort copieux de notre Toscane », dit Bandello. Car ce misanthrope ne dédaigne pas la joie : s'il n'a point eu de goût pour la République de Savonarole, c'est non seulement qu'elle était menée d'un prêtre, mais aussi qu'elle était

---

1. Brunetière estimait Bandello à l'égal de Boccace. Ce que Byron lisait le plus volontiers, c'était Dante et Bandello (Cf. U. Mengin. *L'Italie des Romantiques*, p. 112).

2. C'est ainsi qu'il apparaît dans le recueil de L. Domenichini : *Facezie, motti et burle*, éd. 1565, p. 352. Il s'y distingue par une équivoque obscène.

ennuyeuse. L'ennui, Machiavel n'y a échappé que par ses contes et ses comédies. Nous disons ses contes, car, outre ce charmant Belphégor tout dans la tradition florentine, il raconte dans Bandello une étrange histoire, et telles de ses lettres ne méritent-elles pas d'être mises au recueil comique de l'auteur du *Prince* ?

De l'anticléricalisme en comédie.

Quant à ses comédies, c'est comme toujours le frate qui en fait les frais. Un centaure, l'arc au flanc, jouant du violon dans une plaine fleurie, sert de frontispice à la *Comédie de Callimaque et de Lucrèce* [1] ; l'image ne ment point : ce fait divers florentin, du pays de Botticelli, l'homme des belles prairies et des fleurs, est accommodé selon la règle antique, à la manière de Plaute ; la bête mythologique n'y est point déplacée. Mais l'image ne dit pas tout : on voudrait y voir l'inimitable Timoteo, le frate, — héros de la pièce, bien que seul il ne lui ait pas donné son nom, — Timoteo le moralisateur, pacificateur des consciences [2], puis au fond, Sainte-Marie des Fleurs devant qui se déroulent les malheureuses amours de Messer

1. Reprod. dans l'édition de *La Mandragola*, pub. p. Debenetti (Biblioth. romanica, n° 123).

2. On peut croire que ce spirituel président de Brosses aimait surtout *la Mandragore* à cause du frate. Le reproche qu'adresse Balzac à M. d'avoir trop imité Plaute ne vaut point pour *la Mandragore*: il est pleinement justifié pour *la Clizia* (V. Bayle, *loc. cit.*).

Nicia, où finit sa déplorable aventure. Car cette priapique histoire est proche de la maison de Dieu [1].

Timoteo est né au temps de la plus grande tristesse de Machiavel [2] ; il est plus vieux que les frères de Carpi et ne profita point de l'expérience acquise dans la République des sandales ; il semble, cependant, y avoir chez son père une manière de prédilection pour ce merveilleux hypocrite qui s'entend si bien aux affaires : mieux qu'un frate, presque un diplomate. La Célestine est seule digne de lui être comparée [3]. — Guichardin écrivait au temps de la légation chez les moines : « Craignez que ces saints frères ne vous contaminent d'hypocrisie et que cette atmosphère de Carpi ne vous fasse devenir menteur, car telle est son influence non seulement à l'époque actuelle mais depuis des siècles. Si par malheur vous étiez logé chez quelque habitant de Carpi, votre cas serait sans remède [4]. » Et Machiavel fort posément répondait : « Votre Seigneurie sait ce que disent ces frères : lorsqu'on est confirmé en la grâce, le diable n'a plus le pouvoir de vous tenter. Aussi n'ai-je pas peur que ces frères ne *m'hypocrisent* car je

---

1. On ne s'étonnera pas que Pastor dise après cela : « Dans cette œuvre malsaine, M. a déversé toute la dépravation de sa propre nature. » (T. V. p. 124.)

2. Après 1512. Cf. Villari, III, p. 150.

3. *La Celestina.* O tragi-comedia de Calisto y Melibea (fin XVe s.). Nueva edicion. Madrid, 1822.

4. L. CLXXVIII, 17 mai 1521.

18.

crois être assez bien confirmé. Quant aux mensonges des gens de Carpi, je pourrai me mesurer avec eux tous, car il y a un moment que je suis passé docteur en cette science... Il y a longtemps que je ne dis jamais ce que je crois, ni crois ce que je dis, et si parfois la vérité m'échappe, je la cache sous tant de mensonges qu'on a peine à la retrouver [1]. » Il a fait Timoteo à son image, — mais plus heureux dans ses entreprises, — et Timoteo a fait sa réputation.

Représentée à Rome devant Léon X en 1520, la pièce a du succès et Machiavel partage avec un cardinal, Bibbiena, la gloire théâtrale du moment [2]. L'obscénité presque discrète de son œuvre n'eut pas trop à souffrir de l'obscénité fondamentale de l'œuvre ecclésiastique. La Compagnie de la Truelle reprend la Mandragore au carnaval de 1526 à Florence [3] et Machiavel, encouragé, fait représenter la même année, dans le jardin d'un de ses amis, Fornaciaio, une imitation de Plaute, *la Clizia*. Ce fut un événement : on aplanit le jardin pour ménager une scène, les décors furent confiés à des artistes, il y eut banquets où patri-

1. L. CLXXIX, 17 mai 1521.
2. « J'ai parlé de votre comédie (au Pape), lui ai dit qu'elle est prête, que les acteurs l'ont apprise d'un bout à l'autre, et qu'à mon avis elle saurait lui plaire... A Santa-Maria in Portico (Bibbiena) j'ai fait l'ambassade touchant son *Calandro* et votre *messer Nicia* : il répond courtisaneries, comme c'est son habitude. » (L. 170 de Batt. della Palla, 26 avril 1520.)
3. Andrea del Sarto et Bastiano da San-Gallo se chargent des décors (cf. Villari, III, p. 325).

ciens, classe moyenne, plèbe assistèrent. « Fornaciaio et vous, vous et Fornaciaio avez fait en sorte que par toute la Toscane, par la Lombardie même, a couru et court la renommée de vos magnificences, — écrivait Filippo de' Nerli, gouverneur de Modène, — et ne croyez pas que des lettres d'amis m'aient appris cela, je l'ai su de voyageurs qui, par tout le chemin, vont prêchant les glorieuses pompes et les fiers jeux de la porte San-Frediano [1]. » A Venise cependant, fra Timoteo triomphe des Ménechmes : les frères anciens « paraissent chose morte » à côté du moine qu'applaudissent les marchands vénitiens [2].

Du succès de coulisses que connut Machiavel sur le tard, et de ce qui en résulta.

Ainsi Machiavel jouit des bienfaits d'un joyeux anticléricalisme. Il avait su trouver enfin la corde sensible, connaît à la fois la renommée populaire et littéraire. On le prie d'écrire pour le théâtre [3],

---

1. L. CLXXXVII de F. de Nerli, 22 février 1526. A la fin : « Je voudrais que vous m'envoyiez, aussitôt que possible, cette comédie que vous avez dernièrement fait jouer. Surtout n'y manquez pas, pour autant que vous estimez la grâce du Roi de Tunisie... »

2. V. L. CCIII de G. Manetti (Manelli, dit Villari) qui fut souffleur lors de la deuxième représentation, 28 fév. 1526.

3. Manetti lui demande au nom des marchands une pièce à faire jouer pour le 1er mai suivant. « Ne croyez pas que les compositions d'autrui eussent mérité cette requête, car en effet les vôtres ont telle douceur et saveur qu'on en peut tirer agréable profit et honnête satisfaction. »

les jeunes gens lui demandent en grâce « quelque sonnet, stance, chapitre à la louange de femme... pourvu qu'ils soient de sa composition [1] »; enfin, titre incontestable, l'œuvre est commentée : certains proverbes qu'il y avait glissés ayant paru obscurs, Machiavel répond en doctes observations sur « Faire cuire des pierres au four », explique le sens profond de l'histoire du crapaud et de la herse [2]; c'est au « très érudit Machiavel » qu'on s'adresse [3].

L'alliance de l'hypocondrie et du sens comique est en fin de compte, après tant de parallèles défilant immanquablement dans toutes les histoires de la littérature, ce qu'il y a de plus moliéres-

---

1. La requête de Manetti est précédée de l'annonce d'un envoi de boutargues (cervelas composés d'œufs d'esturgeons confits dans l'huile. V. Rabelais) dont on a eu la délicatesse de payer le port.

2. V. *Mandragola*. Acte II, scène IV. Acte III, sc. VI. « Je vois en quelle angoisse d'esprit vous a conduit la simplicité de Messer Nicia », et après avoir cité un sonnet « fort mystérieux » de Burchiello qui allègue la herse de Florence comme la plus antique qui soit en Toscane (car les Fiesolains, selon Tite-Live, 2° décade, furent les premiers qui trouvèrent cet instrument), il raconte : « Un paysan passant la herse sur sa terre, un crapaud qui n'était pas accoutumé de voir si grand ouvrage, s'émerveillait et badaudait pour voir ce qu'il y avait là-haut; survient la herse qui lui gratte l'échine tant qu'il y porta la patte plus de deux fois, et quand la herse lui passa dessus, le crapaud, se sentant frotté, lui dit « Sans retour », et ces mots ont donné naissance au proverbe qui dit, lorsqu'on ne veut pas que quelqu'un revienne : « Comme dit le crapaud à la herse. » Voilà ce que j'ai trouvé de bon et si V. S. conserve quelque doute, qu'elle m'en avise. » (L. CXCVIII, à Guichardin.)

3. V. L. de Manetti.

que dans le cas de Machiavel[1] ; mais ce qui
devait arriver arriva. Sur le tard homme de théâtre, Machiavel devient amoureux et l'on pourrait trouver ici un nouveau thème de comparaison
avec tel autre grand classique. Son succès n'était
plus de cabinet, mais de parade : le succès qui
touche le plus les femmes. A Faenza, déjà, il avait
rencontré chez Guichardin une certaine Maliscotta
qui « parlait de lui fort honorablement, louait ses
manières et son entretien », on lui annonçait
même que s'il revenait il serait bien vu et peut-
être mieux caressé[2], de quoi le père de Timoteo
se glorifiait plus que de chose au monde[3] ; mais
l'on ne sait si ces bienheureuses espérances se
réalisèrent[4]. Il est, en revanche, certain qu'en cette
année 1525 il fut particulièrement sensible aux
charmes de la Barbera, son interprète. Depuis
longtemps il n'avait eu que des amours campa-
gnardes : il les habillait, il est vrai, de vers délicatement érotiques, les anoblissait de pastorales,
mais l'artifice ne le contente plus. A cinquante-
six ans seulement, il a l'orgueil d'avoir pour maîtresse une actrice fameuse, — « or vuol (la fortuna)
ch'io m'innamori in mia vecchiaia[5] », — conçoit de

1. Voltaire trouve M. supérieur à Aristophane. De Brosses
n'admet pas, contrairement à l'Algarotti, qu'on puisse mettre
la Mandragore en comparaison avec une pièce de Molière, etc...
2. L. CXCI de Guichardin, 29 juillet 1525.
3. L. CXCII, de M. (3 août).
4. Plus tard encore il se recommande à la Maliscotta. L. CXCIX
(sans date).
5. Berni, *op. cit.*, p. 71,

son entrée dans le haut demi-monde une merveilleuse satisfaction. Guichardin l'en raille : imaginant le discours d'une vierge champêtre[1], il lui
disait : « Tu es accoutumé à ta Barbera qui,
comme ses pareilles, s'efforce de plaire à tous et
cherche plutôt à paraître qu'à être : aussi tes
yeux habitués à ce commerce de courtisanes ne
se satisfont pas tant de ce qui est que de ce qui
paraît ; pourvu qu'il y ait quelque beauté, ils ne
considèrent pas plus outre la réalité. Mais toi qui
as lu et composé tant d'histoires, vu tant de monde,
tu devais savoir qu'on ne demande pas même
parure, même beauté, même maintien et apparence à une femme qui vit avec tous et n'aime
personne qu'à celles qui, pleines de chastes pensées, n'ont d'autre étude que de plaire à celui-là
seul à qui honnêtement et légitimement elles ont
été données[2]. » Jamais, en effet, la légitime Ma-

---

1. M. avait été, sur la demande de Guichardin, visiter deux
propriétés : Finocchieto et Colombaja. La première était dans
un état de délabrement remarquable et M. en faisait un portrait peu flatteur. Guichardin lui répond par la bouche de
Madonna di Finocchieto qui « souhaite à M. santé et sain
jugement ». V. L. CXCII de M., 3 août 1525. Cette lettre est intéressante à d'autres égards : c'est une description de villa de la
Renaissance faite par un majordome consciencieux.

2. V. L. CXCIV (sans date). « Il me semble que c'est un devoir
d'humanité et de courtoisie... de te faire connaître la vérité. Je
le fais d'autant plus volontiers qu'étant femme je ne puis avoir
en haine l'origine de ton erreur qui procède également de la
femme : bien qu'élevée dans des mœurs déshonnêtes et déplai-
santes à mon goût, elle n'en est pas moins femme... Les choses doivent être jugées non d'après le superficiel mais d'après
la substance. Et ta Barbara, à défaut d'autres, devait t'en aver-

rietta n'a été aussi absente, mais ce plaidoyer *pro conjuge* ne porte point. Pour un vieux politicien, vieil historien qui n'a jamais aimé la vie de famille, car pour lui ce fut toujours l'exil et l'ennui, le commerce des hautes courtisanes, l'agitation de théâtre ont un charme inconnu : dans son ardeur de vieux néophyte, il s'y laisse prendre tout entier.

D'un admirable accord de l'Amour et du Hasard.
Pourtant il dut quitter un moment sa conquête : les provéditeurs du Levant le chargent d'aller à Venise « récupérer certain argent perdu [1] ». La mission est humble, mais payée, il ne peut la mépriser ; au surplus, n'a-t-il pas l'expérience de ces sortes de choses ? — Son séjour chez la Sérénissime dure plus que de raison et les marchands florentins, ne recevant que des paroles, commencent à s'inquiéter : « Il y a grande rumeur parmi eux, écrit F. de' Nerli, que vous vous appliquez à entretenir là-bas à leurs dépens des gens de lettres ; eux ont besoin d'autre chose que de fariboles et vous savez que les harangues ne plaisent pas à tout le monde ; or vous en avez la bouche far-

tir, car bien que son nom dénote toute cruauté et férocité, elle réunit en elle — je veux m'en tenir à ta parole — tant de gentillesse et de piété qu'elle t'assaisonnerait une cité entière. » Mais bonnement la Madonna di Finocchieto s'engage à partager ses fruits avec la Barbara, « à entretenir, comme elle le mérite, celle qui fait les délices de ton cœur ».

1. L. CXCVI. de M. 17 août 1525.

cie[1]. » Les occupations de Machiavel ne sont cependant point de littérature ; bien que conquérant, il a, en bon Italien, tenté la fortune et (chose rare en sa vie), la *lotta* (*sic*) lui a été favorable : toutes les félicités. La nouvelle arrive aussitôt à Florence et la petite province s'émeut : « La Fortune vous a dégourdi et fait jeter les poux au feu. Vous avez gagné à la loterie 2.000 ou 3.000 ducats, de quoi vos amis se sont tous réjouis ; il leur semble que si les hommes n'ont point pourvu à ce que méritaient vos vertus, le Sort lui y a pourvu, et bien que ce soit peu eu égard à vos mérites, pourtant avec 3.000 ducats qui vous arrivent par ce chemin, — surtout sans acception de personne, — on fait de grandes choses. » Mais la nouvelle n'est point venue de Machiavel, on l'a sue de « voies transversales » et les Florentins s'en indignent. Les uns, poursuivis par le souvenir de Borgia, l'accusent de n'avoir gagné que « grâce aux enchantements qu'il a appris en Romagne » ; les autres soulagent leur amertume en conseils de ce genre : « Vous avez fait grand tort à vos amis, parents, à tous ceux qui vous aiment, en ne les avisant pas... Quand pareille fortune vous arrivera, faites-le-leur savoir, qu'ils n'aient point à l'apprendre de leurs voisins ; mais faites-le avec telle habileté qu'on ne le clame pas partout, comme on l'a fait pour les 3.000 ducats que vous venez de gagner, car si on avait l'intention de modifier l'impôt ou

1. L. CXCVII.

d'établir quelque *arbitrio*, on pourrait, sur cette réputation, vous planter dans le dos quelque poireau qui vous ferait peut-être suer les oreilles autrement qu'à Messer Nicia. » Une fois de plus, la province a vu grand : il n'apparaît point qu'on ait surtaxé Machiavel ni qu'il ait donné à son mode d'existence plus de pompe et de magnificence. L'argent peut-être passa chez la Barbera, mais malgré tout ces 3.000 ducats vénitiens gardent du fabuleux.

D'une nouvelle négociation de Machiavel et d'un chapitre du budget de saint Pierre.

Rentré à Florence, la vie de théâtre, de taverne recommence comme devant [1]. C'est une époque de joie et d'activité, il se sent aussi jeune qu'au sortir de Carpi et mène de front histoire, femmes, politique. En homme heureux, il veut même obliger les autres, met toute son application à combiner le mariage d'une fille de Guichardin avec le fils d'un riche Florentin. Sa diplomatie, son art de graduer les effets, de porter le coup, il les

[1]. F. de' Nerli se plaint en ces termes de l'absence de M. : « Depuis que vous n'êtes plus là, on n'entend plus parler de jeu, de tavernes, ni d'autre petite chose ; ainsi on découvre la cause de tout le mal. Donato a pris les tapis de la Cricca (des cartes) ; on ne voit plus Baccino ; Giovanni consentirait et moi je ne resterais pas oisif, mais le plus souvent manque ou la place, ou les écritures, ou le troisième et toujours manque qui réunisse la bande, car vous manquez, vous. » L. CXCVII,

ressuscite pour travailler le beau-père possible [1] mais le Président de Romagne ne peut donner que maigre dot. Machiavel lui conseille alors de s'adresser au Pape, le Médicis son maître, et de lui tirer de l'argent. Il ne sera pas le premier : c'est grâce au Pape que Filippo Strozzi a pu marier ses filles ; Pagolo Vettori (capitaine des galères, frère de Francesco), Palla Rucellai, Bartolommeo Valori et tant d'autres ont été, en même circonstance, « aidés de l'escarcelle papale ». La voie est ouverte, il faut en profiter. Et le secrétaire reparaît, écrit la lettre qu'il faut envoyer à Rome : « Dix ans de loyaux services, d'honneur mais au prix d'embarras et de périls, — remercier néanmoins Dieu d'abord, ensuite l'heureuse mémoire du Pape Léon et Sa Sainteté — ; quatre filles à marier, la nécessité de maintenir sa réputation et par conséquent de ne donner ses filles qu'à des gens de condition ; — l'impossibilité d'y parvenir à cause des perverses coutumes du temps présent qui veulent que la dot croisse avec la noblesse ; là-dessus, presser, charger le Pape avec

1. Le riche Florentin paraissant refuser, M. use des grands moyens : « Comme, en causant, nous arrivions aux Servi, je m'arrêtai sur la porte, puis : « Je vous veux dire un dernier mot en un lieu mémorable, afin que vous vous en souveniez : Dieu veuille que vous n'ayez pas à vous en repentir et que votre fils n'ait pas à vous en vouloir » ; si bien qu'il dit : « Au nom de Dieu, c'est la première fois que nous en parlons ; nous en parlerons chaque jour ». A quoi je répondis que je ne voulais plus lui en toucher un seul mot... » L. CXCVI, 17 août 1525.

les plus efficaces paroles, puis, s'il est nécessaire,
envoyer quelqu'un, car le tout consiste à demander
avec audace et à montrer du mécontentement si
l'on n'obtient rien. » Il serait d'ailleurs étrange
qu'il n'eût point heureuse réussite, car « les Princes se plient facilement à faire de nouvelles faveurs
à ceux qui en ont déjà reçu d'eux ; bien plus,
ils craignent tant en refusant de perdre l'effet des
grâces passées qu'ils s'empressent d'en accorder
de nouvelles [1]. » Guichardin conservant des doutes
sur l'excellence de cette procédure, — et l'on peut
supposer en effet que le Pape avait, en cette fin
d'année 1525, d'autres soucis que d'établir les
filles de ses fonctionnaires, — Machiavel revient à
la charge : il faut tenter le Pape malgré tout ; si
on ne l'atteint pas à bout portant du premier coup,
« lui en parler en long et en large, voir où le surprendre, avancer, reculer suivant les cas ». D'au-
gustes exemples doivent l'engager à marier riche-
ment sa première fille : « Je vous rappelle le
conseil que donna ce Romeo au comte de Provence qui avait quatre filles à marier : il lui con-
seilla de marier la première honorablement car
elle donnerait modèle et direction aux autres, si
bien qu'il la maria au Roi de France et lui donna
la moitié de la Provence en dot. Cela fut cause
qu'il maria avec mince dot les autres à trois autres
rois et Dante a dit : « Il eut quatre filles et cha-

1. L. CXCIX. A Guichardin (sans date).

cune reine. Et de cela en tout fut cause Roméo, personne humble et étrangère [1]. »

Des hommes d'État impresarii et d'une réminiscence d'Épictète.

Guichardin sut gré à son ami d'exercer avec telle conscience les fonctions d'agent matrimonial et c'est sans doute pour lui marquer sa reconnaissance qu'il résolut de faire représenter la Mandragore à Faenza, dans sa province. Grave affaire pour Machiavel : on le voit à Florence dînant avec la Barbera et L. Alamanni, discutant les moyens de donner à la fête un éclat inusité. La Barbera s'offre à venir avec ses chanteurs faire le chœur pendant les entr'actes ; Machiavel composera les chansons : « Vous voyez si nous nous démenons pour donner à cette fête tout son achèvement [2]. » Et comme sa maîtresse doit paraître, il se multiplie : « Faisons une fois un gai carnaval et préparez à la Barbera un logement parmi ces moines : s'ils n'en deviennent pas fous, je n'en donne pas un denier [3]. » La pensée que des frati hébergeront sa maîtresse le ravit, et, de fait, les frati s'étonnent, demandant des explications :

1. L. CC, 19 décembre 1525. Guichardin fait chercher un Dante par toute la Romagne, — il ne s'agissait plus guère en ce pays de littérature, — finit par trouver le livre mais la chose n'y est point. (L. CCI, 28 décembre). Le passage cité (inexactement d'ailleurs) se lit pourtant au chant VI du *Paradis*.
2. L. CXCVIII à Guichardin.
3. L. CXCIX au même.

« J'ai plaisir à savoir les questions de ces frati, écrit-il, si la renommée les trouble, la présence les prend aux cheveux [1]. » A voir cet ancien secrétaire diplomatique dépensant avec bonne humeur son talent et son industrie à préparer une comédie, racolant des chanteurs, écrivant des chansonnettes, il semble qu'on assiste à une manière de Roman comique : l'homme de qualité attaché par l'amour au chariot d'une troupe ambulante. Mais le Président de Romagne ne dédaigne point non plus ces réjouissances, il justifie même l'intérêt qu'il y prend avec sa netteté habituelle : « Je commencerai par vous répondre au sujet de la comédie, car à mon avis ce n'est point une des moindres choses que nous ayons sur les bras ; au moins c'est une affaire qui dépend de nous et l'on ne perd pas son temps en y pensant ; les divertissements sont plus que jamais nécessaires au milieu de tant de tribulations », et ce très haut fonctionnaire, dont l'autorité dans les Etats du Pape est quasi absolue, ne néglige rien pour que la pièce soit apprise, l'argument « conforme à l'intelligence mince des auditeurs », débat le salaire des acteurs, prépare « les logements pour la baronnie [2]. » Il y a chez ces deux hommes un très ferme propos d'être joyeux quand même : « Je veux vivre joyeux au milieu de ces tribulations », dit Machiavel ; il a composé cinq chansons nouvelles « sur lesquelles on a mis de la musique

1. L. CC, 19 déc. 1525.
2. L. CCI, 26 déc.

pour les chanter pendant les entr'actes » et annonce sa venue [1]. Mais les difficultés surgissent : la Barbera a des amants, sans doute plus fortunés que Machiavel, qui s'opposent à son voyage à Faenza ; un beau jour, elle quitte Florence pour Rome. Au même moment Guichardin est appelé auprès du Pape, la fête est oubliée et le vieil amoureux reste seul. Mélancoliquement il écrit à son ami : « La Barbera est là-bas (à Rome) ; au cas que vous puissiez lui faire plaisir, je vous la recommande, car elle me donne beaucoup plus à penser que l'Empereur [2]. »

Où finissent les amours distinguées de Machiavel et de ses pilules.

La représentation de la *Clizia*, dans les jardins de la porte San Frediano, fut cependant une date dans sa vie ; si l'on en croit F. de' Nerli, qui d'ailleurs n'eut pour l'auteur du *Prince* qu'une médiocre sympathie, Machiavel, ce jour-là, fit scandale : cet homme d'âge étonna les Florentins eux-mêmes par la licence de sa conduite et l'effronterie de sa débauche, débauche d'humaniste,

---

1. « J'arriverai de toute façon ; rien ne peut m'empêcher qu'une maladie, dont Dieu me garde.» Au même moment Guichardin vient de perdre un membre de sa famille et voici les condoléances de M. : « Puisque Dieu l'a voulu ainsi, il faut qu'il en soit ainsi et comme il n'y a pas de remède, il faut s'en souvenir le moins possible. » (L. CCII, 3 janv. 1526.)

2. L. CCIV, 15 mars 1426.

sans doute copiée de Trimalcion [1]. Alors apparaît dans une lumière trop crue un Machiavel déplumé, fêtard, se forçant à la joie et courant les filles, trompant du mieux qu'il peut le chagrin que lui cause l'absence de sa maîtresse. Si jamais il a choisi, il ne choisit plus : « Je ne comprends pas, lui écrit F. de' Nerli, le chiffre de vos garçons : sont-ils *sive de ancilla et de libera* ou peut-être de votre concubine ? je vous laisse à décider la question... Grand bien vous fasse. Dieu vous en accorde consolation en temps et lieu et pleurez-en d'attendrissement tant qu'il vous plaira [2]. » Ainsi des succès de théâtre firent d'un ancien fonctionnaire, écrivain d'histoire, un major de taverne, énamouré sur le retour, semant sa progéniture aux quatre coins de Florence. En cela d'ailleurs il suivait encore la tradition des grands humanistes : Filelfe, tout en rêvant d'obtenir le chapeau, se marie trois fois, avoue dans son testament deux bâtards, mais Voigt assure qu'il en dissimule un bon nombre ; Valla, dont le beau-

1. V. *L. de F. de' Nerli à Fr. del Nero, beau-frère de M.*, publiée p. Villari, III, p. 434. Pétrone avait été introduit en Italie par Pogge (cf. Voigt, I, p. 247). — Il étonne d'ailleurs que F. de' Nerli se scandalise : gouverneur de Modène, la facilité des femmes et la longanimité remarquable des maris ne doivent point l'étonner. « Nous à Modène ne pensons jamais mal de nos femmes : qu'elles restent avec les hommes autant qu'elles veulent, pourvu que nous ne les voyions pas dans le lit avec les mâles, car alors nous soupçonnons un peu qu'il y a mal. » (Bandello, Parte 1, *Nov.* XLIII.)

2. L. CXCVII, ut. sup.

frère avait mis en doute les capacités amoureuses, répond en rendant enceinte la servante de celui-ci et fait trois enfants en deux ans ; leur maître à tous enfin, Pogge, s'enorgueillit de voir ses bâtards courir les rues de Rome ; d'une concubine il a douze fils et deux filles, et cet inlassable « vétéran dans le commerce des femmes », comme il s'appelle lui-même, décide de se marier à cinquante-cinq ans [1]. C'était à peu près l'âge de Machiavel, mais les Florentins ont dégénéré : celui-ci force son talent, se fatigue. Ces exercices ne sont plus de son âge. Sans être aussi rudement atteint que cet autre vétéran de guerres et de prouesses amoureuses, le doge Mocenigo [2], il souffre d'une maladie de vessie, a fréquemment des névralgies, des lourdeurs d'estomac qu'il combat avec certaines pilules. On a dit, il est vrai, — et les Jésuites ont accrédité cette opinion, — que ces

1. Cf. Voigt, II, p. 455-457. Pogge annonce son mariage en ces termes au cardinal Cesarini : « Comme Dieu me fut clément quand je m'éloignais de la droite voie, il répandra d'une main plus large ses miséricordes sur moi maintenant que j'y suis rentré. »

2. « Il y a quatre jours que le doge a été malade du ventre et du rein avec urine de feu et sanglante en sorte que le collège des médecins dispute longuement si on devra lui lever ou non du sang. Et pourtant, bien qu'il soit vieux, âgé de soixante-dix ans, on a décidé de ne pas lui en lever... La principale cause attribuée à cet accident est le coït, car étant de retour comme capitaine de la flotte, il emmena avec lui deux jeunes turques, et, à ce qu'on dit, fort belles, lesquelles, pour éviter la solitude, on dit que plusieurs fois il tenait ensemble dans son lit. » (1475.) Dépêche d'un ambassadeur, citée par Pastor, V, p. 117.

pilules n'étaient destinées qu'à assurer son succès auprès des dames, qu'elles servaient de remède à ses insuffisances ; mais, usant de la recette que Machiavel envoie à Guichardin[1], le consciencieux historien Artaud les a expérimentées et n'a point du tout observé qu'elles l'incitassent d'une façon particulière aux choses de l'amour[2].

Au commencement de cette année 1526, Machiavel cherchait donc à se consoler de l'absence de la Barbera ; il la suivait, la recommandait « de cœur » à Filippo Strozzi, priant cet homme influent de procurer à sa maîtresse quelque engagement profitable comme chanteuse à Rome. De quoi l'autre s'acquittait de son mieux, tout en plaisantant le vieil amant de son « avarice féminine »[3]. Outre l'amour, en effet, Machiavel avait à la Barbera de singulières obligations et l'on comprend qu'il s'attachât à faire sa fortune : courtisane parlementaire, la chanteuse avait, d'un charme tout puissant, vaincu les sévères magis-

1. L. CXCVI, 17 août 1525.
2. Il n'y entre point de cette herbe *martagon* « souveraine pour être en la grâce des dames ». (Le duc d'Alençon en usait. Cf. P. Champion. *Vie de Charles d'Orléans*, p. 538.)
3. « Vous me recommandez la Barbera de cœur, lui prescrivant de m'embrasser pour l'amour de vous, avec licence de la dame. Or je n'ai jamais pu l'obtenir, ni encore l'embrasser ; mais en y réfléchissant mieux, j'ai pensé qu'en fait vous ne m'aviez imposé si dure condition que pour m'empêcher d'en venir là ; je ne vous remercie donc guère de telles libéralités, car j'y vois cachée une subtile avarice. J'ai appris désormais à mes dépens ce que c'est que de vouloir du bien aux fillettes des autres. » L. CCV, dernier jour de mars 1526.

19.

trats de Florence, leur avait fermé les yeux, et
au mépris des ordonnances, Machiavel, ancien
révoqué, avait été remis au nombre des éligibles
aux fonctions publiques : faveur de Barbarie, disait
F. de' Nerli.

LIVRE V

LA RUINE

S'il y a un machiavélisme
qui est petit, le véritable ne
l'est pas.

SAINTE-BEUVE. *Portraits
contemporains.*

Où Machiavel vaticine.

Depuis un an, la paix régnait en Italie, mais
paix fourrée : après Pavie, la captivité du *fiordaliso*, ce n'était plus sur les champs de bataille que
se disputait le sort de la vieille terre, c'était dans
le cabinet des princes : combinaisons d'ambassadeurs, ambitions de chefs d'armées, mercenaires
à l'encan, corruptions, conjurations, trahisons,
— guerre d'argent. De là cette gaîté factice, voulue de Machiavel, de Guichardin : l'un spectateur,
l'autre tout dans l'action, cherchent également à
s'étourdir, à oublier ; il leur apparaît trop clairement que, si l'Italie ne se ressaisit pas, elle
marche à la ruine. Le Pape est incapable d'une
décision, la France promet, les Italiens atten-

dent, aveugles : « Nous déambulons tous dans les ténèbres, les mains liées dans le dos pour ne pouvoir esquiver les coups[1]. » Cependant les Barbares passent les monts et la renommée même de Fra Timoteo risque fort d'être arrêtée par « ces armées qui ont en tête autre chose que fêtes »[2]. Un jour pourtant on put croire à un réveil national : le secrétaire du duc de Milan, Morone, homme de lettres, homme de lois, tente, en gagnant à la cause italienne le chef des armées impériales à Naples, de rendre la liberté à sa Patrie. Dans le silence, on espérait : la France, l'Italie concertaient leur effort contre l'Empereur ; peut-être était-il venu le libérateur qu'appelait Machiavel ? — Mais cette douteuse conjuration où l'égoïsme, l'argent semblent avoir la plus grande part, est découverte ; le dénouement même n'en est point sanglant : Morone prisonnier fait sa paix, plus tard on le voit sous les murs de Rome aux ordres du traître Bourbon[3]. Cette entreprise qui avait paru généreuse finissait en louche comédie. L'Italie retomba dans sa torpeur ; Machiavel en souffrit comme d'une défaite ; Morone était son contemporain[4], de même formation, plus juriste peut-être ; il avait voulu croire en lui ; une fois de plus, se trompa. Eloigné des affaires, déshabitué

1. L. CXCIII de Guichardin, 7 août 1525.
2. L. CLXXXVII de F. de' Nerli.
3. Villari, III, p. 304 sqque.
4. Exactement un an de moins que Machiavel (cf. Villari, III, p. 306).

des négociations, le théoricien de la duplicité —
ce connaisseur en hommes — était-il devenu crédule?

L'avenir, en tout cas, lui apparaît avec une netteté implacable, il prophétise et ces vers de Dante,
qu'il rappelle à Guichardin, prennent à cette heure,
dans sa bouche, toute leur valeur tragique :

Veggio d'Alagna tornar lo fiordaliso...

« Vous connaissez les vers : devinez le reste [1]. »
Au loin, ce Prince, suivi d'une horde de barbares,
ce n'est plus le descendant d'un boucher de France,
mais un nouvel Empereur à la couronne de fer ; la
ville éternelle est une fois encore prisonnière,
souillée de meurtres. « Elle est prise, Moab, celle
qui prit tout l'univers [2] » ; comme au temps d'Ana-
gni, le Pontife est insulté, bafoué... Un poète
mourant disait au moment même où Charles VIII
passait les Alpes :

Mentre ch io canto, oh Dio redentore !
Vedo la Italia tutta a fiamma, a foco [3]...

Machiavel eut la même vision : il aimait sa
Patrie et une vocation singulière lui fit pressentir,
mieux qu'à tout autre, les malheurs qui l'atten-
daient ; il souffrit plus. Rentrant alors en lui-
même et regardant sa vie, il se demande s'il agit

1. L. CXCIX.
2. Saint Jérôme, lors de la prise de Rome par Alaric.
3. Boiardo qui fut gouverneur de Modène (cf. Villari, I,
p. 234).

conformément aux règles du devoir. — Divertir les lettrés, le peuple, est-ce bien sa mission dans le monde ? Déjà dans le Prologue de la *Mandragore*, il s'excusait d'écrire pareilles légèretés, peu convenables à un homme sage et grave : ne fallait-il pas, disait-il en manière de justification, « mêler quelque douceur aux misères de son temps » (fare el suo tristo tempo piú suave) et pouvait-il, lorsqu'il lui était interdit de montrer par d'autres entreprises de plus hautes vertus, tourner ailleurs ses regards [1] ? Cette tristesse fondamentale, un instant découverte, n'avait rien de comique. Les années passent, le cercle se resserre autour de Florence et refoulée, menacée, la Patrie s'approche de son cœur.

Comment il douta de l'œuvre de sa vie.

On raconte que Michel-Ange dit un jour : « Je ne suis pas le sculpteur Michelagnolo. Je suis Michelagnolo Buonarotti. » Cet orgueil, Machiavel ne l'a plus. Une de ses lettres, celle-là même où il annonce les désastres prochains, est signée « Niccoló Machiavelli istorico, Comico et Tragico » et ce ne sont point pour lui titres avantageux. Il rit de lui-même, raille ses aptitudes toutes de littérature : vieil histrion des lettres, il joue les utilités. Avec l'âge, l'incroyable don des Italiens à se plier à toute besogne lui apparaît comme une faiblesse : incapables de grands desseins ou sim-

1. Vers 45-56.

plement de constance dans les propos, de sérieux dans l'action, gens de trop de talents, gens de finesse, ils ne se fondent que sur leur habileté, n'opposent à leurs ennemis que l'intelligence [1] et Machiavel peut se demander si cette nudité devant la force, si cette insuffisance morale n'est point en partie son œuvre. Il ne s'était guère adressé qu'à leur esprit : transportant dans la politique, dans l'art de la guerre tout un appareil ancien, il n'avait fait, en somme, que de l'archéologie, puis, sans transition, les avait divertis aux dépens des moines et c'était de tout autre chose que la Patrie avait besoin.

Aussi, placés devant le danger, ces conteurs, littérateurs et conducteurs d'hommes restent immobiles, engourdis : « Je n'ai jamais vu personne, dit Guichardin, qui, quand vient le mauvais temps, n'essaie de trouver un abri, excepté nous qui voulons l'attendre, au milieu de la rue, découverts. Si quelque adversité survient, on ne pourra donc dire qu'on nous a enlevé la seigneurie mais qu'elle nous est honteusement tombée des mains, *turpiter elapsa sit de manibus* [2]. » Ils ne comprennent pas : le Président de Romagne avoue tout uniment « qu'il a perdu la boussole » [3] ; Machia-

---

1. Guichardin l'avait dit : « Il manque à la gloire de Laurent de Médicis ce fracas des armes et ce régime de la guerre qui donnaient la renommée chez les anciens. »

2. L. CCI, 26 déc. 1525.

3. « *Ho perduto la bussola.* » — « Je crois, je suis même sûr, ajoute-t-il, que nous n'avons pas la cervelle moins incertaine que les armes. »

vel, encore au milieu de ses femmes, de ses comédiens, n'aperçoit que la lâcheté de ses concitoyens : « Il n'y a rien à attendre d'honorable et de fort pour nous sauver ou mourir justifiés... ils se laisseront avaler [1]. » Une seule chose lui semble inévitable : la guerre. « Toujours, autant que j'en ai le souvenir, on a fait la guerre ou l'on en a parlé. Maintenant on en parle, d'ici peu on la fera [2]. » — « Que le roi de France, nonobstant le traité, reste prisonnier, qu'il soit libre et observe le traité, qu'il ne l'observe pas, le résultat est le même pour l'Italie : elle aura toujours la guerre [3]. » Guichardin le lui avait dit en un jour de lucidité : « Nous connaîtrons tous mieux les maux de la paix quand sera passée l'occasion propice de faire la guerre. »

De sa méditation devant la Patrie.

Alors naît la véritable grandeur de Machiavel, de celui que l'Italie du Risorgimento a retrouvé, qu'elle célèbre encore, le dernier Machiavel [4]. Chez cet homme maltraité du sort, usé par une tardive vie de fêtes, chez ce sceptique qui se vante de savoir mieux mentir qu'un moine, c'est un

1. L. CC, 19 déc. 1525.
2. L. CCII, 3 janv. 1526.
3. L. CCIV, 15 mars 1526.
4.   « ...Io, quando il monumento
      Vidi, ove posa il corpo di quel grande. »
                                        (FOSCOLO.)

envahissement lent de la Patrie. Les passions anciennes peu à peu disparaissent pour ne laisser place qu'à la plus noble, il va se dépouillant, s'épurant : l'histoire de ce temps offre peu de spectacles comparables.

Devant cette grande figure qu'il n'a aimée jusqu'alors qu'en théoricien, en littérateur, exactement une figure de rhétorique, mais qui maintenant se dresse devant lui toute proche et dolente, qui l'émeut d'une présence réelle, Machiavel médite : il a été élu pour comprendre sa voix[1]. Se mettre à la discrétion du vainqueur, l'acheter, payer pour n'être point battu ? Vieil expédient dont les républiques italiennes ont abusé, qui les a menées où elles sont : l'Italie n'est plus assez riche, on lui ôtera « la vie après l'argent ». Le Roi de France promet, mais lui tirera-t-on autre chose que des paroles ? L'ancien solliciteur en saurait bien que dire ; « il nous laissera dans la peste », et ceci n'est point une image : la peste envahit l'Italie. Un seul parti reste : s'armer. « C'est l'heure des résolutions audacieuses, inusitées, étranges. » L'Italie ne doit demander son salut qu'à elle-même ; il est temps qu'un homme vienne, jeune et fort, qui la relève, l'entraîne au combat... Machiavel regarde autour de lui : il voit des bourgeois, des marchands engourdis par la peur, tristes recrues, « une chose morte » — c'est son mot. Découragé, il descend

---

1. Dans une de ses lettres (Légation auprès de Borgia, XI, Lettre 16) il parle déjà de « l'affection naturelle que tout homme doit avoir pour sa patrie ».

sur la place publique, écoute le peuple. Là, il n'est question que du seigneur Jean de Médicis qui racole une bande d'aventuriers pour faire la guerre. Machiavel s'attache à cette voix : les soldats n'ont pas de chef qu'ils suivent plus volontiers, les Espagnols le redoutent ; brave, impétueux, il réalise enfin l'homme des grandes conceptions, des grands partis, *pigliatore di gran partiti* : le peuple l'a désigné. Que les Maîtres se réveillent, leur devoir est tout tracé : grossir secrètement cette bande d'aventuriers, envoyer au « signore Giovanni » cavaliers et fantassins, le plus possible, faire de lui le chef officieux de l'armée italienne, *la testa sotto colore* [1]. Mais la couardise de Clément VII l'empêche de rien comprendre à un pareil projet ; en deux mots il démolit l'espoir de Machiavel : donner une armée à Jean de Médicis, c'est s'aliéner l'Empereur ; que peut, d'ailleurs, sans argent un capitaine d'aventure [2] ?

Comment d'historien, il redevint ingénieur.

Dans cette extrémité, à l'instant où le ressaisissement est encore possible, les Maîtres craignent l'audace, s'épouvantent d'une grande entreprise : Machiavel, à lui seul, ne peut lutter contre une pareille inertie. Il voulait le salut de tous : on le

1. L. CCIV à Guichardin, 15 mars 1526.
2. Guichardin et F. Strozzi mirent sous les yeux du Pape les lettres qu'ils avaient reçues de M. — V. L. CCV de F. Strozzi (dernier jour de mars 1526).

lui interdit. Ramenant ses espoirs à de plus étroites limites, il met alors toute son ardeur patriotique au service de sa ville, en Florence tout son amour de l'Italie. Redevenu ingénieur, on le voit autour des remparts en compagnie de P. Navarra, discutant les projets de défense : construire une nouvelle enceinte, y englober San Miniato et sa colline comme le voudrait le Pape, lui semble impossible : il faudrait, pour cela, une garde trop nombreuse, « le peuple du Caire n'y suffirait pas » ; quant à abandonner le quartier de San Spirito, c'est un expédient ou mauvais ou impie : mauvais, car si on le laisse debout, l'ennemi s'y fortifiera ; impie, si on le détruit. Il n'y a qu'une solution possible : améliorer, renforcer l'enceinte actuelle. Navarra à juré qu'on pourrait ainsi faire de Florence « la plus forte terre d'Italie [1] ».

C'est, en vérité, une chose admirable que cette toujours jeune aptitude de Machiavel à se vouer à une œuvre : quand l'action se présente à lui, il n'hésite point, l'embrasse ; peu après, il est possédé d'elle : « J'ai la tête si pleine de boulevards qu'il n'a pu y entrer autre chose. » A ce moment, il apprend la révolte des ribauds de l'armée impériale en Lombardie et prévoit aussitôt le parti qu'en pourrait tirer le Pape : « Pour l'amour de Dieu, écrit-il à Guichardin, qu'on ne perde pas

1. L. CCVI, à Guichardin, 4 avril 1526. M. se rend compte de son insuffisance de métier et il faut noter cette réminiscence d'humaniste : « Je m'applique à écouter pour qu'il ne m'arrive pas comme à ce Grec avec Annibal. »

cette occasion de se débarrasser des Barbares ».
Le roi de France est libre, que les propositions
de l'Empereur [1] vous trouvent « les oreilles bou-
chées » ; il ne s'agit plus de s'en remettre à la
fortune, au temps... Et d'un beau mouvement, il
exhorte son ami : « Libérez d'un inlassable effort
l'Italie, extirpez ces bêtes féroces qui n'ont d'humain que la face et la voix [2]. »

Le 18 mai 1526, les Procurateurs des Murs le
choisissent comme chancelier et provéditeur :
désormais — et jusqu'à sa mort — il est fonctionnaire, totalement, en titre, non plus conseiller
officieux, en marge, vieux stagiaire à l'affût d'une
place. Il a l'orgueil de servir son pays avec un
pouvoir. Aidé d'un de ses fils, d'un comptable, il
se remet au travail, avec plus de fièvre qu'au temps
de sa jeunesse ; on a de lui des lettres, ordres,
projets, écrits à cette époque tragique [3] : il songe
à tout, met la main à tout. Sa conscience professionnelle s'est rehaussée d'énergie patriotique.

*De l'imbécillité des grands et de la foi de Machia-
vel.*

L'Italie un moment eut confiance en elle. Guichardin, moins pessimiste qu'à son ordinaire,
disait : « J'espère que tout le monde fera son

---

1. Qui, dans ces circonstances, s'est rendu digne d' « un brevet d'imbécillité », dit Michelet.
2. L. CCVII, à Guichardin, 17 mai 1526. La phrase est d'un
admirable latin : « Liberate diuturna cura Italiam... »
3. Cf. Villari, III, documents, p. 435, et L. CCVII, *ut. sup.*

devoir, sinon aussi vite qu'il conviendrait, au moins assez tôt pour que l'occasion ne soit point perdue [1]. » Mais il compte sans le Pape : il faut de l'argent et Clément VII ne songe qu'aux économies, soutient qu'en englobant San-Miniato dans l'enceinte nouvelle, Florence gagnera 80.000 ducats. En vain Machiavel envoie à Guichardin lettres sur lettres pour combattre « l'idée du Pape » : parler d'économie en cette affaire est « une fable »; d'où tirerait-on l'argent? « Le Pape ne sait ce qu'on dit »... Et, à grand renfort de considérations générales, de raisonnements, discutant, répétant inlassablement les mêmes arguments sous diverses formes, tout à la fois financier et tacticien, il tâche de faire abandonner cette impraticable entreprise [2]. Le temps passe ; sans cesse détourné de son but, traversé dans ses desseins par l'absurdité des grands, il n'aboutit à rien : les travaux restent inachevés, Florence ouverte. Agitation vaine, efforts contrariés, brisés, pas une ligne de conduite, toute cette terre creusée, remuée, amoncelée pour rien : la tristesse d'une œuvre qui avorte.

Mais le jour où la Patrie l'a conquis, où solen-

1. L. CCVIII, 22 mai 1526.

2. « La plus nuisible entreprise que fasse une République est d'établir en son sein une chose forte ou qui puisse rapidement être rendue forte. » L. CCX, 2 juin. Il faut noter que, ce même jour, M. envoie 3 lettres à Guichardin. « Je vous ai écrit ces 3 lettres séparées pour que vous en usiez selon qu'il vous semblera meilleur. » Les circonstances pourtant ne lui font point oublier le projet de mariage de la fille de Guichardin.

nellement elle l'a fait sien, Machiavel s'est interdit de désespérer. Tout lui est contraire : hommes, événements ; pas une minute pourtant il ne songe à renoncer. Le hasard, la fatalité, auxquels il accordait naguère un si merveilleux pouvoir, dont il faisait presque les divinités conductrices de l'humanité, — son « il n'y a pas de remède », — il veut les ignorer. Cet homme civil seul parle d'armer la nation. C'était son idée fixe, le seul moyen qu'il jugeât infaillible pour sauver Florence, la pensée de toute sa vie ; et rien ne l'en ferait démordre. Autrefois, il avait échoué ; ses longs efforts d'administrateur, d'intendant n'avaient abouti qu'à faire l'armée de Prato : pas même une gendarmerie communale, à l'image de l'Hermandad espagnole. Aujourd'hui l'ennemi approche, il n'a plus le temps pour lui, et quels soldats peut-il espérer de ce peuple tremblant, démoralisé, qui n'est déjà plus qu'une proie ? Mais ces raisons ne le fléchissent point ; opiniâtre il répète : « L'Ordinanza est le salut. Il faut restaurer l'Ordinanza. »

Du coup, on le tient pour insensé : un ambassadeur, son ami, déclare tout net qu'il en sera de cette armée comme de la République de Platon ; Machiavel agirait plus sagement « en faisant son métier de fortifier les murs [1] ». Mais l'autre n'entend point : « Ce fut, avait-il écrit autrefois, une erreur très funeste que d'avoir en Italie séparé la

---

1. V. Lettre d'Acciaiuoli, ap. Villari, III, p. 346.

vie civile de la militaire ». Il faut maintenant remonter le courant, faire revivre ce peuple pour la guerre.

D'une malheureuse expérience qu'il fit au camp de la Ligue.

Or, à ce moment, un magnifique champ d'expérience vient s'offrir à lui : les Florentins ne sachant ce qui se préparait en Lombardie, inquiets, l'envoient au camp de la Ligue. Là, il voit une armée, un chef : Jean de Médicis ; là aussi, il se trompa. Ayant longuement médité sur les formations de troupes dont il embellit son livre, approfondi la tactique de l'antiquité, Végèce, Frontin, raisonné savamment sur le *piède asciútto* du fantassin, il se croit né pour commander et voici la scène à laquelle assista Bandello. Un jour, en compagnie de Jean de Médicis, Machiavel voulut faire exécuter par les soldats un mouvement dont il avait parlé fort au long dans l'*Art de la guerre*. « Il nous fit lanterner, dit Bandello, plus de deux heures au soleil pour mettre en ordre 3.000 soldats de la façon qu'il avait écrite, et jamais ne put y arriver. Pourtant il en parlait si bien et si clairement, et par ses paroles montrait que la chose était si merveilleusement facile, que moi — qui n'y connais rien — je me faisais fort, écoutant ses raisons et discours, d'ordonner cette infanterie... Voyant donc que Messer Niccoló n'était point pour en finir de sitôt, Jean de Médicis dit : « Bandello, je veux nous tirer tous d'ennui, que nous allions dîner », et priant Machiavel de se retirer et de le laisser faire, en un clin d'œil, avec l'aide des tambours, il ordonna cette troupe en divers modes et formations, à l'admiration grandissime des assistants. » La moralité, le conteur l'a déjà tirée : « Quelle différence il y a entre celui qui sait et n'a pas mis en œuvre ce qu'il sait, et celui qui outre le savoir a plus d'une fois mis la main à la pâte (comme on dit) et déduit la pensée et le concept de son esprit en une œuvre extérieure [1]. »

Ils sont là : guerrier, fonctionnaire, clerc conteur, les trois premiers rôles de l'histoire italienne ; et seul, confiant en ses humanités, lourd de sa compétence livresque, le fonctionnaire prête à rire : ainsi contre la Commune le minuscule Thiers appliquait la tactique qu'il avait apprise de Napoléon. Machiavel n'eut donc pas, quoi qu'en dise Cardan, « la prudence de n'oser jamais exercer sa théorie, non pas même sur un escadron [2] » ; mais sa tentative n'est que malheureuse : simplement il est une victime de l'humanisme, de ce retour littéraire à l'antique qui, du point de vue de la guerre, fut une nouvelle cause de décadence pour l'Italie. On a dit de son livre qu'il renouvela la tactique : les professionnels en décideront ; pour l'auteur même, fonctionnaire ayant revêtu un harnais de bataille, il tomba de son haut [3] et l'on comprend fort bien

1. *Novelle*, Parte I^e, nov. XL.
2. Bayle, art. *Machiavel*, note G. (sur le témoignage de Cardan).
3. Il eut conscience d'avoir été ridicule, et commençant le

que Brantôme fasse de Machiavel guerrier « ce bon galant de Machiavel ».

Que les temps de Prato ne sont point changés.
Cependant les mercenaires font leurs preuves : 5.000 fantassins, 300 cavaliers envoyés à Sienne pour changer le gouvernement prennent la fuite devant 400 soldats. C'est Vettori qui apprend le désastre à Machiavel : « Vous savez que je consens peu volontiers à croire aucune chose surnaturelle, mais cette déroute me semble plus extraordinaire, pour ne pas dire miraculeuse, que chose qui soit advenue à la guerre depuis 1494 jusqu'à maintenant : cela me rappelle certaines histoires que j'ai lues dans la Bible... » Le danger est plus grand qu'on ne saurait l'imaginer : il suffit de voir ce qu'est devenue, avec le temps, la superbe indifférence de cet ambassadeur, confident du Pape [1].

La déroute des mercenaires, c'est à la fois pour Machiavel la confirmation de son Idée et l'annonce des pires catastrophes : du camp il demande des détails et l'autre, « quamquam animus meminisse horret »,reprend le récit de cette déplorable aventure : l'artillerie abandonnée, les chefs débordés après un simulacre de résistance, les troupes fuyant à dix milles sans être poursuivies, «jamais

conte qu'on lui a demandé, dit : « Pour vous dédommager de l'ennui que je vous donnai ce matin... » (Bandello, *loc. cit.*).
1. Cf. Capponi, II, p. 357.

on n'a vu ni lu chose pareille ». La Ligue si bien soutenue de lâcheté et renforcée de telle réputation « serait-elle capable d'assiéger un four [1] » ? Vettori disait encore : « Les Français peinent à envoyer leurs renforts et l'on commence fortement à douter de la volonté du Roi... Quant aux impériaux, espagnols et allemands, il n'est personne qui ne leur préfère le diable. » Il ne faut plus compter que sur l'argent. Machiavel répugnait à suivre Vettori sur ce terrain : pourtant il indique les moyens de continuer la guerre. On lit sa lettre au Pape, mais rien n'est décidé [2].

Parlant dans le désert lorsqu'il faisait son métier, ridicule lorsqu'il essayait de faire le métier des autres, et l'âme toujours plus profondément blessée par cette marche effroyable et lente de l'ennemi, cette descende périodique, ce déversement des barbares sur sa terre, il semble avoir un moment de faiblesse. On ne le comprenait pas à Rome, on l'oubliait à Florence : la Barbera, la seule lumière qu'il eût gardée dans cet obscurcissement momentané de la Patrie, s'amusait à ne

---

1. V. L. CCXIII-CCXIV, 5 et 7 août 1526. « Je ne veux pas vous céler mon erreur : j'estimerai une des bonnes nouvelles qu'on puisse avoir d'apprendre que le Turc a pris la Hongrie et marche sur Vienne, que les Luthériens sont maîtres de l'Allemagne, que les Mores (que César veut chasser d'Aragon et de Valence) se choisissent un chef et se mettent non seulement à se défendre mais à attaquer. »

2. V. réponse de Vettori, L. CCXVI, 24 août. Les questions financières y tiennent une grande place.

point lui écrire « pour voir s'il l'aimait [1]. » Seuls les jeunes hommes lui gardaient leur confiance et leur admiration : l'un d'eux s'adressait à son « honoré père » et dans une lettre ingénue, presque tendre, lui demandait en grâce de « ne plus le laisser à jeun », de le repaître de deux paroles : « Auprès de moi, disait-il, elles sont en lieu d'oracles [2]. »

En septembre, Machiavel est devant Crémone [3] assiégée par le duc d'Urbin ; là, il peut se convaincre que le pessimisme de Vettori n'est point exagéré : cette entreprise secondaire, trop mollement conduite, immobilise l'armée. Crémone prise, l'armée libre, il croit que l'on va enfin tenter quelque chose, mais presque aussitôt la nouvelle arrive de la trêve du Pape et de l'Empereur ; Guichardin reçoit l'ordre de faire repasser les troupes de l'autre côté du Pô : c'est la fin. N'ayant rien vu sur quoi fonder un espoir, il reprend le chemin de Florence ; sa ville était bien telle qu'on

1. L. CCXII de Fornaciaio : « Elle me répondit.. qu'elle vous faisait quelque taquinerie pour voir si vous l'aimiez... Elle aurait le désir que vous fussiez plus tôt à Florence car il lui semble, quand vous y êtes, dormir avec vos yeux. Mais vous la connaissez mieux que moi : je ne sais s'il faut croire tout d'elle... » (5 août 1525.)

2. L. CCXV, de Cavalcanti, 11 août 1526.

3. V.L. CCXVI, de Cavalcanti. Il se félicite que « M. soit envoyé là-bas pour corriger les défauts de l'entreprise et remédier au mal ». A la fin : « J'attends avec grande impatience vos lettres et si elles sont telles que je les espère, je vous promets de me mettre un jour une belle robe et de vous en emplir un feuillet » (18 sept.).

la lui avait décrite : « Gueuserie à part, elle jouit de la paix de César Octavien, d'un calme grandissime : Sienne ne lui donne plus d'ennui [1]. »

D'un homme de sens au milieu des fous, et de la nouvelle littérature.

Il eut alors le sentiment profond, intense de son isolement : au milieu de ce peuple qu'il avait tant de fois sollicité, qu'il avait su gagner enfin par cet art le plus difficile, celui d'amuser les hommes, qui l'avait adopté et fait populaire, il est devenu un étranger. Ce monde, en vérité, non seulement Florence mais l'Italie entière, se voue au triomphe de l'absurdité. Les gens qu'il voit lui semblent insensés ; on le tient, lui, pour un conteur de fables et balivernes [2] : ils ne parlent plus la même langue, le lien qui les unissait est rompu.

Discutant un jour avec Filippo de' Nerli, il disait : « Seigneur gouverneur, ne vous étonnez pas de n'avoir jamais fait chose qui se tienne (che bene stia), ce n'est pas votre faute, c'est celle de cette année où personne n'a fait chose bonne ou convenable. L'Empereur ne peut se comporter plus mal, il n'a envoyé durant tout ce temps aucune aide aux siens et le pouvait faire facilement ; les Espagnols ont eu l'occasion de nous jouer de bons tours et ne l'ont su faire ; nous

1. L. CCXV, *ut. sup.*
2. Cf. Villari, III, p. 352.

avons pu vaincre et ne l'avons pas su ; le Pape
a plus cru à une plumée d'encre qu'à mille soldats qui suffisaient à le garder [1] ; les Siennois
seuls se sont bien comportés et ce n'est pas étonnant qu'en un temps fou les fous réussissent [2]. »
Il n'y avait plus de place pour lui au milieu de
cette incohérence : le Pape semblait disposé à
suivre ses conseils et se décidait le lendemain en
un tout autre sens, voulait le mander auprès de
lui, puis nommait un autre à sa place [3].

Des politiques comme Guichardin, tout prêts à
suivre la fortune du vainqueur, des imbéciles
comme le cardinal Passerini, gouverneur de Florence pour le Pape, des indécis comme le duc
d'Urbin, des lâches, des fous, des fous surtout :
voilà ce que pouvait offrir l'Italie pour son salut.
Mais les fous mêmes n'osaient pas et Machiavel,
une fois de plus, avait tort.

Si l'on veut connaître cette Italie malade, qu'on
lise les *Vies de Vasari*, les conteurs de ce temps :
la tension perpétuelle des nerfs dans ce pays menacé, bouleversé, où la paix même est aussi
angoissante que la guerre, qui s'effraye, s'amuse
et toujours sans mesure, a fait un peuple de détra-
qués. Il en est de toutes sortes, de tous dégrés.
Collectionneurs comme Soddoma qui se délecte

1. Allusion à la prise du Pape par les Colonna.
2. L. CCXIX, 5 novembre 1526 à Guichardin.
3. L. CCXX, de Salviati à M. 5 novembre ; CCXXI, de
Guichardin, 12 novembre.

au milieu d' « extravagants animaux, blaireaux,
écureuils, singes, chats-guenons, ânes nains, chevaux, poulains de l'Elbe, geais, poules naines,
tortues indiennes et autres semblables animaux
qui pouvaient lui tomber par les mains et si
domestiqués qu'ils vivaient toujours auprès de lui,
faisant les plus étranges jeux et les plus fous rama-
ges du monde en sorte que sa maison semblait
l'arche de Noé [1] ». Fous scientifiques : à Milan
grandit cet étrange névropathe, physicien, métaphysicien, médecin, historien, Cardan : le plus
étonnant mélange de génie et d'aliénation men-
tale, le cas-type de Lombroso, vivant en rêve, prophète, magicien, astrologue, psychologue, phy-
siologue, qui fut dix ans (1521-1531) impuissant
et après un songe « de chapon devint coq », non-
conformiste à l'occasion, qui, le premier, décrit
les affres de la mort, raconte sa propre mort [2].
Et c'est là vraiment la caractéristique de leur
déroute morale : l'idée de la mort ne les quitte
pas, c'est avec elle qu'ils s'amusent ; ils en sont
marqués. Ce sont les fils des fous de 1512, de ce
Piero di Cosimo qui se complaît dans l'ignoble, « aime à voir un mur où des gens malades
ont craché longtemps », peint des animaux de
formes inconnues et horribles, des paysages

1. Les pères de Monte-Oliveto, gens de sens rassis, l'appellent « Mattaccio » : le sale fou.
2. Poète quand il rêve. Cf. Rivari. *Girol. Cardano*, p. 75-
78-84-103.

effrayants, puis, sans transition, divague sur la douceur d'aller à la mort : il a pour celle-ci une particulière dévotion, la craint et l'aime, invente son char tout peint de noir, orné de squelettes [1]. D'autres, il est vrai, faisaient mieux, s'habillaient de la mort, anticipaient en revêtant la peau d'un cadavre.

Ainsi la Florence de 1526 : les spectacles funèbres, que donne la Compagnie de la Truelle, font son divertissement préféré. Ses dieux : Pluton et Proserpine.

Cette dépravation morbide, ce goût « de l'extravagant, du sauvage, du funèbre », leur a donné le plus profond mépris pour l'action : ce même Piero di Cosimo laissait son jardin inculte et sans eau, « disant qu'il fallait laisser la nature se garder elle-même ». Leur existence est en jeu ; ils laissent faire, semblent tombés, d'un coup, dans l'abrutissement, la léthargie : « La ville est dans un calme grandissime [2]. »

La poésie de ce temps a, elle aussi, pris une tout autre allure. On ne s'y bat plus ; les prouesses guerrières : choses gothiques, c'est-à-dire barbares [3] ; le jeune Roland est déjà loin [4]. Quant au sentimentalisme, aux sonnets amoureux, ce

---

1. Et Vasari pratique : « Il fut très utile à ses contemporains pour le carnaval. »

2. Cf. Vasari. *Vies de Soddoma, P. di Cosimo, Mariotto Albertinelli, de Rustici.*

3. Ce sera le mot du xviiie siècle, du Président de Brosses.

4. Et il n'a que dix ans (*Orlando*, 1516).

que Lasca appellera plus tard « les pétrarqueries, exquisités, bemberies »[1], qui ont assommé le monde en le remplissant « de fleurs, d'arbres, d'herbes, d'ombres, d'antres, d'ondes, de suaves zéphirs », on n'en veut plus. Ce que demande ce peuple désabusé, c'est une œuvre de plus haut goût, bien relevée, pourvue de condiments, qui réveille son estomac affadi ; qu'on ne l'écœure plus d'amours littéraires, de désespoirs factices où l'on prend à témoin une nature de convention ; qu'on ne l'assourdisse plus de trompettes guerrières, de cliquetis d'épées ; tout ce bagage moyen-âgeux a fait son temps. L'art de manger et de faire l'amour est d'un bien autre intérêt, et plus proche.

— Alors, au moment même où Rome et Florence vont succomber, naît cette poésie familière, ménagère, ordurière, poésie de table et d'alcôve, poésie d'équivoques dont les héros sont le Finocchio, les Fèves, les Pêches, vers à la louange des Poux, de la Chaleur du Lit, sans oublier Priape, les Gitons et la Peste ; parfois spirituelle, presque toujours basse : l'œuvre de Berni et de ses imitateurs[2].

1. Dans sa préface aux œuvres de Berni (p. 8).

2. V. *Le opere burlesche del Berni*... Michel-Ange admirait fort Berni — et cela est une indication — mais Berni l'avait loué magnifiquement :

> « Costui cred'io, che sia la Propria Idea
> Della scultura e dell' archittettura.
> Ei dice cose, e voi dite parole. »

(à Fra Seb. del Piombo, *op*, I, p. 27). Cf. dans le *Capitolo in lode del Priapo*, p. 208.

De l'agonie d'un peuple et de la renaissance de Machiavel.

Machiavel est d'un autre âge. Ce fonctionnaire pauvre [1], errant, laïque gyrovague qui cherche « à être employé », souvent bas par nécessité, pleurard par calcul, grand chanteur de palinodies, courtisan, mendiant même et ruineux à certaines époques, a été durant toute sa vie un professeur d'héroïsme, un an avant sa mort presque un héros. Il a horreur de l'abaissement, de la servitude, du consentement à l'ordre, au désordre établi ; le renoncement chrétien ne lui inspire que mépris : nous dirions volontiers qu'il est l'inventeur de l'héroïsme laïque, si l'héroïsme pouvait comporter des catégories. Il est tel passage de ses œuvres que Nietzsche n'eût pas désavoué : celui par exemple [2] où il explique comment la religion des anciens ne béatifiait que les hommes « pleins d'une mondaine gloire ». « La nôtre, dit-il, n'a glorifié que les hommes humbles et contemplatifs [3], non les hommes d'action. Le christianisme met le souverain bien dans l'humilité, l'abjection, le mépris des choses humaines ; les anciens

1. Car il semble bien avoir eu, à cette époque même, de la peine à suffire aux dépenses de son état. Cf. L. CCXVIII, de Guichardin, 30 octobre.

2. *Discorsi*, Lib. II, cap. II.

3. Il parle bien des S.S. François et Dominique, « restaurateurs de la religion chrétienne », mais Christine de Suède ne s'y laisse pas prendre. Elle note : « Il n'en a pas dit tout ce qu'il en a pensé. »

le mettaient dans la grandeur d'âme, la force du corps, tout ce qui est apte à rendre l'homme fort. La religion païenne avait en recommandation l'action ; la chrétienne veut que l'on soit plus apte à supporter qu'à faire une grande chose... » D'où il suit que « l'ensemble des hommes pour aller en Paradis songe plus à souffrir les coups qu'à s'en venger. » — Ceci peut nous paraître connu (fait encore partie, je pense, du contingent des idées reçues, annuellement, laïquement inculquées sur les bancs d'humanités), mais comment ne pas admirer ce sens de l'opposition des temps, cette concision de formule, exergue des temps nouveaux ? Le premier, Machiavel tire du paganisme ce que les humanistes de bibliothèque n'ont point su en tirer ; tout au moins, le premier, il transporte dans la vie ce qu'il n'ont su transporter que dans la littérature : il est véritablement païen par son amour de l'héroïsme. Ces condottieri qui se laissent étrangler à Sinigaglia sans résistance, qui à leur dernière heure « font demander au Pape de leurs péchés indulgence plénière », lui inspirent un profond dégoût. Politicien, sous-diplomate, homme d'habiletés, il ne peut se défendre d'un *religieux* respect pour la violence : non par la violence qui détruit, comme il l'a dit magnifiquement, mais la violence qui répare. — « On ne gouverne pas les Etats avec des patenôtres [1] » : il aimait ces paroles de Côme

____

1. « Che gli Stati non si tenevano con Pater-nostri » (le mot est rapporté dans les *Histoires florentines*).

de Médicis vieux banquier, vieux malin ; il les faisait siennes, les traduisait pour le peuple en un autre langage : les vigoureuses passions, le génie dans la violence sont seuls capables de délivrer les hommes de la barbarie, les rendent dignes de la liberté [1].

Machiavel est le premier professeur d'énergie nationale, et dans quelles conditions ! — Il y a ici un contraste admirable : un pays qui agonise, démembré, éparpillé, corps qui se cherche et ne se trouve pas. L'étranger est partout et cette ruée constante, périodique du Nord sur le Midi a brisé peu à peu tous les ressorts de cette machine intelligente : un peuple corrompu, vidé, qui ne peut rien entreprendre, rien asseoir, — le coup de grâce est proche, — qui ne tente de sauver sa peau que par l'intrigue, la trahison, l'argent, la combinaison. De vie nationale, de vie morale, il n'est plus question ; seulement une sorte de silence sombre d'où monte parfois un cri de détresse : à l'abattoir, la bête attend qu'on l'assomme, — le deuil rouge de Florence. L'aspect de l'Italie à ce moment rappelle tel songe effrayant et burlesque

1. Cf. cette note de Christine de Suède au livre du *Prince* : « Tout ce qui se fait par timidité est mal fait. » — Ce que dit Renan (*Essais de morale et de critique*, p. 246) : « Le Dieu de M. est un destin fatal qu'aucune loi ni dogme ne captive, qui condamne l'homme à toujours poursuivre un but, à ne jamais l'atteindre ou à le trouver puéril s'il l'atteint » est inexact, tout au moins incomplet : M. n'a pas considéré la vie comme une pareille duperie. Mais Renan, dilettante onctueux, ne cherche point alors l'héroïsme ; s'il le trouve, il n'y croit pas.

de Quevedo où, dans la nuit, des morts cherchent en vain leurs membres dispersés.

Machiavel, lui, a voulu résister : dans cette course à l'abîme, il s'est ressaisi, a essayé quelque chose. La magnifique indifférence, la mollesse de ces dilettantes moribonds n'a point de prise sur lui : il croit encore à la vertu de l'action.

La ronde de Machiavel dans le territoire et les Barbares.

De Florence à l'armée, on le voit courir, inlassable, tâchant de voir clair au milieu de ce bafouillage universel, de retrouver le fil dans « l'enchevêtrement de l'écheveau [1] ». Maigre et sec, — car il ne semble pas avoir engraissé d'une mauvaise graisse administrative, — il supporte les voyages de jour et de nuit, devient exactement courrier, renseigne les magistrats, gros fonctionnaires prépondérants, gros marchands émérites qui délirent de peur derrière les murs de leurs Palais : en ce quasi-vieillard toute une verdeur d'activité. Au commencement de décembre, il écrit : « Vos Seigneuries auront appris la mort du seigneur Jean, lequel est mort au déplaisir de chacun [2]. » Le seul qui continuât à guerroyer en enfant perdu, ce dernier condottiere qui malgré lui fut toujours en marge des grandes choses,

---

1. « Avviluppata la matassa » (cf. Villari, III, p. 349).
2. 2 décembre.

héros manqué qui par une singulière ironie fut le père de cette triste dynastie des grands-ducs de Toscane, meurt et d'une balle italienne : la Patrie se suicidait.

Florence incapable de se défendre elle-même, une armée inerte, stagnante, inutile, un chef qui refuse d'attaquer, suit l'ennemi, dit qu'il le surveille, qui en réalité trahit : Machiavel voit, sait ou pressent tout cela, mais il ne renonce point. En février 1527, il est à Parme, en mars à Bologne, unissant ses efforts à ceux de Guichardin pour permettre au duc d'Urbin de prendre l'offensive. Cependant les lansquenets, bourgeois, noblesse inférieure, seigneurs et vassaux, toute la clientèle de Luther que Machiavel admirait si fort jadis, qui hait l'Italie et Rome d'une haine à la fois nationale et religieuse, s'est réunie, s'apprête à descendre : Florence reverra-t-elle les hommes qui pour elle symbolisent la force brutale et la crasse : « la barbarie allemande [1] » ?

Cette foule hétéroclite, ce ramas innommable roule dans le désordre et la paillardise : on pourrait en avoir raison. Une mutinerie éclate, mais les Italiens n'en profitent point, ne songent plus qu'à acheter l'envahisseur, promettent au Pape de se saigner s'il fait la paix. Et voici comment Machiavel voit la situation : ou continuer la guerre sans jamais plus penser à la paix, ou obtenir un

---

1. Cf. Matteo Villani, IV, 78 ; V, chap. I. — Burckardt, II, p. 113 et 356.

accord. Dans le premier cas, on se trouve en présence d'une armée nombreuse, mais qui, si on l'attend de pied ferme, « ne prendra pas un four ». Guichardin est résolu à défendre la Romagne, coûte que coûte, à ne jamais l'abandonner : ainsi Florence pourra être sauvée. « Malheureusement il est fort à craindre que par lâcheté une terre ne se soumette, et si une commence, toutes les autres vont en fumée. » Reste le second moyen : l'accord. « Si on l'obtient, ce sera notre salut ; sinon, nous serons en tout et par tous abandonnés. » Quelle que soit d'ailleurs la résolution prise par le Pape, il faut rester armé : « En défendant Pise, Pistoia, Prato et Florence, on aura un accord qui, s'il est lourd, ne sera pas totalement mortel [1]. »

Devant l'imminence du danger, voyant l'attitude des Français, des Vénitiens, le désordre de son armée, Clément VII abandonne toute velléité de résistance, « se jette dans le sein du vice-roi » et Machiavel écrit aussitôt à Vettori : « Un accord net serait *salutifère* ; un embrouillé est en tout pernicieux, est notre ruine : il faudra penser à la fois à l'accord et à la guerre, on ne pourvoira ni à l'un ni à l'autre, il en résultera mal pour nous, bien pour nos ennemis, qui en s'approchant ne songent qu'à la guerre et vous laissent vous empêtrer dans la guerre et les accords [2]. »

1. L. CCXXIII, à Vettori, 5 avril 1527.
2. L. CCXXIV, de Forli, 14 avril 1527.

Lettres à l'exaltation de la Patrie.

« L'argent, suprême effort pour sauver la Patrie [1] » : c'est là qu'il faut en venir. Mais Bourbon connaît ces marchands : il demande trop. De Forli, Machiavel écrit le 16 avril : « Monsignor della Motta a été au camp des impériaux avec la conclusion de l'accord fait là-bas : si Bourbon en veut, il doit arrêter l'armée ; s'il la met en marche, c'est signe qu'il n'en veut pas : en sorte que demain sera juge de nos affaires. On a résolu ici, s'il bouge demain, de penser en tout à la guerre, sans avoir un poil qui pense encore à la paix ; s'il ne bouge pas, de penser à la paix abandonnant toute pensée de guerre. Malgré cette tramontane, il faut que vous naviguiez : si l'on se résout à la guerre, rompre toute pratique de paix en sorte que les alliés s'avancent sans avoir égard à rien ; il n'est plus temps de boiter, il faut agir en fou : *souvent le désespoir trouve des remèdes que le choix n'a pu trouver.* Ceux-là arrivent ici sans artillerie, dans un pays difficile, en sorte que si nous unissons cette mince vie qui nous reste aux forces de la Ligue qui sont prêtes, ou bien ils quitteront cette province avec honte, ou ils en arriveront à des termes raisonnables. J'aime Francesco Guichardin, j'aime ma patrie plus que ma vie et voici ce que m'autorise à vous dire cette expérience que m'ont donnée soixante années : je crois que jamais on n'a eu à résoudre plus difficile

---

1. V. *Légations*, dép. de Bologne, 23 mars 1527.

problème que celui-ci : la paix est nécessaire, la guerre ne se peut abandonner, et nous avons sur les bras un prince qui à peine peut suffire à la paix seule ou à la guerre seule ». Puis deux jours après : « Pour l'amour de Dieu, puisque cet accord ne peut se faire, s'il ne peut se faire, coupez aussitôt, aussitôt toute relation, faites par lettres et démonstrations que les alliés nous aident : l'accord, s'il était observé, serait la certitude de notre salut ; de même en traiter sans le faire serait la certitude de notre ruine... Qui profite de la guerre, comme ces soldats, serait bien fou s'il vantait la paix. Mais Dieu fera qu'ils auront plus à guerroyer que nous ne voudrions [1]. »

Lettres précises, trépidantes, d'une netteté douloureuse, tragique, plus trace de fioritures : les dernières lettres de Machiavel. La nécessité est sur son dos, le fait est là éperonnant, talonnant, lancinant : le roulement continu d'une armée en marche. S'il écrit, c'est dans la fièvre, dans une brusque contraction des nerfs ; devant ses yeux, la Patrie. Et n'y a-t-il pas dans ces dernières paroles d'un homme de soixante ans qui a pâti trente ans de sa vie, comme un héroïsme jeune, matinal, un élan cornélien, dans les termes exactement pré-cornélien ? A l'instant suprême, où il ne s'agit plus de tergiverser, où l'habileté est impuissante, où il ne faut plus compter que sur soi, ce

---

1. L. CCXXV, de Forli, 16 avril 1527 ; L. CCXXVII, de Berzighella (route de Florence), 18 avril 1527.

médiocre retrouve une noblesse : l'amour de la
Patrie l'a revêtu d'une étonnante grandeur, trans-
figuré. « La perfection de l'homme croît en raison de la perfection de l'objet qu'il aime par-dessus tous les autres [1]. »

Dans son enthousiasme renaissant, cette fureur
sacrée, il ne désespère point de ses semblables :
sa grandeur le fait même crédule. Il a confiance
en Vettori, ce faux ami romain, qui si commodément le laissa naguère croupir dans la misère ; il
aime Guichardin, l'associe à la Patrie, — Guichardin : celui qui porte la plus lourde responsabilité
dans ce désastre de l'Italie, « le plus bassement
corrompu [2] », — voit en eux des hommes d'énergie
et ce ne sont que de pauvres gens. Le peuple ? il
n'est point encore pourri à ce point qu'il faille le
regarder comme incapable de la liberté [3], comme
indigne de comprendre que le plus grand honneur que les hommes puissent atteindre est celui
que la Patrie leur offre spontanément, le plus
grand bien qu'on puisse faire celui qu'on fait à la
Patrie [4]. Seul, le comte Guido Rangone, le chef
des troupes papales, ne trouve point grâce devant
lui : il le déclare tout nettement un *cazzo* [5].

1. Spinoza. *Traité théologico-politique*, ch. IV.
2. Quinet. *Révol. d'It.*, II, p. 59.
3. Guichardin l'a dit dans le dialogue sur le gouvernement
de Florence.
4. *Discorso sopra il riformar di Firenze* (de M. à Léon X). Le
13 avril 1527, il disait : « E impossibile che ora, aggiugnendosi
alla virtu necessitá, la (citta) non salvi sè stessa. »
5. L. CCXXVII., *ut. sup.*

Dernier regard sur la famille.

A le voir ainsi soulevé de passion, lancé dans une course forcenée à travers la Romagne, tout à l'action, on oublie qu'il a une famille. Un jour pourtant elle se rappelle à lui : retirés à la campagne, sa femme, ses enfants vivent dans la crainte des lansquenets, s'attendent à les voir déboucher, d'un instant à l'autre, dans la vallée. Aussitôt Machiavel écrit à Guido : « Dis à Mona Marietta que j'ai été et suis encore sur le point de partir de jour en jour ; jamais je n'ai eu tel désir d'être à Florence que maintenant, mais je ne puis faire autrement. Tu lui diras seulement que, quoi qu'elle entende, elle reste tranquille, que je serai là-bas avant qu'il arrive rien de mal. Embrasse la Baccina, Piero, Totto... vivez joyeux et dépensez le moins possible [1]. » Dans cette simple lettre à un enfant, écrite entre deux dépêches officielles, les exhortations au travail ne manquent pas [2], mais on y trouve aussi ces conseils qui, à l'heure qu'ils furent donnés, semblent d'une infinie tristesse : « Puisque le petit mulet est fou, il ne faut pas le traiter comme les autres fous : ceux-ci on les ligote et lui je veux que tu le délies. Tu le donneras à Vangelo et lui diras de le mener à Montepugliano, de lui enlever la bride et le licou, de le laisser aller à sa fantaisie gagner sa

1. L. CCXXII, 2 avril 1527 d'Imola.
2. « Si tu veux me contenter et te faire bien et honneur, conduis-toi bien et apprends, car si tu t'aides, chacun t'aidera... »

vie et guérir sa folie. Le pays est vaste, la bête est petite et ne peut faire aucun mal : ainsi sans que l'on s'en soucie, on verra ce qu'elle veut faire et il sera toujours temps de la reprendre quand elle sera redevenue sage. »

Guido, ce fut sans doute le fils préféré de Machiavel vieux. Les autres ne semblent s'être distingués que par leur brutalité, à des titres divers furent les clients de la justice : l'aîné Bernardo condamné à un an d'exil et à une amende pour avoir tenté de violer une paysanne et blasphémé, en jouant, le nom de Marie ; Lodovico, commerçant hargneux et vindicatif, qui n'a en tête que bâtonner, faire emprisonner les gens [1], qui, de fait, fut condamné lui-même à trois reprises pour coups et blessures [2] ; le plus jeune enfin, Piero, militaire qui trouva le moyen de se brouiller avec les juges de son pays [3]. Seul Guido fut doux et ecclésiastique :

1. « Quand je serai à Péra, je vous fiche mon billet que mon premier soin sera d'aller voir le Balio et il faudra bien, dussé-je en crever, que (mon débiteur) vienne ou que l'autre ordonne que je sois payé et je lui ferai l'honneur qu'il mérite. Pour avis. Dites-moi si vous n'avez rien fait de ce misérable prêtre (qui ne voulait pas délaisser une église du patronage de M.), que je sois vengé de toutes les injures qu'il m'a faites… » Plus loin : « Je serai à Sant' Andrea plus tôt qu'à Florence et châtierai ce misérable Cecco de' Bardi. » L. CXCV de Lodovico à M. d'Adrianopolis, 14 août 1525.

2. Il bâtonna un notaire (1525), assaillit un jour un certain Martelli par jalousie d'une courtisane appelée la Pesciolina.

3. Il servit dans la marine militaire toscane sous Côme Ier, mourut à Gibraltar. Le seigneur de Piombino qui lui disputait le commandement des galères l'aurait fait empoisonner par son page. Sur les fils légitimes de M., cf. Tommasini, p. 217-219.

comme tel il est le scribe de la famille et c'est de lui que Machiavel reçoit une simple et bonne lettre au moment où il s'apprête à rentrer à Florence [1].

Du rôle de la peur dans les révolutions.

Guichardin avait réussi à traîner l'armée de la Ligue jusque sous les murs de la ville : les Impériaux n'osèrent l'assiéger, passèrent au large ; Rome d'ailleurs les hypnotisait (Babylone, sentine de tous les vices : tout le vocabulaire d'injures bibliques cher aux prédicateurs réformés) et aussi l'or catholique. Florence respira : ce n'était point encore pour cette fois. Mais, Machiavel l'avait prévu, l'armée amie se rendit plus insupportable que l'ennemie [2] et les campagnards florentins purent apprécier à nouveau comment les mercenaires entendaient l'expression : vivre sur le pays ; le cardinal Passerini, gouverneur et lourdaud ignorant, — *quel castróne*, dit Guichardin [3] —

1. « Le petit mulet n'a pas encore été envoyé à Montepugliano, car l'herbe n'est pas encore rentrée... Par votre lettre à Mona Marietta nous savons que vous avez acheté un collier à la Baccina si beau qu'elle ne fait plus que penser à ce beau collier et prier Dieu qu'il vous fasse revenir vite... Nous vous prions de nous écrire si les ennemis avaient l'intention de venir pour notre malheur, car nous avons encore beaucoup de choses à la campagne, vin et huile... Mona Marietta se recommande à vous et vous envoie 2 chemises, 2 serviettes, 2 calottes, 3 paires de bas et 4 mouchoirs. Elle vous prie de revenir vite, et nous tous ensemble. Christ vous garde et maintienne en prospérité » (17 avril 1527.)

2. L. CCXXVII, *ut sup.*

3. Cf. Villari, III, p. 358.

ne fit rien pour rétablir l'ordre. Le peuple alors reparut : il avait horreur des deux bâtards que le Pape lui avait imposés, du cardinal leur magister, il avait été saigné par la guerre, les traités : si bas qu'il fût tombé, sa patience était à bout, et puis il avait eu peur. Le 26 avril, un tumulte éclate sur la place des Seigneurs, on crie : « Peuple et Liberté », mais l'affaire est mal engagée : on traite. Une seule victime : le David de Michel-Ange auquel une pierre casse le bras [1].

Le 11 mai, arrive la nouvelle de la prise de Rome. On sait l'étonnante répercussion de cette tragédie ; peu de faits d'histoire ont été autant contés, commentés, inlassablement, innombrablement : car tous, prêtres, marchands, politiques, toute l'Italie s'en trouvait atteinte [2]. Les cardinaux à pied traînés au milieu des Allemands... Un Allemand vêtu en cardinal chevauchant pontificalement, une outre de vin à l'arson de sa selle... Un Espagnol mêmement vêtu, mais avec une courtisane en croupe... Les évêques menés sur la place publique pour être vendus, couronnés de feuillage, comme on mène vendre les bêtes, ou joués aux dés quand on ne trouvait pas acheteur ; les temples mués en étables [3]. L'argent de

---

1. Vasari et Fr. Salviati ramassent les morceaux, les gardent pieusement (Cf. Capponi, II, p. 387).

2. V. surtout Guichardin. Cellini, Jacques Bonaparte, et la préface des *Hecatommithi* de G. B. Giraldi Cinthio.

3. Récit de Valdès dans le *Dialogue de Lactance*, éd Usóz i Rio, 1850, p. 417 sqque.

la Chrétienté volé, les richesses pillées, saint
Pierre renversé, bafoué : la fin du monde en
somme. Qu'était en comparaison le sac de Prato[1] ?
Au temps même de leurs plus grandes craintes,
les Florentins n'ont point imaginé pareille catas-
trophe : la prise de Rome leur révèle, et dans
une effrayante et proche réalité, le sort qui les
attend s'ils ne se défendent. Aussitôt, c'était dans
l'ordre, ils changent de gouvernement : le cardinal et les deux bâtards sont chassés, ce qui porte
la marque des Médicis détruit, les ordonnances
républicaines remises debout, rappropriées : l'âme
de Savonarole, son quasi-héroïsme semblent revivre ; en acclamant la liberté, on se figure être
plus fort.

D'un vieux suspect dans la jeune République.
Machiavel n'assiste point à cette révolution :
dès les premiers jours de mai, il est parti au camp
sous Rome, voir si l'on peut tenter quelque chose
pour le Pape[2]. Le 22, à Civitavecchia, — où l'un

1. « Qui considérera depuis combien d'années était accoutumé d'arriver l'argent de toute la chrétienté — et la majeure
partie y restant —; qui considérera les cardinaux, évêques, prélats, officiers qui étaient dans Rome ; qui pensera aux riches
marchands étrangers, romains aussi, qui vendaient cher leurs
denrées, louaient leurs maisons si grand prix, et ne payaient
ni taxe, ni gabelle ; qui se mettra devant les yeux le petit peuple, les artisans, les courtisanes, jurera que jamais il n'y eut
mémoire de cité mise à sac, d'où il y eût à tirer plus gros bu-
tin. » (Vettori, en la fin de ses *Histoires*. Cf. Capponi, II, p. 361-
362).
2. Villari, III, p. 363.

de ses disciples sera consul trois cents ans plus tard, — il écrit sa dernière dépêche officielle, le dernier acte de sa vie de fonctionnaire.

Coup sur coup, il apprend l'expulsion des Médicis, la liberté reconquise, le rétablissement des conseils républicains, le réveil de ce qu'il aima, de ce qui fut sa vie, ce pour quoi il souffrit. Mais ces nouvelles, l'espoir qu'on fondait sur la jeune révolution, le trouvent sans joie : aux gages du lourdaud en pourpre, des bâtards, « embourbé » au service d'un Pape imbécile, il s'est lui-même exclu de la République, n'a plus le droit de s'offrir pour la défendre. La liberté renaît, mais non pour lui.

Sur le chemin de Florence, retournant dans sa ville qu'il imagine plus belle éclairée d'un nouveau soleil, Machiavel médite ; il a conscience maintenant de sa maladresse fondamentale : n'avoir su se ménager le bénéfice d'aucune attitude. Républicain, révoqué des Médicis, il a mendié quatorze ans leur appui, est devenu très tard leur très modeste serviteur, tombe avec eux ; et ses anciens amis, ceux qui ont eu le courage, le pouvoir de rester fermes en leurs principes, irréductibles, le regardent avec défiance : peuple, aristocrates, démocrates et partisans des oligarchies voient en lui, sinon un traître, un infidèle, tout au moins un suspect, un personnage ambigu... Et pourtant, avait-il le droit de tout sacrifier à ses convictions, de végéter dans un magnifique isolement — avec l'orgueil de ne point pactiser, —

d'avoir une seule figure politique ? Sa pauvreté ne lui permettait ni une si grande constance ni une si haute vertu.

Machiavel soupirait sur le chemin de Florence[1] : quelle serait donc la récompense de tant d'efforts donnés à la Patrie ? Il s'était fait son homme et elle le rejetait.

Dans la cité républicaine, le vide se fait autour de lui : partout haine, mépris ou soupçon ; et ce n'est pas seulement le politique, celui qui vient de Rome, qu'on évite. Esprit chagrin, il a le don de mécontenter les gens ; paradoxal, les sots pensent qu'il se moque. On le consulte, car il a réputation, mais on ne le croit pas : c'est le cas pour le Pape. Toujours hors de l'attendu, du convenu, on le considère comme un chercheur de raretés, un inventeur de choses insolites ; on ne le suit pas, on ne l'entend pas : il n'est jamais de niveau avec la médiocrité qui l'entoure, « il a toujours des histoires plein les manches[2] ». Conversation étrange, intelligence neuve, audace inouïe, tout déconcerte en lui, il ne se plie pas au canon de la vie civile : la province ne pardonne pas cela. Un Pape disait de Michel-Ange : « Non si può praticar con lui » : ainsi de Machiavel, il va perdant ses amis[3]. Si encore il savait flatter, mais il est remarquable comme il donne d'un coup dans

1. Cf. le témoignage de Busini, ap. Villari, III, p. 365.
2. Cf. L. CCI, *ut sup.* de Guichardin.
3. Cf. L. CXCVII, *ut sup.* de F. di Nerli.

la plus plate et maladroite bassesse, lorsqu'il sol-
licite : alors ce n'est pas seulement « par pauvreté
qu'il devient méprisable ».

Jamais vieillard ne fut honoré d'aussi triste renommée : les hypocrites, moralistes confits dans
les vertus antiques, lui reprochent la licence de
sa parole, l'indécence de sa tenue ; les cagots le
tiennent pour hérétique ; d'autres — (chez qui
une récente ardeur républicaine a dévié en merveilleuse austérité) — déplorent le peu de sincérité de ses coutumes ; les imbéciles vouent à la
réprobation publique cette vieillesse honteuse,
« gloutonne surtout, qui, pour manger davantage,
avale des pilules ! » Les politiciens enfin, s'ils lui
reconnaissent une certaine intelligence du gouvernement des Etats, une certaine pratique des
choses du monde — et même parfois « une grande
probité[1] » — ne peuvent oublier qu'il est l'auteur
du *Prince*, « œuvre véritablement impie et de nature à être non seulement blâmée, mais anéan-
tie[2] » : dévoiler les secrets du métier, montrer
avec telle précision, en si peu de pages, en si
petit volume, manuel, et sans voiler suffisamment
cette audace de gentillesses littéraires, la manière

1. Lorsqu'on l'envoya à Guichardin au camp ; et Varchi est
obligé de reconnaître qu'il était « empressé pour ses amis, ami
des hommes vertueux, et en somme digne que la nature lui
eût départi ou moins d'esprit ou meilleure conscience ».
2. Varchi. *Hist.* Lib. IV. Et il ajoute : « Comme M. lui-même
tâcha de le faire après la renaissance de l'état, alors qu'elle
n'était pas imprimée. »

bien nouvelle de devenir, de rester le maître, ce n'est point de jeu. « C'est vouloir mettre le monde en combustion que de tâcher de rendre malicieux les simples, et de faire voir la lumière aux taupes que la Mère Nature a, à grandissime circonspection, faites aveugles [1] », c'est d'un faux-frère. On le lui fit bien voir.

La mort.

Le 10 juin 1527, a lieu l'élection du secrétaire des Dix de la guerre : l'ancienne place de Machiavel, celle qu'il avait occupée sous Soderini, son vrai ministère militaire, son office dans le monde. Il met tout en œuvre pour s'y rétablir, fait intervenir ce qui lui reste d'amitiés, n'est point nommé. Il voit alors en quelle haine le tient le populaire, le peuple tout entier, l'universel [2]. Le 20, ayant pris sa médecine ordinaire, ses pilules stomacales, il ressent de violentes douleurs au ventre. On appelle un frate : Machiavel se laisse confesser. Le 22, ayant toujours au-

---

1. M. a beau se défendre, en appeler à l'opinion : « Quelle raison, dit-il au tribunal du Parnasse, veut que ceux qui ont inventé l'enragée, la désespérée politique que j'ai écrite, soient tenus pour sacro-saints et moi qui seulement l'ai publiée, sois tenu pour ribaud et athéiste. » Cf. Boccalini, *Ragguaglio del Parnasso.* Parte Prima, Centuria Prima, Venise, 1618, ch. LXXXIX, p. 293-295. Sur ce qui précède, v. Busini (modéré, hostile aux Médicis, *Lettere* (Pise, 1822). Varchi. *Hist.* Lib., II, p. 88. Lib. IV, p. 206 (éd. de Turin-Pomba). Capponi, II, p. 362-368.

2. « L'universale », dit Varchi.

près de lui ce frère de fra Timoteo, il trépasse ;
le même jour est enseveli à Santa-Croce [1].

La Ruée sur le cadavre.

Ce mort ne passe pas inaperçu : on le haïssait
trop : « Les bons s'en réjouirent comme les méchants, les bons parce qu'ils le jugeaient méchant,
les méchants pour le connaître non seulement
plus méchant mais encore plus solide qu'eux [2]. »

Il existe des commentaires de la mort de Machiavel, il y a un songe de Machiavel : pareil honneur
échut à Voltaire et des mêmes hommes. Mort de
dépit, disent les uns, petits esprits qui ont peut-
être petitement raison ; mais Varchi ne croit pas
à cette légende qui courait de son temps. Il avait
abusé de ses pilules, dit Paul Jove, mauvais bavard : il les croyait infaillibles, et comme immor-
tel, riait et plaisantait à l'instant qu'il trépassa [3].
Les Jésuites enfin s'emparent du mort, dévelop-
pant, embellissant certaines paroles de Busini,
lancent le songe de Machiavel : « Il vit un tas de
pauvres gens, comme coquins, déchirez, affamez,
contrefaits, fort mal en ordre et en assez petit
nombre, on luy dit que c'estoit ceux de Paradis...
Ceux-ci estans retirez, on fit paroistre un nombre.

1. Cf. L. CCXXIX de Piero Machiavelli, 22 juin 1527, et Villari, III, p. 372.
2. Varchi, *ut. sup.*
3. *Elogia*. Venetiis. M. Tramezzino, 1546, p. 55. Ricci « dis-
sipe cette fausse rumeur ».

innombrable de personnages pleins de gravité et
de majesté : on les voyoit comme un Sénat où
on traitoit d'affaires d'Estat et fort sérieuses : il
entrevit Platon, Sénèque, Plutarque, Tacite et
d'autres de cette qualité. Il demanda qui estoient
ces messieurs-là si vénérables : on lui dit que
c'estoient des âmes réprouvées du Ciel... Cela
estant passé, on lui demanda desquels il vouloit
être. Il répondit qu'il aimoit beaucoup mieux
estre en Enfer avec ces grands esprits, pour de-
viser avec eux des affaires d'Estat, que d'estre
avec cette vermine de ces belistres qu'on luy
avoit fait voir. Et à tant il mourut et alla voir
comme sont les affaires d'Estat de l'autre monde [1].»
Songe d'humaniste, songe de politicien : les Jésuites ne l'ont pas compris, cet étonnant exemple d'impiété ne porte pas. Si Machiavel moribond
a lâché cette boutade, il avait ses raisons : toute
sa vie, il avait vu, servi trop d'imbéciles, il était
toujours tombé sur des imbéciles — sauf Borgia,
— il en avait été saturé, congestionné, assommé,
ruiné ; il en avait exactement une indigestion, il
en avait trop avalé, comptait sur l'autre monde
pour se refaire. Michelet a écrit son épitaphe :
« Pauvre homme de génie, asservi à transmettre
et traduire la pensée des sots. »

Blasphémateur ou non, il fit une mort apparemment chrétienne et point ne fut besoin de
recourir à l'autorité publique pour le contraindre

1. Le jésuite Binet, dans *Du Salut d'Origène*, cité par Bayle.

à prendre les sacrements [1]. Ricci nous laisse un tableau de famille : il mourut chrétiennement dans les bras de sa femme et de ses fils [2].

Qu'il y a des morts sans phrases.

Cette homme tortueux, ce grand habile n'avait point eu l'art de rendre son métier profitable [3] : fonctionnaire mort à la peine, c'est sans doute la vérité toute simple. Il avait trop couru sur les routes depuis un an, il s'était trop dépensé, il était fourbu ; peu avant, il avait respiré les miasmes de la campagne romaine : Raphaël mourut ainsi. Mais les Romantiques ont dressé la Peste devant lui : fléau littéraire, connu des humanistes, qui se réclame d'Homère et de Thucydide, — fléau italien que Boccace a placé au devant du Décaméron, qui inspire à Villani cette terreur sacrée qu'on trouve aux pages les plus sombres de sa chronique : la grande calamité périodique de Florence. D'Orient elle envahit l'Italie ; en mai, le fils de Machiavel écrit : « A Raguse, les gens tombent morts de la peste dans les rues et pour cela j'ai

1. Qu'il fallut l'y contraindre, les Jésuites l'ont dit. Cf. « Il mourut en proférant des blasphèmes.» (Théophile Raynaud, *De bonis et malis libris*, cité par Bayle.)

2. Cf. Villari, III, p. 368-369 (note). Tommasini, p. 644.

3. « Notre père nous a laissés dans une très grande pauvreté » (L. CCXXIX, de Piero M. *ut. sup.*). Il s'était appauvri depuis 1522. Le testament qu'il fit alors le montre encore petit propriétaire.

grand peur. Que Dieu m'aide... [1]. » A Florence, les hommes meurent, les jeunes gens meurent, il n'y a plus de mâles et les femmes crient d'amour dans les églises. Les derniers prêtres s'enchaînent pour résister à la tentation. Alors, bien pourvu d'antidotes, bien prémuni contre la contagion, survient le sage Machiavel, le vieux Machiavel, consolateur des affligées, don Juan funèbre. Les Romantiques ont un texte : « *La description de la peste de Florence* » : quelle plus admirable conclusion à cette vie qu'un dialogue entre l'amour et la mort [2] ? Pourtant il y faut renoncer ; bien qu'écrite de sa main, la description n'est pas de Machiavel : son ami Lorenzo Strozzi a pris soin de revendiquer pour lui-même cette tragique fantaisie [3].

Résignons-nous donc au spectacle d'une mort simple, sans gloire, familiale, traditionnelle, confessionnelle. Tout le monde ne peut pas s'en aller en fanfare, en mots de la fin, en blagues mortuaires, superbes impiétés, boniments définitifs : même quand on fut glorieux, on ne meurt pas toujours en se résumant pour les manuels.

---

1. Hors d'Ancône « stallato, achonfinato rispetto al morbo ». (L. CCXXVIII, de Lodov. M. 22 mai 1527.) En juillet 1528, Michel-Ange voit son frère mourir de la peste dans ses bras (Cf. Rolland, p. 88).

2. Cf. Michelet. *Hist.*, t. III, p. 259 (éd. in-4°, Hetzel).

3. Villari (III, p. 193) décrit le manuscrit et ajoute : « Quiconque a lu les œuvres de M. avec attention ne pourra lui attribuer cette description. » Deltuf, en 1867, y retrouvait au contraire « la fermeté sardonique de M. » (*Essai sur M.*, p. 118).

Ce n'était pas un guerrier, il ne savait pas conspirer. Toute sa vie il ne connut que de pauvres tourments, de second ordre, profonds mais sans noblesse, sans beauté, des tourments de sa classe, des tourments de fonctionnaire : nos tourments communs. Au moment qu'il va disparaître, il devient grand, veut s'immoler à la Patrie, mais son héroïsme se brise contre l'abrutissement général. Il n'avait point été destiné à une mort violente, il n'eut point la mort qu'il désirait, mais celle que logiquement il devait avoir. Il l'eut à temps.

Qu'il y a des morts opportunes et de la terre des monstres.

La révolte populaire de 1527 est la dernière secousse, le dernier sursaut avant la grande léthargie. Comme soulevé d'un nouvel enthousiasme républicain, Michel-Ange continue l'œuvre de Machiavel, fortifie la cité ; le peuple revit le mysticisme de Savonarole, tâche « par jeûnes, communions, processions, de s'acquérir la faveur de Notre Seigneur Dieu [1] » ; on voit naître des héros [2].

---

1. Lettre de Capello, ap. Capponi, II, p. 423.

2. Francesco Ferrucci « homme obscur jusqu'à 40 ans ». Un fils de Machiavel fit plus que son devoir au siège de 1530. — Il y eut même, à ce moment, comme une parodie des anciennes luttes chevaleresques. Il faut lire dans Capponi (II, p. 440) l'histoire de Martelli jetant un défi à Bandini parce que celui-ci a mal parlé de la milice florentine, qu'il est traître à sa patrie, surtout parce qu'il est aimé de Marietta de' Ricci. Le tournoi

Mais c'est la dernière étincelle : ce pays n'en peut plus, il est fatigué, harassé de cette sarabande effrénée qu'il mène depuis quatre siècles.

Machiavel n'a pas vu la ruine de sa cité, il n'a pas connu la honte de son peuple, l'humaniste n'a point dû se voiler la face de sa toge. Il finit, mais temporellement. Son règne va commencer ; on va le publier et le formidable mouvement dont il a été l'initiateur se répercutera chez tous les peuples de l'Europe : ligueurs, jésuites, encyclopédistes, praticiens, théoriciens, gouvernants et gouvernés, tous ceux qui parlent ou raisonnent politique, tous auront son nom à la bouche et la détestable renommée s'étendra jusqu'à nos jours. Il aura l'honneur d'être engueulé des rois, ces malins, inspirera aux nobles doctrinaires, aux moralistes sociaux, cette horreur de bon goût qu'on enseignait encore, il y a peu, dans les écoles. Qu'attendre d'ailleurs ? Pouvait-on d'une vie aussi médiocre, secondaire, de second plan toujours ; d'une vie qui agit en sous-ordre, d'une vie qui raisonne dans l'impuissance, de ce contre-sens de vie qui lui fait chercher le raisonnement quand il est dans l'action et l'action quand il est forcé de s'en tenir au raisonnement, de ce cercle vicieux, totalement vicieux, qu'est la vie de Machiavel, de cette vie politicienne, ratiocinante, ratée, pouvait-

a lieu. Martelli est vaincu. Marietta vient le voir alors qu'il gît blessé dans son lit, mais il comprend qu'elle n'a point d'amour et meurt « plus de douleur que de blessures ».

on tirer une belle lumière, une belle âme, une noblesse vraie, quelque chose d'un élan pur ?

L'Italie ne connaît point, n'a jamais connu la belle ordonnance de vie des grands génies français, l'honnêteté telle que la conçurent les hommes du XVIIe siècle, qui, déjà au XVIe, fut celle de certains grands érudits ou parlementaires : une pareille existence haute et noble, sans heurts, lui paraît insipide [1]. Cette terre unique, lancée au milieu des eaux, où l'on respire l'air le plus céleste et les miasmes les plus affreux, semble ne se plaire qu'à former des monstres : saint François, image du Christ, Borgia. (L'Espagne où se croisent ces deux noms ne fait qu'un médiocre moine politique, saint François de Borgia). De l'un à l'autre, il y a trois siècles et l'Italie lentement a marché à la ruine ; de l'un à l'autre, elle est tombée, basse et pauvre, trahie des Papes, des Empereurs et des Rois, oubliant ses gloires anciennes, apprenant le mépris de soi-même, — proie lâche et toujours spirituelle, hélas ! toujours spirituelle. Dans cette marche lente vers l'abîme, elle a perdu peu à peu le *bel vivere* d'autrefois, la belle joie héroïque qui l'unissait naguère contre les barbares [2].

---

1. On trouve dans M. « *Natura d'uomini fiorentini* » le portrait d'un honnête homme, Giacomini, mais c'est, croyons-nous, le seul. — « C'est sortir de l'humanité, dit Pascal, que de sortir du milieu : la grandeur de l'âme humaine consiste à savoir s'y tenir. »

2. La bataille de Legnano contre Barberousse. Il est remarquable que M. ne la nomme même pas dans ses *Histoires*.

Aussi, lorsque nous voulons retrouver un peu de l'ancienne Italie, de l'Italie glorieuse, nous remontons à saint François, à cette famille italienne franciscaine, si riche de jeunesse et d'amour, si purement enivrée d'amour, si prodigue de bonté. Un étranger a mis ses pas dans les pas du Pauvre du Christ, et de couvent en couvent, conduit d'une ferveur de néophyte, a tâché de revivre le temps des Fioretti, du bon Salimbene : dans cette vivante lumière d'Ombrie et de Toscane, restée délicate et triomphante, devant cette figure rajeunie de l'Italie, il a des mots d'un lyrisme simple, profond, — d'un lyrisme perdu depuis longtemps, — presque l'effusion d'amour charmante et familière de François[1].

L'âme de Machiavel sur la ruine de Florence.

Quel pas douloureux de ces campagnes rutilantes de soleil, de cette nature pleine de naïve et divine gaieté, confiante malgré le danger, où les bêtes mêmes ont leur voix, aux arides paysages pauvres, tourmentés, disgraciés, inhumains, — des chroniques franciscaines aux histoires florentines. L'Italie de Machiavel est lasse, désabusée : cette étonnante union des cœurs, cet élan inépuisable, cet émerveillement, cet agenouillement devant la création, elle ne les comprend plus, ne s'avise point que c'était une force. Seule

____

1. *Les Pèlerinages franciscains*, de J. Joergensen.

une femme garde encore un peu de l'âme d'autrefois :

> Francesco, in cui, siccome in umil cera
> Con sigillo d'amor, si vive impresse
> Gesù l'aspre sue piaghe, et sol t'elesse
> A mostrarne di sè l'immagine vera [1]...

Indigente de cœur, indigente d'action, telle est
devenue la meilleure de toutes les cités, celle
qu'au jubilé de 1300 le Pape proclamait le cin-
quième élément de l'univers [2]. Deux ans après la
mort de Machiavel, Niccoló Capponi, dernier gonfalonier, rencontra à Castelnuovo di Garfagnana
Michel-Ange qui, désespéré, avait fui de Florence :
ces deux hommes pleurèrent ensemble la destinée de leur Patrie [3].

Plus que par la mort de Rome, l'Italie est morte
de la mort de Florence, car il y avait encore là
deux âmes, deux grandeurs dont l'une fut abattue, l'autre mortellement atteinte : Machiavel,
Michel-Ange. 1527-1530 : dates liminaires. Allons
plus loin : rien n'est vivant pour nous. Les prophètes se sont tus : Florence s'endort dans une
ignoble paix, elle dont toute la vie fut de nerfs
et d'agitation, dont l'essence fut le changement...

1. *Rime spirituali della illustrissima Signora Vittoria Colonna,
Marchesana di Pescara*. In Vinegia, 1546, p. 34 (verso).
2. Cf. Capponi, I, p. 160. Perrens, II, p. 447-448.
3. « Où avons-nous conduit cette malheureuse patrie ? » dit
Capponi mourant (cf. Capponi, II, p. 411).

Et les visiteurs pieux de la ville toscane, ceux qui tâchent de retrouver la vie ancienne par la contemplation, par la méditation, hors des bâtissures esthétiques, des esthétismes décolorés d'un Ruskin, hors de toute paperasserie anglaise, de la mince et compacte et souple paperasserie anglaise, hors (et surtout) de la pesante et conséquente « bibliotek » allemande, — ceux qui de bon cœur, d'un cœur droit et simple, et tendre aussi, recherchent l'ancienne belle vie, ont-ils point eu, devant les tombeaux des grands-ducs de Toscane, « ces belles friperies de grandes dalles de pierres riches et multicolores qui commémorent cinquante carcasses pourries et oubliées [1] », le sentiment que cela n'est plus de Florence, n'est plus du cœur de Florence : art barbare totalement étranger?

Une nuée de fous, de malades, de brutes s'est abattue sur elle [2] et c'est à peine si elle a le cou-

1. Byron.

2. Exemple : Côme III, vieux dévot, épouse l'alerte et endiablée Louise d'Orléans. Leur fils meurt du mal napolitain. Il faut un héritier : on marie le grêle Giangantone, fils puîné, à une Saxonne, grosse paysanne qui trouve son mari si étrange et les Florentins si suspects qu'elle accuse de vol Giangantone et refuse de le suivre en Toscane. Pour perpétuer la famille, on détonsure un gros cardinal et on le marie avec une charmante Gonzague ; l'enfant dit oui à l'autel, non au lit : son confesseur, les médecins ne peuvent la convaincre que son ex-cardinal n'a pas la syphilis. Giangantone règne donc seul, se livre nonchalamment à ses amours amphibies, protestant contre Dieu qui lui refuse un héritier : son ministre est non-conformiste notoire. (Ferrari. *Révolut. d'Italie*, III, p. 430.)

rage d'en souffrir ; quelques réveils, il est vrai,
mais quelle différence d'un Boscoli à un Lorenzaccio ! — Puis la ville des commerçants connaît les
douceurs de la bonne tyrannie, les bons gouvernements se succèdent, et qu'importe d'où ils
viennent : Autriche ou Lorraine, ce n'est plus
un peuple, c'est un troupeau. Ces Italiens : « *Il
vituperio del mondo* », la honte de l'humanité,
avait dit Machiavel.

Au milieu de cette décrépitude, de cette corruption, personne n'a vu, personne n'a su voir,
n'a su tirer parti, faire un flambeau, un refuge
de grandeur, un guidon de patriotisme de l'âme
du vieux politicien [1]. Personne n'a compris la
noblesse extrême, la noblesse de cet ouvrier de
la dernière heure, parmi tant de manœuvres médiocres de ce vrai ouvrier, bâtisseur, ingénieur,
tacticien, tracticien, intendant de troupes, qui
seul s'est tout en tout donné à cette dernière heure.
Pourtant, dans ses lettres, passe je ne sais quoi
de l'enthousiasme patriotique et révolutionnaire
d'un Héros de Commune.

---

1. Et pour achever la figure de ses amis, disons qu'au
moment où il meurt, Guichardin écrit commodément ses histoires à la campagne ; Vettori reste obscur à Pistoia en attendant de trahir une fois encore la République. (Gagné par Capponi, en 1529, il trahit son mandat et reste à la Cour du Pape
en qualité de conseiller.) Biagio a disparu pour nous dans le
tout anonyme.

TABLE DES MATIÈRES

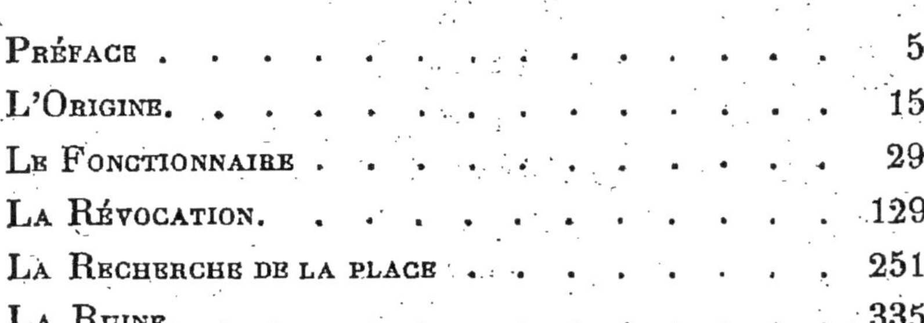

ACHEVÉ D'IMPRIMER

Le vingt novembre mil neuf cent douze

PAR

Ch. COLIN

à Mayenne

pour le

MERCVRE

DE

FRANCE

MERCVRE DE FRANCE

XXVI, RVE DE CONDÉ — PARIS-VIe

Paraît le 1er et le 16 de chaque mois, et forme dans l'année six volumes.

Littérature, Poésie, Théâtre, Musique, Peinture, Sculpture
Philosophie, Histoire, Sociologie, Sciences, Voyages
Bibliophilie, Sciences occultes
Critique, Littératures étrangères, Revue de la Quinzaine

La **Revue de la Quinzaine** s'alimente à l'étranger autant qu'en France ; elle offre un nombre considérable de documents, et constitue une sorte d'« encyclopédie au jour le jour » du mouvement universel des idées. Elle se compose des rubriques suivantes

Épilogues (actualité) : Remy de Gourmont.
Les Poèmes : Georges Duhamel.
Les Romans : Rachilde.
Littérature : Jean de Gourmont.
Histoire : Edmond Barthélemy.
Philosophie : Georges Palante.
Le Mouvement scientifique : Georges Bohn.
Science sociale : Henri Mazel.
Ethnographie, Folklore : A. van Gennep.
Archéologie, Voyages : Ch. Merki.
Questions juridiques : José Théry.
Questions militaires et maritimes : Jean Norel.
Questions coloniales : Carl Siger.
Ésotérisme et Sciences Psychiques : Jacques Brieu.
Les Revues : Charles-Henry Hirsch.
Les Journaux : R. de Bury.
Théâtre : Maurice Boissard.
Musique : Jean Marnold.
Art : Gustave Kahn.
Musées et Collections : Auguste Marguillier.
Chronique de Bruxelles : G. Eekhoud.
Lettres allemandes : Henri Albert.

Lettres anglaises : Henry D. Davray.
Lettres italiennes : Ricciotto Canudo.
Lettres espagnoles : Marcel Robin.
Lettres portugaises : Ph. Lebesgue.
Lettres américaines : Théodore Stanton.
Lettres hispano-américaines : Francisco Contreras.
Lettres brésiliennes : Tristão da Cunha.
Lettres néo-grecques : Démétrius Astériotis.
Lettres roumaines : Marcel Montandon.
Lettres russes : E. Séménoff.
Lettres polonaises : Michel Mutermilch.
Lettres néerlandaises : H. Messet.
Lettres scandinaves : P. G. La Chesnais ; Fritiof Palmer.
Lettres tchèques : William Ritter.
La France jugée à l'Étranger : Lucile Dubois.
Variétés : X.
La Vie anecdotique : Guillaume Apollinaire.
La Curiosité : Jacques Daurelle.
Publications récentes : Mercure.
Échos : Mercure.

Les abonnements partent du premier des mois de janvier, avril, juillet et octobre.

France		Étranger	
Un numéro	1 fr. 25	Un numéro	1 fr. 50
Un an	25 »	Un an	30 »
Six mois	14 »	Six mois	17 »
Trois mois	8 »	Trois mois	10 »

MAYENNE, IMPRIMERIE CHARLES COLIN